环太平洋视域下的中国北方人面岩画

朱利峰◎著

/中/华/女/子/学/院/学/术/文/库/

中华女子学院重大课题

『利用民族艺术资源创新改善偏远地区民生』

（立项编号：KG2012—01001）阶段性成果

中国社会科学出版社

图书在版编目(CIP)数据

环太平洋视域下的中国北方人面岩画/朱利峰著.—北京:中国社会科学出版社,2017.4

(中华女子学院学术文库)

ISBN 978 - 7 - 5203 - 1184 - 7

Ⅰ.①环…　Ⅱ.①朱…　Ⅲ.①岩画—研究—华北地区

Ⅳ.①K879.424

中国版本图书馆 CIP 数据核字(2017)第 249820 号

出 版 人	赵剑英	
责任编辑	郭　鹏	
责任校对	张艳萍	
责任印制	李寡寡	

出　　版	中国社会科学出版社	
社　　址	北京鼓楼西大街甲 158 号	
邮　　编	100720	
网　　址	http://www.csspw.cn	
发 行 部	010 - 84083685	
门 市 部	010 - 84029450	
经　　销	新华书店及其他书店	

印　　刷	北京明恒达印务有限公司	
装　　订	廊坊市广阳区广增装订厂	
版　　次	2017 年 4 月第 1 版	
印　　次	2017 年 4 月第 1 次印刷	

开　　本	787 × 1092　1/16	
印　　张	25.75	
插　　页	2	
字　　数	422 千字	
定　　价	108.00 元	

环太平洋视域下的

中国北方人面岩画

陈兆复 题

序　一

　　岩画研究很难，很多学者望而却步。那些裸露在岩石上的画迹，几乎找不到相关的文字记载，也不像很多遗址有地层学的支持，年代不好断定，分布广泛，内容的解读多靠推测。然而，缥缈虚幻的岩画，每一幅都是一个神秘的符号，充满魅力。可以想象，在苍茫的草原山川，风餐露宿的先民在歇息眺望时，石头成了画板，将他们对天地神祇的崇敬、对自身喜怒悲哀的感慨、对美好未来的憧憬一一凿刻下来，那些热闹画面，像快乐的音符，使空旷草原山川不再孤寂。先民耗费时间和精力去不断凿刻，究竟要表述什么？谁能遨游在古代先民的风云生活之中，做一次跨越时空的对话？朱利峰带着极大的学术勇气，走进了岩画研究领域。

　　也许正因为岩画难以琢磨，相反著作很多——有学者的呕心沥血，也有民科山寨的各种见解。不必讳言，很多是以惯性思考进行的看图说话式的遐想，或根据现实生活经验所做的简单比拟。朱利峰做的研究是用严谨务实的学术态度进行了一次深度探索。

　　岩画内容极为丰富，涉及有狩猎、放牧、祭祀、征战、交媾以及农耕等，画面包括动物、人物、人面、植物、建筑、车辆、符号和图案，其中最神秘、最复杂、也最富魅力的是人面岩画，朱利峰选择的正是这个很少有人专门研究的难题。

　　浩瀚的资料中，人面岩画达几千个图像，多样变化，辨识本身就是一个难点，而又是研究的基础。以往的不少研究主观色彩浓厚，众说纷纭。朱利峰另辟蹊径，进行了细致分类和图像构成的分析，对有轮廓、无轮廓的人面，眉、眼、鼻、口的构成做了全面归纳，进而从模式化的组合结构中有所发现，而且这些分析并未局限人面，还把人面图形还原到整体画面中去，甚至是整个岩画区域之中去，与周围共存的画面进行联系，因此原来一些看似抽象的符号，通过一系列图像构成的分析，辨识为属于人面的一种抽象表现方式。

对以往人面岩画的文化解释中有"传播论""面具说""生殖崇拜论""萨满巫术论"和"二元论"等，朱利峰解析人面岩画的图像构成，提出的相对客观、全面的类型体系，避免了望图生意，使解释有了踏实的基础，至少避免了主观猜测甚至感情色彩。

书中对中国北方西辽河流域人面岩画做了分期与主要类型研究，同样是避免主观猜测的尝试。岩画的年代判断，在目前的科技手段和考古学知识框架之下，是尚未突破的难题，又是无法回避的基础研究。

朱利峰的做法是把考古学研究成果引进作为参照，仔细排比了人面岩画类型与周围考古学文化的类似形象，提出了人面岩画的兴隆洼—赵宝沟文化时期；红山文化时期；小河沿—夏家店下层文化时期；历史文化时期。

在西辽河流域史前文化的序列研究中，人们曾发现从小河西文化到兴隆洼文化、赵宝沟文化、红山文化已经逐渐发达的农业突然中断，接续的夏家店上层文化畜牧业重新兴盛，其原因可能全新世气候环境的变化。朱利峰通过比较，发现了人面岩画能够与考古学文化相对应，因此对人面岩画年代的断定有清晰、有力的依据。

研究岩画要有好奇心，想像力。我想到早期中国古文字研究最有成就的一批人如王国维、郭沫若、闻一多、陈梦家，等等，他们有深厚的历史考据本领，还有文学诗人的气质；既有严密的逻辑思维，也有丰富的想象思维，因而解读出一个个文字密码。我不能把朱利峰与大师们相提并论，但他是做设计出身，不乏想像力，加上刻苦勤奋，敢于"大胆假设，小心求证"。

人面岩画那些怪诞奇异的形象，是一个我们未知的世界，本书的结论的对与否，需要出版后由读者来评价。但纵观全书，研究的重点是中国，却是在环北太平洋沿岸的视野下进行的，又采用跨学科、跨文化的研究方法，这是本书价值之所在。我相信，至少会使更多的学者得到启发，共同努力为解开岩画之谜做出各种尝试。

乔东方

2016 年 4 月于北京大学

序　二

2015 年 7 月 5 日，在中国岩画学会于北京举办的中国岩画研究百年纪念会上，朱利峰先生告诉我，他的博士论文《环北太平洋人面岩画研究》将要出版，希望我能写一篇序言。

亚洲中国在现代科学意义上的岩画研究，是 1915 年岭南大学黄仲琴在福建漳州华安仙字潭发现摩崖石刻开始的。这些崖壁画和岩刻的遗迹，我们现在通称作"岩画"。它们是远古人类遗留在岩石上的历史。从岩画中，我们可以体会到人类如何在困惑与迷茫中探索，在无助与企盼中苦干，在生存与灭亡中繁衍。岩画是人类为生存而斗争时，留存在岩石之上的图像记录，其中人面岩画那些怪诞奇异的形象，描绘了一个我们所未知的精神世界。黄仲琴首次在亚洲中国福建漳州华安仙字潭发现的这些岩画，人面像就是最为突出的一种图像。虽然当时黄仲琴并未认识到这一片摩崖石刻就是岩画，甚至以为可能是某一古代少数民族的文字；但他确实认定了其中两幅人面岩画，并以为可能是蛮王及其妻子的图像。

此后一百年来，亚洲中国的人面岩画发现得更多了。

1928 年，瑞典考古学家贝格曼在内蒙古阴山西段的狼山南麓，也发现了人面像岩画。1976 年，盖山林再次在内蒙古阴山发现岩画，而且首先发现的也是人面像。此后，台湾的万山（1978），江苏的连云港（1979），内蒙古的白岔河（1981）、桌子山（1981），宁夏的贺兰山（1982）等地，也都有陆续发现。数量最多的人面岩画点都发现在中国的北方。记得 1986 年，我在意大利卡莫诺史前研究中心和阿纳蒂教授讨论中国岩画时，他说：中国岩画有两个突出的特色，一是人面岩画，另一个是岩画与汉字的衔接。

除了亚洲中国之外，人面岩画也被发现于世界各地。根据目前的材料，其大多集中在太平洋沿岸，包括澳大利亚，而主要的则是在环北太平洋沿岸。

东西发现得越多，跟着来的问题也越多。

　　亚洲中国福建漳州华安仙字潭发现的人面岩画，黄仲琴认为是蛮王夫妇，后来也有人认为是猎首或生殖崇拜什么的。正确的解释是要以有丰富而完整的资料为基础。一百年前，中国学者对岩画学这一门学科还一无所知。一百年过去了，现在的中国学者不仅认识岩画，也认识到人面岩画在中国岩画中、甚至在世界岩画中的重要意义。而越来越丰富的考古发现，也为人面岩画的综合研究提供了良好的基础。

　　到至今为止，尚未有人对这些人面岩画的分布情况进行系统的整理和分期、分类研究。这是一个研究空白。于是，朱利峰在博士论文《环北太平洋人面岩画研究》的基础上又做了大量的工作，写成这本《环太平洋视域下的中国北方人面岩画》，本书是我看到的资料最为丰富的一本关于环太平洋人面岩画的著作。希望通过对环太平洋人面岩画资料的整理及初步分析，为人类学、民族学、艺术学等领域更广泛、深入的系统化研究做一点探索，这也正是本书价值之所在。

陈兆复

2015 年 7 月 30 日大暑时节写于中央民族大学

摘　　要

人面岩画（Human-faces）是世界岩画体系中一个独特的类型，仅分布在亚洲、美洲（含北美洲和拉丁美洲）和大洋洲。因为这三大洲环绕太平洋，学者们通常将人面岩画看做是一种"环太平洋"的文化现象。通过对考古材料的综合判断，人面岩画制作的年代在亚洲大多集中在新石器时代到青铜时代之间，在大洋洲的遗存相当于亚洲的青铜时代早期，而在美洲则从新石器时代晚期一直延续到近现代。人面岩画这种分布区域的特殊性，对于了解我们人类祖先过去的生活方式、艺术创造、风俗信仰、宗教传统以及族群迁徙等很多方面都具有现实意义。而越来越丰富的新石器时代以来的考古发现，也为人面岩画的综合研究提供了良好的基础条件。但是至今为止，尚未有人对这些人面岩画资料的分布情况进行系统的整理和分期、分区、分类研究。本书就是希望通过对环太平洋人面岩画资料的整理及初步分析，为人类学、民族学、考古学、艺术学等领域的系统化研究做一点探索，以图填补空白。

本书首先对人面岩画的概念属性进行界定，明确以凿刻类的人面像岩画作为研究对象，彩绘类人面像因为多与全身人像同时出现并具有相同的艺术特征，暂不列入研究范围。通过对环太平洋区域内的人面岩画分布情况及其类型特征进行整理和分析，在宏观认识的基础上，选取中国北方系统的人面岩画作为典型研究对象，运用考古学材料以及图像学综合比较法进行间接的分期、分区、分类研究，尝试建立一个区域性人面岩画年代学的时空框架。

在研究过程中，坚持考据与分析并重以及图文并茂的原则，对于内容庞杂的人面岩画，尽可能使用图像比较、图表、数据统计等研究材料说明问题，以使研究过程更加直观易懂。

主要的研究内容和步骤为以下几个方面：

第一，人面岩画的概念认定、研究范围、国际国内的研究现状综述；对人面岩画的发现、文化解释和断代等主要问题做基本的介绍和评价。

第二，为了便于研究，还需要对人面岩画的传统分类方法进行系统的梳理，并对存有争议的抽象岩画进行图像学序列分析，使读者对人面岩画的认知有更清楚的了解。

第三，通过国内外岩画调查资料的整理、筛选，对环太平洋区域内人面岩画的分布数据进行统计和分析。

第四，在数据分析的基础上，对分布范围广、年代跨度大、风格类型比较齐全的典型岩画点进行综合研究。利用已有的考古学调查和研究成果，结合人面岩画图像结构特征及风格样式与考古遗存的相关性，确立起一个初步的年代学标尺，整理出每一个分期区间的主要风格类型。

第五，重点放在人面岩画最为集中的亚洲中国北方，以人面岩画延续周期最长的西辽河流域已知的考古学分期作为参照系，采取图像分类比较的方法对整个环太平洋区域内的人面岩画主要类型进行横向比较研究，尝试初步建立从新石器时代到此后各历史时期人面岩画在环太平洋区域内发展演变的相对年代学框架。还利用人类学、民族学和美术史学等方面的文献资料及其研究成果，分类厘清不同历史阶段各种主要类型人面岩画的特点及其所反映出的文化面貌。

根据统计数据、制作方法、初步分期、风格类型等方面的综合研究，得出如下结论：

第一，凿刻类人面岩画是一种环太平洋的文化现象。作为一个独特的岩画类型，人面岩画在世界岩画分布的范围涉及亚洲、美洲、大洋洲以及太平洋中心的许多岛屿，形成对太平洋的环抱状态，尤以北太平洋两侧的亚洲和北美洲最为集中。

第二，人面岩画的起源是新石器时代复合经济条件下的产物，它得以产生和发展的物质基础不是单一的经济方式所决定，而是各种经济方式相混合的复合经济，向亚洲腹地和美洲的传播者主要是猎采民族。

第三，在环太平洋许多地点并存的一些共同的风格类型表明人面岩画的发展变化与猎采民族的迁徙和文化传播、民族交融、宗教信仰密不可分。

第四，人面岩画风格类型的多样性是生存环境、生计方式以及民族文化差异性的综合反映。人面岩画分布地点及其民族文化的特殊性，反映出不同的文化内涵，各地自身文化生态的影响对本地独特类型的产生起着决定性作用。

第五，人面岩画的面部构成方式在区域分布上具有从写实到抽象、从客观到主观的变化趋势。

关键词：人面岩画　环太平洋　分布　类型　分期

ABSTRACT

The Human-faces petroglyph in Asia, America (Including North America and Latin A-merica) and the Oceania is a unique type of rock art in the world. Since the three continents surround the Pacific Ocean, so scholars regard this art as the phenomenon of Pacific Rim Culture. Based on the archaeological data analysis, the Human-faces petroglyphs were made in Asia mostly during the Neolithic Age and the Bronze Age, in Oceania the dating equivalent to the early Bronze Age of Asia, And in America, the Human-faces petroglyph culture lasted until Near Modern Times. The special geographic distribution of Human-faces petroglyphs is important for us to understand our ancestors' living patterns, art creations, customs and religions, and their tribes migrations. More and more archaeological discoveries on the Neolithic Age provide a favorable condition for Human-faces petroglyph study. But up to present, no one has ever sorted the Human-faces petroglyphs data systematically, and made studies on them by date and by typology. This book is intended to fill the gap. Hoping that the Pacific Rim Human-faces petroglyphs data categorization and preliminary analysis will lay a foundation for further in-depth research on anthropology, ethnology and arts.

Thebook first defined the concept and attribute of the Human-faces petroglyph, with engraved and incised Human-faces petroglyphs as research targets. After sorting and analyzing on the geographic distribution and classification characteristics of the Human-faces petroglyphs in the Pacific Rim, I selected typical research targets for indirect study by date and by typology based on the macro recognition, employing archaeological data and image comparison method, then tried to establish a regional chronological space-time framework for the Human-faces petroglyphs.

During the research, gave equal attention to textual research and analysis and to text and pictures. For complicated and jumbled Human-faces petroglyphs, I tried to use image comparison, charts and statistical dada for explanation, so as to make this research process straightforward.

The major research and steps are as follows:

1. To define the concept of Human-faces petroglyphs; research scope; summary on present research status domestically and internationally; basic introduction and evaluation on the discovery of the Human-faces petroglyphs, cultural explanations and the era gap.

2. To facilitate research, it is necessary to sort out the traditional Human-faces petroglyph classification method, and to make sequentially image analysis on the disputed abstract rock arts. This will help readers better understand Human-faces petroglyphs.

3. To make statistics and analysis on the distribution data of Human-faces petroglyphs of the Pacific Rim after sorting and selecting rock arts both at home and abroad.

4. Based on the data analysis, I firstly made studies on Human-faces petroglyphs in the Pacific Rim areas, because they are widely found with different ages, and their colorful types are complete. Utilizing handy archaeological investigation and research results combined with image structure characteristics and types of Human-faces petroglyphs and relevant archaeological survivals to establish a basic chronological scale, to sort out main styles and types of Human-faces petroglyphs for each period.

5. The focus of this book is on the most concentrated area of the Human-faces petroglyph in the North China in Asia. Using the Xiliaohe River's archaeological stage as a reference, I made lateral comparative studies on major types of Human-faces petroglyphs of the Pacific Rim by employing image classification comparison method to establish a basic relatively chronological framework for Human-faces petroglyphs evolution in the whole area around the pacificrim starting from Neolithic era. Using anthropology, ethnology, historical art literatures and research results to sort out the characteristics of the major type of Human-faces petroglyphs in different historical period and the culture profile they reflect.

The conclusion below is based comprehensive research on the statistical data, Human-faces petroglyph creation method, era classification and colorful types.

1. The Human-faces petroglyph is the Pacific Rim cultural phenomenon. As a unique type of rock arts, Human-faces petroglyphs are located in Asia, America, the Oceania and on many islands in the center of the Pacific, circling the Pacific, especially concentrating in Asia and North America countries on the two sides of the North Pacific.

2. The Human-faces petroglyph is the outcome of the complex economic conditions in the Neolithic Era. The material base for its coming into existence and evolution is not determined by a single economic form. It is a complex outcome of the combination of several economic forms. The hunter-gatherer people are the main envoys for spreading this art to Asian hinterland and America.

3. The same style and type of Human-faces petroglyphs existing in many places in the Pacific Rim indicate that the evolution of Human-faces petroglyphs are closely related to the migration of hunter-gatherer tribes, the spreading of their cultures and the mix of different nationalities.

4. The diversified types and styles of the Human-faces petroglyphs reflect the surviving environment, living patterns and the different ethnic cultures. The places where the Human-faces petroglyphs are located and its ethnic cultural particularity represent different cultural meanings. And the local cultures in each place have an important impact on the creation of Human-faces petroglyphs in that area.

5. The facial structure of Human-faces petroglyphs had changed with a tendency from realism towards abstract, from objectivity towards subjectivity.

KEY WORDS: Human-faces petroglyphs; Pacific Rim; Distribution; Categorization; Dating

引　言

在世界岩画体系中，有一种用凿刻手法，仅表现人类面部或类人形五官而没有身体的岩画类型，学界俗称"人面像"，也称人面岩画。人面岩画与常见的人像岩画不同，虽然都是表现人，但是人面岩画更突出眼睛、眉毛、鼻子、嘴巴等面部五官的表现而忽略了身体，因此呈现出更为强烈的视觉魅惑，吸引人们更想对它们一探究竟。

笔者第一次在亚洲中国内蒙古赤峰境内的白岔河见到人面岩画时，就在心里发出了疑问，这些古老的人面岩画是人们描绘的祖先还是他们心目中的神灵？人们为什么要耗费时间和精力去凿刻这些图像并反复地描摹？它们隐含着怎样的思想内涵，带有哪些文化意义？

在数以千万计的浩瀚的岩画世界里，（凿刻类）人面岩画目前仅发现了几千个图像，单从数量上来看，实在不能算是主流。然而，人面岩画以其多样变化的艺术表现形式、强大的艺术吸引力以及丰富、神秘的文化内涵，在动物、人物、符号、人造物以及自然物象等岩画题材中独树一帜，成为了一个独特的类型。

从目前已知的发现来看，人面岩画仅分布在亚洲、美洲（含北美洲和拉丁美洲）和大洋洲。因为这三大洲环绕太平洋，所以学者们通常将人面岩画看做是一种"环太平洋"的文化现象。岩画这种分布区域的特殊性引起了很多学者的研究兴趣，特别是基于史前亚洲人向美洲和大洋洲迁徙的人种学、语言学考量，这些由史前人类所呈现的模仿自身或者塑造神灵的视觉艺术现象，很可能反映出人类迁徙的路径及其背后所蕴藏的更加丰富的文化内涵。因此，人面岩画的研究，对于了解我们祖先过去的生活方式、艺术创造、风俗信仰以及宗教传统等都具有重要意义。

岩画学作为一个独立的学科研究体系，自1988年在澳大利亚召开的"达尔文会议"提出后逐渐被国际学术界所接受；国际岩画学界在近百年内基本完成了大规模的发现、调查和记录工作，岩画调查、记录、研究的理论和实践体系也日臻完善。在中国，经历过三次全国文物普查，已经公布了中国境内的绝大多数岩画资料，从数量、分布密度以及类型的全面性等方面可以确定它是世界岩画学体系中非常重要的组成部分。然而，与拥有的岩画数量和种类相比，岩画的科学研究在中国长期以来却仍是一个严重落后的学科——研究人员较少、研究成果在国际上影响不大。究其原因，首先是成立中国近现代学术研究只有百年左右的发展，而中国又是一个文化遗产无比丰富的国家，两者对比，差距显著；其次是新中国成立之后的几十年间，国内岩画以前所未有的速度被大量发现，但是考古界和艺术史界多忙于地下文物的挖掘和研究，无暇顾及那些难以准确断代的岩画；最后是中国目前的教育体系以及学科发展走的是专业化道路，高度的专业化使各个学科在自己的领域得到快速发展，但同时也造成了学科之间的分野和封闭。这三大原因致使岩画学游离于考古学、人类学和艺术史学的边缘，几乎无人问津。少数几个学者的努力，尚无法改变这种学术发展的不平衡。

如今，跨学科研究的理论与实践方法逐渐被学术界所重视，对于岩画的研究，这也是一个值得探索和尝试的方向。人具有主观能动性，在考古学文化中，不是所有的结论都能由客观存在的考古遗迹进行解答，往往也需要通过主观的假设去发现问题。简单地说，一种文化现象与它种文化现象之关联，客观上都是孤立的，只有主观联系才能使各个文化现象之间的关系建立起来。但建立联系要把握分寸，不能盲目主观，更要避免望图生意。岩画学作为一个新兴的学科，田野调查和科学的记录都必须借助考古学成熟、严谨的方法和手段，而分析和研究则更多地要面向人类学和艺术史学学习，甚至可以在宗教学、神话学、符号学、传播学等综合学科中找到诸多线索或研究方向。因此，岩画学的理论与实践研究，具有在多学科领域中跨界的特点，不能完全孤立地依靠某一个固定的学科展开。胡适曾说过："大胆假设，小心求证"。事实上，现在的许多岩画学者都已经迈出了"大胆假设"的第一步，接下来的"小心求证"则需要通过多学科的跨界，走出学科藩篱，从文化整体论的角度审视岩画的理论研究。

中国岩画学目前尚处于起步阶段，基础的研究工作尚未完善。只有秉持开放、包容的研究理念，坚守甘于奉献的研究精神，加强对岩画保护事业与可持续发展的关注和参与，巩固基础理论的研究，逐步建立科学严谨的学科框架体系，才能够避免学者的自言自语和自娱自乐，以利于在新的学科领域里找到学术创新的通道。鉴于此，笔者愿意用自己有限的能力，尝试通过环太平洋人面岩画这一局部选题的初步研究，为中国岩画的跨学科、跨洲际研究做一点探索。

朱利峰

2016 年 12 月

目　　录

CONTENTS

第一章 绪论

第一节 研究内容

本书的研究内容是环太平洋范围内亚洲、美洲（含北美洲和拉丁美洲）和大洋洲的（凿刻类）人面岩画，通过对三大洲人面岩画的分布区域、分期以及主要类型的梳理，尝试为人面岩画这一独特的岩画类型建立一个初步的时空框架。

亚洲中国学者对人面岩画通常有"人面像""类人面像""神格人面岩画""神格面具岩画""神像岩画"等不同的称呼，但实质上是指同一类岩画。因此，在研究过程中为了方便起见，都统称为"人面岩画"；个别地方为了写作语法的顺畅，则省略为"人面像"。在学者们的研究中，人面岩画通常还包括那些类似"兽面""鸟面"或"鸮面"以及抽象符号等接近人面的岩画。本书所涉及的研究内容，是沿用这种约定俗成的类型划分。

岩画是一个具有普遍意义的文化现象，世界上许多国家和地区都发现了为数可观的岩画。联合国教科文组织国际岩画委员会前主席简·克劳迪思（Jean Clottes）教授曾经制作过一幅世界岩画分布图（图1-1），图中标示出54处主要岩画地区，几乎遍布每一个大洲。

在世界岩画体系中，与人物、动物、植物、符号、自然物以及人造物等岩画题材相比，人面岩画是一个具有独特表现形式的独立系统，与其他类型的岩画具有明显的差异性。

通过人面岩画分布图（图1-2）与世界岩画的分布情况进行比较可知，与各类岩画遍布世界各地的普遍性不同，人面岩画仅在亚洲、美洲和大洋洲及其附属岛屿之上发现，呈现出"环太平洋"分布的趋势，尤以亚洲和北美洲的环北太平洋区域发现地点和数量最多（表1-1）。人面岩画的这种环太平洋现象，显示出这一岩画类型在人类原始艺术及世界总体文化发展中的特殊性，值得我们去一探究竟。

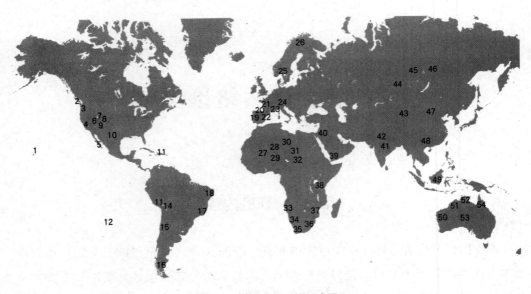

图 1-1　世界岩画分布示意图

（采自：Jean Clottes，*World Rock Art*）①

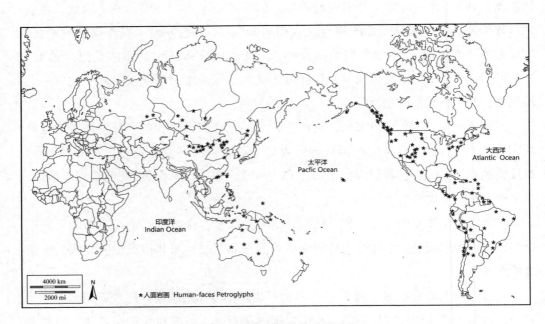

图 1-2　世界人面岩画分布示意图

① 由于版面限制，引用资料的版权信息不在此详注。具体可见书后"参考文献"。

表 1 – 1　　　　　　　　　　　　各种主要岩画的分布范围

主要类型	人物、动物、凹穴、手印、符号、自然物、人造物等岩画	人面岩画
分布范围	非洲、欧洲、亚洲、美洲、大洋洲	亚洲、美洲、大洋洲

近年来，人面岩画的新发现令人瞩目。本书作者进行了广泛的文献爬梳，加上选取了部分地点进行田野调查，在获取大量一手资料的基础上，重点将凿刻类（Petroglyphs）人面岩画这一独特的岩画形式进行分布统计、初步分期和图像类型的综合研究。

我们已经知道，岩画创作是一个全球现象。本书选取人面岩画最为密集的亚洲和北美洲沿海及内陆区域作为重点研究范围，主要探讨的是这种具有鲜明特征的凿刻类型人面岩画（Human-faces Petroglyphs）的分布规律、主要类型及其大致年代。具体的研究涉及到以下几各方面：

第一，收集亚洲、北美洲、拉丁美洲、大洋洲沿海以及内陆区域内已经发现的人面岩画及其相关的研究材料，进行系统的资料汇集、整理，建立初步的人面岩画区域分布档案。

第二，在对各主要分布地点的数量、分布规律、制作方法、载体类型、生计方式以及创作周期等方面综合比较分析之后，选取一系列考古学材料丰富且具有典型性的区域，通过综合比较分期法建立起初步的年代学标尺进行分期研究。

第三，在对典型区域进行粗略分期的基础上，与可靠的考古调查材料相比较尝试找到与人面岩画相关联的线索，分析每一个阶段中主要人面岩画的风格类型特征。

第四，以典型区域的分期和主要类型研究为参照系，将其置于整个环太平洋的分布范围之内，综合考量各地的分期和类型特征，尝试建立分区域、分期和主要类型的基本时空框架。

第五，综合比较区域类型和分期的研究结果，对环太平洋区域人面岩画的分布特点和演变规律进行总结归纳，得出结论。

第二节　研究方法

本书以考古学材料为基础，以图像类型学为基本理论框架，首先对人面岩画进行比较全面的文献调查、资料整理和数据分析；再通过类型学排比，建立分区域和分期、分类的基本框架；在此基础上采用跨学科研究方法将人面岩画研究的常见问题如分布规律、制作方法、风格类型、断代、族属等问题进行综合分析研究，分别解读。

使用的研究方法主要包括：

第一，文献法。亚洲中国人面岩画的大规模发现是在 20 世纪 90 年代之前，岩画资料的整理与初步研究均告一段落，出版了一些可供参考的图像资料，同时相关的学术论文成果也比较丰富，能够利用各类图书馆和网络资源进行查询。笔者在加拿大访学期间，收集了大量国外人面岩画的调查研究成果，并找到许多未曾被人关注的一手资料，方便进行横向的对比研究。

第二，类型学方法。包括两个主要方向，一是从考古学角度出发，从图像序列中提取那些年代相对明确并且与考古遗存或地层能够明显对应的进行排比，尝试使用间接断代法对部分人面岩画进行初步的分期；二是从图像学角度出发，对人面岩画的图像数据按照分布地域的不同进行分别收集、分类和排比，分析其分布区域和规律以及类型特点，为进一步的综合研究打好材料基础。

第三，田野调查法。面对分布广泛的环太平洋人面岩画，在研究中坚持使用一手材料，尽可能亲自到现场观察和记录，以便对研究对象有全面、客观的认识。笔者曾经于 2011 年和 2012 年先后两次参加了亚洲中国西辽河流域岩画的调查测绘工作；并于 2012 年 8—10 月间在亚洲中国贺兰山、阴山进行岩画考察；2013 年 5—8 月间在北美洲美国和加拿大实地考察岩画并与当地学者进行交流；2013 年 11 月—12 月，还分别到亚洲中国江苏连云港将军崖、亚洲中国内蒙古桌子山等地进行补充调查，对典型岩画进行了详细的记录和测绘，获取了更充分的一手资料；在调查过程中对人面岩画研究的前辈学者进行采访，通过研究者和管理者的讲述，充分了解当地岩画的人文、历史背景以及最新的研究动态。

第四，跨学科研究。借鉴民族学、民俗学、考古学的材料，重点利用考古学成果进行题材内容比较并进行图形图像的类型学排比，以跨文化、多学科的视角审视人面岩画的分布规律和特点；再尝试以统计学方法对分布数据进行筛选，提取亚洲北方俄罗斯境内的阿穆尔河流域，中国的西辽河流域、阴山、贺兰山和俄罗斯西伯利亚等地点的人面岩画作为切入点，将其放置于环太平洋文化分布带上进行分期研究，以有利于在更加宏观的研究视野下获取局部岩画的更完整信息。

亚洲中国岩画研究近百年，公开出版的著作有百余部，关于人面岩画的专题著作仅有一部，可供直接参考的中文资料比较缺乏。国外也没有学者对人面岩画做过全面系统的研究，但是他们的调查工作非常仔细，资料比较全面，许多前辈学者对各地的基础性研究做得非常扎实，有些其他题材类型的研究已经取得了阶段性成果，能够在人面岩画的研究中参考借鉴。由于每个人在进行跨学科研究的过程中都会因为自己的学科背景而具有一定的局限性，而跨学科的理论应用涉及到许多陌生领域，因此，对于岩画这种视觉艺术而言，需要努力克服看图说话的惯性思考模式，要综合考古学、艺术学、民族学等多方面的学科知识，在资料汇集、整理、统计的基础上，为人面岩画建构一个相对完整的时空框架，并通过这个框架中的细节变化深入挖掘出隐含在其中的发展规律。

第三节　选题的意义、侧重点和不足之处

人面岩画的跨洲际研究具有特殊意义。在全世界范围内所有那些人类曾经居住、生活过的国家和地区，几乎都曾在岩石、洞壁上发现过岩画的痕迹；而人面岩画却只在环太平洋沿岸的一些国家被集中发现，尤以亚洲中国北方和北美洲西北海岸分布最广，数量最多也最为密集。这些远隔数千公里的图像，绝大多数都有着简洁的以及图案化、抽象化的视觉表现，具有很高的相似度。与其他类型的岩画题材相比，将人面岩画这一独具特色的类型作为专题研究的学者还为数不多，对人面岩画的总体分布状况、数量、类型特点、分期研究、变化规律等方面尚缺乏系统的整理和分析，人面岩画在环太平洋区域密集出现的原因也尚未有清楚的认识。因此，有必要对人面岩画进行一次比较全面、深入的基础研究，以期望有助于岩画学科知识体系的完善，同时也为今后更加深入的理论研究打好基础。

亚洲中国国内的岩画研究，以往多是以区域性的发现和资料整理的纵向研究为主，横向的比较研究较少。岩画学家汤惠生教授指出：中国岩画的解释方法多是停留在望图生意的阶段，即仅对岩画进行图形辨识以及从生殖、舞蹈、农耕、放牧、狩猎等方面做一些笼统的分类说明，缺乏从结构、联系以及象征等角度作出整体性和系统性的解释，也就是说对包含在岩画中的人类认识和文化行为认识还远远没有涉及。[1] 本书希望通过对环太平洋人面岩画的分类整理，将岩画的一个具体类型置于洲际文化大背景之中，进行一次综合比较研究的尝试，至少在研究资料的整理、新材料的集中曝光以及横向对比研究的开拓性方面，具有一定的现实意义。

本书研究的主要侧重点在于，在人面岩画的分类体系上，不再以有、无面部轮

---

[1]　汤惠生：《关于岩画解释的理论假说》，陈兆复主编《岩画》，知识出版社 2000 年版，第 21 页。

廓进行区分，而是在相对确定的分期框架内，通过解析人面岩画的"构成"特征或艺术风格，作为类型划分的基本依据。这样更有利于对特定阶段的特定题材内容进行相对准确的描述和分析，不至于在分类过简的情况下混淆年代上的差异。

然而，分类过细也会造成研究内容复杂化的后果，因此本书的类型特征力求描述精炼、图文并茂，以避免理解上的困难。但因为篇幅的限制和准备时间的不足，现阶段的研究难以对人面岩画所涉及的作者、族属、文化内涵、宗教信仰等方面进行比较全面的论述，是本书最大的不足。只希望作为新资料汇集和基本框架的研究，能够为日后的深入研究打下阶段性的基础。

第四节　研究综述

一　岩画的概念和主要类别

岩画是未使用或不使用文字的原始部族用颜料绘制或用工具凿磨的方式，在崖壁或岩石上进行造型创作活动时保存下来的一种艺术遗迹。

对岩画的称呼很多，但总体上都按照"凿磨"和"涂绘"两个主要的标准进行分类。欧美学者普遍将使用工具凿刻、磨制的岩画称为 Petroglyphs，而将使用颜料涂抹绘制的岩画称为 Pictographs；也有学者以 Rock Carvings / Engravings（岩刻/雕）和 Rock Paintings（岩绘）作为两者的区分。由于很多岩画绘制在洞穴之中，因而也普遍将洞穴岩画称为 Cave Art 或 Cave Paintings；还有个别学者曾称之为 Rock Writings（岩书）。[1] 近几十年来，国际学术界逐渐将这两种类型的岩画用英语统一称为 Rock Art。中国学者在岩画发现初期称涂绘岩画为"崖画"[2] 或"崖壁画"[3]，而称凿磨岩画为"岩刻"或"摩崖石刻"，近年来都普遍使用"岩画"作为固定的称呼。

在亚洲中国，对岩画的概念解释有一个发展过程，且因人而异。

最早将亚洲中国岩画介绍到国外的学者陈兆复，在其 1991 年出版的《中国岩画发现史》中将岩画概括为"是一种制作在岩石上的史前艺术"[4]，2008 年版又修改为"……原始艺术"[5]，细微的概念变化表明作者在岩画属性的认知上更加严谨。李

---

① L. S. Cressman, *Petroglyphs of Oregon*, Eugene：University of Oregon, 1937, p. 6.
② 广西少数民族社会历史调查组编：《花山崖壁画资料集》，广西民族出版社 1963 年版。
③ 汪宁生：《云南沧源崖画的发现与研究》，文物出版社 1985 年版。
④ 陈兆复：《中国岩画发现史》，上海人民出版社 1991 年版，第 1 页。
⑤ 同上。

洪甫认为，如果不对岩画属性的概念进行限定，岩画则无法成为一种独立的文化遗存，岩画学也难以作为一个独立的学科出现于学术界。因此，李洪甫限定了岩画的作者是"原始部落的先民"，岩画的凿刻或描绘手段是"与岩石有关的艺术中最简陋、最原始的"，绘制者"生活在原始形态的部落中"。① 而学者盖山林不赞成"原始"的说法，他在 1995 年出版的《中国岩画学》一书中，定义岩画为"绘画或刻制于山岩上的图画或符号"②；到了 2001 年，又进一步在《世界岩画的文化阐释》一书中，给岩画下了一个更为全面的定义："岩画是指以岩石为载体，平面造型，两度空间，以显示人或物的基本形为主，作画的方法，或吹喷，或绘画，或凿刻。它是以图形表达作画者的意愿、追求、占有、欲望、野心、心态等。"同时，盖山林还强调："作画的时代，从旧石器时代，经新石器时代、青铜时代、早期铁器时代和历史时代，一直到人类的今天，有些地区还可能继续延续下去。"他认为岩画作品"并不限于原始部落，不一定都具有原始的性质"。③ 按照这种界定方式，则可包括在岩石上的一些当代艺术，这一观点在他的后期著作中均有所体现。

无论如何定义，岩画遗迹都传承并保存了人类祖先的历史、神话和精神经历，其主要内容涉及狩猎、放牧、祭祀、征战、交媾以及农耕等生产、生活场景，主要类型包括动物、人物、人面、植物、建筑、车辆、天体、符号和图案等，人面岩画是其中一个特色鲜明的重要类别。

早期学者对岩画进行解释的理论和假说经历了漫长的一个多世纪。从 19 世纪末 20 世纪初的"为艺术而艺术"开始，分别出现了以狩猎巫术和丰产巫术为代表的"交感巫术论"、雷诺埃·古尔汗创立的"雌雄二元论"、20 世纪 50 年代开始流行的"萨满论"以及 20 世纪 70 年代出现的"季节符号论"等。④ 至今在中国学术界影响最大的主要是"交感巫术论"和"萨满论"，很多早期学者都曾经运用这两种方法论来解释岩画。上述的理论视角均是学者们在考古材料基础上结合多学科理论与方法而派生出来的。

二 中国对人面岩画的命名、概念和研究范围

在亚洲中国，因为语言的差异导致认知有所不同，人面岩画的中文表达是一个

---

① 李洪甫：《略论"岩画"的定义和名称》，《文艺理论研究》1992 年第 3 期。
② 盖山林：《中国岩画学》，书目文献出版社 1995 年版，第 3 页。
③ 盖山林：《世界岩画的文化阐释》，北京图书馆出版社 2001 年，第 221 页。
④ 汤惠生：《关于岩画解释的理论假说》，陈兆复主编《岩画》，知识出版社 2000 年版，第 13—21 页。

比较含糊的称谓。除了以面部特征为主要表现内容，还包括类似"兽面""鸟面"或"鸮面"以及一些抽象符号，甚至有些"人面"和"兽面""鸟面"很难进行明确的区分。汉字中的"人面"二字，在字面意思上并不能代表全部类型；英文则可以用Faces（脸）或Masks（面具）以一概之，而中文至今尚未找到一个最合适的概念来涵盖这个类别的岩画。

在亚洲中国，自20世纪70年代以来，有很多中国学者对人面岩画进行了持续的关注，关于人面岩画也都曾有过不同的命名。盖山林于1985年在内蒙古人民出版社出版的《阴山岩画》一书中，对内蒙古阴山地区有人面形象的岩画曾运用了"人（兽）面""人面形""人（兽）面形""人面题材""人面纹样""人（兽）面纹样""类人面形""类人面图形""类人面纹样""类人面像""人头形""类人头形""类人头像"等10多种名称，可见当时还没有统一而固定的称谓。1986年，盖山林又出版了一部载有详细图录的《阴山岩画》，其中他将这类岩画定名为"人面像岩画"。① 1995年，盖山林的《中国岩画学》一书问世，正式将岩画研究作为一个学科摆在世人面前，其中，他将"人面像岩画"归因于神像（面具）崇拜、太阳崇拜、天体崇拜和祖先崇拜等。② 1999年盖山林在《中国面具》一书中，开始将中国人面岩画与面具文化联系起来，认为人面岩画是面具艺术的起始阶段。③ 到2002年的《内蒙古岩画的文化解读》，盖山林正式将人面类型的岩画统称为"神格面具岩画"。④ 这一概念既能包含具有神格化特点的人面像，又能涵盖具有人格化特点的兽面、鸟面及太阳神等，算是包容性较强的一个名称。

1992年，最早将人面岩画作为专项研究的宋耀良出版了他的专著《中国史前神格人面岩画》，书中将人面岩画称为"神格人面岩画"。李祥石在1993年出版的《贺兰山与北山岩画》，将这类岩画称为"类人首"。⑤ 2010年新出版的《阴山岩画》图册中有"脸谱""人面""人面像""图腾图符"等多种称谓。

2013年，中央民族大学的一名博士和两名硕士研究生都以西辽河流域的人面岩画作为毕业选题进行研究；其中博士研究生孙晓勇和硕士研究生阮晋逸都使用"人面岩画"这一称谓，而硕士研究生李东风使用的名称是"人面形岩画"，概念上几乎没有差异，只是表述上的不同。

---

① 盖山林：《阴山岩画》，文物出版社1986年版，第70页。
② 盖山林：《中国岩画学》，书目文献出版社1995年版，第134—149页。
③ 盖山林编著；盖志浩绘：《中国面具》，北京图书馆出版社1999年版，第4页。
④ 盖山林、盖志浩：《内蒙古岩画的文化解读》，北京图书馆出版社2002年版，第346页。
⑤ 李祥石、朱存世：《贺兰山与北山岩画》，宁夏人民出版社1993年版。

　　陈兆复1991年版的《中国岩画发现史》一书，专门在"岩画内容的分析"一章设有"人面像"专题，详述人面像的发现、技法、类型、年代和意义，对中国各地发现的人面像进行了总体描述，将人面像划分为"无轮廓型""半轮廓型""全轮廓型"和"头饰型"四种。[①] 此后，"人面像"一词因为接受程度最广，在中国逐渐成为"人面形象岩画"的专用名称，并被长期、广泛地运用在岩画研究中。

　　亚洲中国学者在国外发表的研究成果中，通常翻译为 Anthropoid Faces（类人面）[②]、Human faces 或者 Human-faces。[③] 外国学者有的称为 Anthropomorphic Faces[④]，有的将有轮廓人面称为 Faces，将无轮廓人面称为 Eyes[⑤]，或 Eye-mask faces 以及 Eye/nose faces[⑥]，最复杂的描述是 Individual Heads with Ficial Features[⑦]。

　　从总体上看，人面岩画大多以轮廓的有无和眼睛的突出表现等为显著特征。但事实上，有没有轮廓并不能看出制作时间的先后，也不是各阶段风格类型的主要区别因素；有些地方的人面岩画，眼睛也并非特别重要的内容，甚至不是必备的要素。因此，单纯强调轮廓和眼睛的称呼，都是不够全面的。

　　本书的研究，以"人面岩画"或"人面像"这种约定俗成的名称来命名。不加其他的感情色彩或修饰因素，至少能够取得大多数学者的共识，也是本书采用这一名称的原因。为了易于理解，笔者将人面岩画界定为一个比较宽泛的概念，即"凿刻类岩画中没有身体，仅表现人或类人形面部特征的各式岩画。"

三　外国研究概况

　　国际岩画委员会前主席阿纳蒂曾为陈兆复的著作《中国岩画发现史》撰写了序言，其中专门提到了人面岩画。他认为，人面岩画是最古老的岩画之一，是祖先的

---

　　①　陈兆复：《中国岩画发现史》，上海人民出版社1991年版，第232页。

　　②　蒋振明：《迈向原始的艺术世界：中国岩画考察散记》，新世界出版社1991年版，第93页。

　　③　Yaoliang Song, "Prehistoric human-face petroglyphs of the North Pacific region", *Arctic Studies Center* (*Supplement*), Washington, D. C.：National Museum of Natural History, Smithsonian Instiution, July 1998, Number 1, pp. 1 – 4.

　　④　Ben Watson, "The eyes have it：human perception and anthropomorphic faces in world rock art", *Antiquity*, 85 (2011)：pp. 87 – 98.

　　⑤　Daniel Leen, "The Rock Art of Northwest Washington", *Northwest Anthropological Research Notes*, 1981：pp. 1 – 56.

　　⑥　Georgia Lee and Edward Stasack, *Spirit of place*：*The Petroglyphs of Hawaii*, California：Easter Island Foundation, Los Osos, 2005, p. 166.

　　⑦　E. L. Gori Tumi, A Tentative Sequence and Chronology for Checta, Peru, *Rock Art Research*, Vo. 28, No. 2, November 2011, p. 217.

神灵和保护者，并提出人面岩画的"环太平洋"概念。① 阿纳蒂指出，环太平洋区域内的人面岩画以及在其他媒介上的相似图像，可能源于亚洲。同时，阿纳蒂教授也表现出了谨慎的态度，认为亚洲、澳洲和美洲之间巨大的距离是人面岩画深入研究的难点。还提出中国和俄罗斯远东地区人面岩画的年代应该是在距今七、八千年左右的主张。②

自18世纪以来的300余年间，在一些环太平洋国家和地区，如北美洲的美国（含阿拉斯加州和大洋洲的夏威夷诸岛）、加拿大，中美洲及加勒比海区域的古巴、波多黎各、圣文森特和格林纳丁斯等，南美洲的巴西、阿根廷、智利（含复活节岛）、秘鲁、哥伦比亚等，亚洲的俄罗斯远东地区、蒙古、中国、韩国，大洋洲的澳大利亚及其周边一些南太平洋岛屿都先后发现有不同数量的人面岩画遗存。19世纪末之后，岩画被广泛发现并掀起百余年研究热潮，国际学术界鲜有将人面岩画作为专题进行研究的，通常都是在史前艺术或者岩画研究的过程中涉及到此类岩画的时候略有提及。

国外最早对人面岩画的图像记载开始于十八世纪。1767年，美国耶鲁大学的校长以兹拉·斯蒂尔斯（Ezra Stiles）在调查美国马萨诸塞州伯克利镇顿河（Taunton River）左岸的一块名为代顿石（Dighton Rock）的岩石后，于1767年7月15日描绘了这块岩石上的所有图形，其中明显有两个椭圆形人面像（图1-3）。然而斯蒂尔斯的兴趣在类似于文字符号的其他图形上面，因此，他称这块岩石为"Writing Rock"，没有对其中的人面岩画进行研究。尽管如此，他对北美洲岩画的发现和调查仍具有里程碑式的意义。③

1871年，美国康奈尔大学佛雷德·哈特（Ch. Fred Hartt, M. A.）教授发表了一篇关于巴西岩画的论文《巴西岩刻画》（*Brazilian Rock Inscriptions*），首次披露了部分巴西人面岩画。④ 1889年，美国人类学家布林顿·丹尼尔·加里森（Daniel G. Brintond）的论文《西印度群岛圣文森特岛上的史前岩画》用素描方式描绘了一个人物和两个人面的岩画图形（图1-4），并进行了初步的解读，首次用"Human-Faces（人面）"作为一个岩画类型的名称。⑤

---

① 陈兆复：《中国岩画发现史》，上海人民出版社2008年版，"序言"，第5页。

② 同上书，"序言"，第6页。

③ Cora E. Lutz, "Ezra Stiles and the Challenge of the Dighton Writing Rock", *The Yale University Library Gazette*, Vol. 55, No. 1 (July 1980), pp. 14-21.

④ Ch. Fred. Hartt, "Brazilian Rock Inscriptions", *American Naturalist*, Vol. V. May, 1871, No. 3.

⑤ Daniel G. Brintond, "On a Petroglyph from the Island of St. Vincent, W. I. ", *Proceedings of the Academy of Natural Sciences of Philadelphia*, Vol. 41 (1889), pp. 417-420.

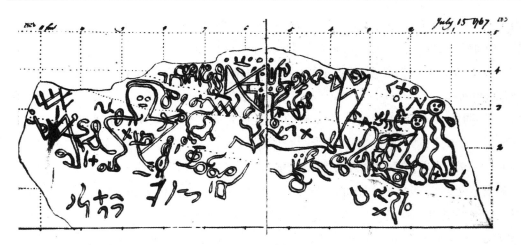

图 1-3　代顿石

（采自：Lutz, *Ezra Stiles and the Challenge of the Dighton Writing Rock*）①

图 1-4　圣文森特和格林纳丁斯的圣文森特岛岩画

（采自：Brintond, *On a Petroglyph from the Island of St. Vincent, W. I*）

　　亚洲人面岩画最早发现于 1897 年，美国考古学家博斯霍尔德·劳弗尔
（Berthold Laufer）在俄罗斯远东地区的萨卡奇—阿连村发现了 100 多个人面岩画，
并于 1899 年发表了论文《阿穆尔河史前岩画》（*Petroglyphs on the Amoor*），他也使

———————————————

　　①　由于版面限制，图像进行了缩放，请读者注意。下同，不再另注。

用了"Human-Faces（人面）"这一岩画术语。① 根据当地出土的新石器时期人面陶塑，阿纳蒂判断这里的人面岩画是与陶制品同时出现的。②

1917 年，美国民族学家沃尔特·霍夫（Walter Hough）在其著作《人类学笔记》（*Anthropological Notes*）中记载了 C. A. 哈尔沃森船长（C. A. Halvorsen）提供的一些照片，证实在美国阿拉斯加州的科迪亚克岛（Kodiak Island）西南侧港湾处发现了一个人面岩画遗址（图 1–5），据称有数百个图像，并记录了具体的经纬度坐标。③ 1947 年，美国考古学家罗伯特 F. 海泽（Robert F. Heizer）在霍夫博士发现的基础上又结合 1944 年披露的一批照片，对科迪亚克岛的两处岩画做了进一步的调查和详细的类型学排比，发表了论文《阿拉斯加州科迪亚克岛西南部史前岩画》（*Petroglyphs from Southwestern Kodiak Island，Alaska*），其中将人面岩画分为有轮廓（Faces with facial outline）和无轮廓（Faces without outline, Features only）两种，认为是阿拉斯加州的原住民康尼亚戈人（Koniag）创作了这些作品④。20 世纪 70—90 年代，美国、加拿大学者在美洲西海岸发现了为数众多的人面岩画遗迹，这些人面岩画沿着阿拉斯加岛屿，顺着海岸线向南延展到北美中部。随着更多线索在美洲被发现，一些学者注意到这些人面岩画之间的差异性，但均只从美洲大陆的原住民角度进行研究，并未能以全球视野深入探讨它们之间的共性因素。

加拿大印第安部落研究专家爱德华·米德（Edward Meade）于 1971 年出版专著《西北地区太平洋海岸印第安岩刻》（*Indian Rock Carvings of the Pacific Northwest*），首次收录了北美洲太平洋沿岸多达 49 个地点的岩画，其中不乏人面岩画，爱德华·米德称之为"Mask Face"⑤；加拿大温哥华图书馆的研究员贝斯·希尔（Beth Hill）在加拿大不列颠哥伦比亚省（British Columbia）调查了 200 余个岩画点，其中有 70 多个地点发现人面岩画，并于 1974 和 1975 年先后出版了专著《西北地区太平洋海岸印第安史前岩画》（*Indian Petroglyphs of the Pacific Northwest*）、《西北地区太平洋海岸的印第安岩刻指南》（*Guide to Indian Rock Carvings of the Pacific Northwest Coast*），

---

① Berthold Laufer, "Petroglyphs on the Amoor", *American Anthropologist*, New Series, Vol. 1, No. 4（Oct., 1899）, pp. 746 – 750.

② ［意］埃玛努埃尔·阿纳蒂：《艺术的起源》，刘建译，中国人民大学出版社 2007 年版，第 266 页。

③ Alaska Packers Association and Walter Hough, "Anthropological Notes", *American Anthropologist*, New Series, Vol. 19, No. 2（Apr. – Jun., 1917）, pp. 320 – 324.

④ Robert F. Heizer, "Petroglyphs from Southwestern Kodiak Island, Alaska", *Proceedings of the American Philosophical Society*, Vol. 91, No. 3（Aug. 29, 1947）, pp. 284 – 293.

⑤ Edward Meade, *Indian Rock Carvings of the Pacific Northwest*, Sidney, British Columbia, Canada：Gray's Publishing Ltd., 1971. p. 8.

图 1 - 5　北美洲美国阿拉斯加州科迪亚克岛岩画

（采自：Heizer，*Petroglyphs from Southwestern Kodiak Island*，*Alaska*）

图 1 - 6　北美洲西北海岸人面岩画

（采自：Edward，*Indian Rock Carvings of the Pacific Northwest*）

图1-7 北美洲西北海岸人面岩画

（采自：Beth，*Indian Petroglyphs of the Pacific Northwest*）

详细描述了北美洲加拿大西北太平洋沿岸的岩画调查情况，书中将人面岩画统称为"face"。虽然当时中国的人面岩画尚未被广泛发现，但希尔已经敏感地意识到，在北美洲西北海岸所发现的岩画，"很有可能源于中国早期文明的艺术传统，并沿着太平洋沿岸扩散开来"。①

1981年，美国学者丹尼尔·里恩（Daniel Leen）在《西北人类学研究》杂志发表了一篇名为《华盛顿西北海岸的岩画》（*The Rock Art of Northwest Washington*）的长篇学术论文，文中列举了大量首次发现的北美洲美国西北海岸人面岩画拓片和描图，并结合北美印第安土著艺术进行了民族学的比较研究，以图例标示了北美洲西北海岸地区人面岩画的分布规律。② 美国学者凯泽（Keyser）于1992年在他的著作

① Beth and Ray Hill，*Indian Petroglyphs of the Pacific Northwest*，Canada：Hancock House Publishers，1974，p. 19. "In our petroglyph region there is some evidence supporting the possibility of an art tradition generated by the ancient civilizations in China，diffused around the Pacific Ocean."

② Daniel Leen，"The Rock Art of Northwest Washington"，*Northwest Anthropological Research Notes*，1981，pp. 1-56.

《哥伦比亚高原的印第安岩画》（*Indian Rock Art of the Columbia Plateau*）中认为："……面具或具有人面特征的形象具有夸张的牙齿、眉眼或其他面部特征，它们之中没有哪两个具有显著的相似性，这与其他艺术形式中总是重复相同的特征明显不同，表明每一个艺术家在描绘他的守护神时更多地具有其个人色彩。"① 同年，美国学者亚历克斯·帕特森（Alex Patterson）在他编制的《美国西南部岩画符号的田野指南》（*A Field Guide to Rock Art Symbols of the Greater Southwest*），将人面岩画纳入到类人型（Humanlike）岩画类型之中，其中对各种人面岩画的具体称呼不下十几种。② 直到近十几年来，在一些学术会议和著作中，人们才普遍将 Faces 和 Masks 作为人面岩画类型的约定俗成的称呼。③

2011 年，澳大利亚学者本·沃森（Ben Watson）发表了题为《以眼为见：世界岩画中的人类感知及其拟人面孔》（*The Eyes Have It：Human Perception and Anthropomorphic Faces in World Rock Art*），通过观察澳大利亚所发现的以表现眼睛为主的人面岩画，把视线引向整个环太平洋区域，将环形双目作为基本要素提炼出来进行对比分析，并得出结论认为，这种对称的眼睛作为人用来感知世界的最强有力的神经系统构件，使得原始岩画艺术家很自然地选择其为传递信息的一种社会符号。④ 1961—1965 年，北美洲加拿大魁北克省北部发现了一个人面岩画遗址群，1992 年澳大利亚的岩画学家保罗·塔森发表了一篇研究论文进行过初步介绍。⑤ 近几年来，加拿大魁北克大学的人类学家丹尼尔·阿瑟诺（Daniel Arsenault）教授在此基础上，通过更深入的实地考察，将研究重点放在了加拿大一个叫做夸加它里克的岩画点，结合整个北极地区（包括从挪威一带到格陵兰岛再到阿拉斯加、西伯利亚）不同社群的岩画艺术在图案和主题上存在的相似性，并列举了大量的多赛特便携式艺术品，

---

① James D. Keyser, *Indian Rock Art of the Columbia Plateau*, Seattle：University of Washington Press, 1992, p. 52. "'mask' or 'face' figures have exaggerated teeth, eyebrows, or other facial features. No two of these spirit figures are markedly similar, in notable contrast to the repetitive sameness of many of the other forms characteristic of this art. This suggests to me that they represent each artist's highly individual perception of his guardian spirit."

② Alex Patterson, *A Field Guide to Rock Art Symbols of the Greater Southwest*, Colorado：Johnson Books, 1992：pp. 1 – 8.

③ Paul G. Bahn, *Prehistoric Rock Art：Polemics and Progress*, Cambridge：Cambridge University Press, 2010, p. 71.

④ Ben Watson, "The eyes have it：human perception and anthropomorphic faces in world rock art", *Antiquity*. 85 (2011)：pp. 87 – 98.

⑤ TAÇON, P. S, "Stylistic Relationship Between the Wakeham Bay Petroglyphs of the Canadian Arctic and Dorset Portable Art", In *Rock Art Studies：The Post-Stylistic Era or Where Do We Go From Here*? M. Lorblanchet & P. C. Bahn, Ed, Oxford：Osbow Books, 1993, pp. 151 – 162.

试图说明，从萨满教的服饰、用具、宗教仪式和表达方式等方面看，北美洲加拿大魁北克北部的这些人面岩画与萨满巫术的源头是一致的。① 这是目前为止关于国外学者人面岩画研究的最新资料。

四　中国研究概况

1. 中国人面岩画的发现

中国关于人面岩画的文字记载最早见于《水经注》："渡流头滩十里，便得宜昌县也。江水又东迳狼尾滩而历人滩。袁山松曰：二滩相去二里，人滩水至峻峭，南岸有青石，夏没冬出，其石嶔崟，数十步中，悉作人面形，或大或小。其分明者，须发皆具，因名曰人滩也。"② 这说明至少在距今 1500 余年之前的北魏时期，中国长江流域的湖北与四川一带还保有刻着人面岩画的岩石。

然而中国人面岩画的图像记录以及调查和研究却晚于美洲和东北亚等地区，肇始于 1915 年黄仲琴对福建华安仙字潭的发现及其 1935 年发表的《汰溪古文》，他认为刻于崖壁上的图形是古代的文字。1957 年，福建省文物管理委员会再次调查了此地，将其中明显是人面的图像识别为人面形，但仍认为其他岩刻属于古文字③，后来才逐渐被学者们确认为是岩画。1928 年，瑞典考古学家贝格曼在内蒙古阴山西段的狼山南麓发现人面岩画。20 世纪 60 年代末，李祥石发现贺兰山贺兰口的人面岩画④；1973 年，牧民发现内蒙古桌子山岩画；1976 年，盖山林在阴山发现大量人面岩画，至 1980 年的 5 年间，盖山林从内蒙古乌拉特中旗韩乌拉山的人面岩画开始，对阴山西段的狼山地区岩画展开调查，记录了大量的人面岩画资料。⑤ 此后，1978 年在台湾的万山，1979 年在江苏连云港的将军崖，1981 年在内蒙古的白岔河、桌子山，1982 年在宁夏贺兰山，1992 年在内蒙古阴河⑥等地逐渐发现更多人面岩画。

直到 21 世纪初，人面岩画还在不断地发现过程中，特别是 2000 年前后内蒙古西辽河流域翁牛特旗岩画的大规模发现，2005 年江苏连云港将军崖第四组岩画的发

---

① ［加］丹尼尔·阿瑟诺：《极地岩画背后的萨满教》，朱利峰译，《内蒙古大学艺术学院学报》2014 年第 1 期。

② （北魏）郦道元：《水经注》卷三十四，时代文艺出版社 2001 年版，第 258—259 页。

③ 林钊：《华安汰仙字潭摩崖的调查》，《文物参考资料》1958 年第 11 期。

④ 李祥石：《发现岩画》，宁夏人民出版社 2006 年版，第 6 页。

⑤ 盖山林：《阴山岩画》，文物出版社 1986 年版，第 1—3 页。

⑥ 任爱君：《古代西辽河流域游牧文化起步的考古学探源——西辽河流域古代历史文化思考之三》，《赤峰学院学报》（哲学社会科学版）2008 年第 3 期。

现，以及 2007—2008 年内蒙古阴山格尔敖包沟和莫勒赫图沟的新发现都是非常重要的成果。

2. 中国人面岩画的文化解释

中国人面岩画的系统化专门研究，始于 20 世纪的 80 年代。关于人面岩画的文化解释，许多人都有各自的观点，主要有"传播论""面具说""生殖崇拜论""二元论""萨满巫术论"，其中"传播论"和"面具说"占主导。

宋耀良、李洪甫和李祥石持"传播论"观点。

宋耀良根据自己 5 年 4 万余公里田野调查和潜心研究的成果，于 1992 年推出专著《中国史前神格人面岩画》，选择"神格人面"这一岩画专题展开深入剖析，全书分为："分布范围与地理特征""图像特征与类型""制作技法与伴生符号""主要遗存址""制作年代与制作者族属""符式的起源、传播与演变""性质与功能""对中国文化的意义""流向何处"等九章，指出中国人面岩画系一种同源文化所致，以北、东、中三条线状分布在华北和华东沿海区域。[①] 在具体的研究和论证过程中，宋耀良借鉴了原始宗教学、考古学、神话学、古文字学以及符号学等相关学科的诸多材料与方法，试图将中国人面岩画这一独特的文化现象还原到中国史前文化的大背景之下，来解释其文化功能和内涵。他认为，人面岩画镌刻在固定的石头之上而不能随人迁徙，因此不是游牧民族所为，其作者应该是过着定居生活的民族；从分布范围和制作规模之大的特点来看，不可能是一个弱小封闭的民族所为，而是由强大、统一，数千年保持着文化延续性的民族所创造，这个民族是"华夏族"或华夏族的祖先，也就是源于中原地区的主体民族[②]；从新石器时期人面形器物的出土地点与人面岩画分布地点的重叠情况，可以推断出人面岩画是农业文化的产物[③]。显然，这种判断已经将亚洲北方的游牧民族排除在外了。

20 世纪 90 年代，宋耀良在北美洲进行了数年的调查和研究。1998 年宋耀良又发表了题为《环北太平洋区域史前人面岩画》（*Prehistoric Human-face Petroglyphs of the North Pacific Region*）的论文，提出北美洲各国、俄罗斯人面岩画与中国的人面岩画存在多种相似表现形式，这是一种同源文化跨洲际传播的结果，起源于中国东部的大汶口文化区域。最晚在距今 4000 年前，出于宗教需要的亚洲史前居民经阿留

① 宋耀良：《中国史前神格人面岩画》，生活·读书·新知三联书店 1992 年版，第 43 页。
② 同上书，第 185 页。
③ 同上书，第 205 页。

申群岛将人面岩画传播到美洲大陆。① 2010 年，宋耀良在中央电视台《探索·发现》栏目中再次表述了这种传播观点，但是在一篇新发表的论文中将人面岩画起源点修正为赤峰地区。②

1997 年，李洪甫的著作《太平洋岩画——人类最古老的民俗文化遗迹》也以文化传播观点详细列举了环太平洋地区的岩画遗迹，其中涉及到人面岩画。作者指出，各国主要岩画点之间具有亲缘关系，并认为江苏连云港将军崖岩画的凿刻者是东夷首领少昊氏族的成员，东夷少昊文化是这个文化圈的中枢，以东夷文化为中心向南北方向的延伸和传布，导致了东方文化带的形成。③

李祥石认为，人面岩画的作者是有着多元信仰的中华民族——即广义上的"华族"，人面岩画中各种各样的图腾崇拜正是这种多元文化的产物，环太平洋地区的人面岩画"具有同族、同源、同文化属性的特征"。④

李福顺等持"面具说"观点。

1991 年，李福顺在对贺兰山人面岩画进行考证后提出了"面具说"，认为其中一部分人面像是当时人们跳神时戴在头上的面具。⑤

盖山林早期认为："类人（兽）面纹样，乃是远古人类意识形态的综合体现，画家注入到里面的思想涉及原始思维的许多领域，它绝不只限于某一种信仰，从它的意义来说，绝不是一种含义，其中至少有面具、天神、祖先神、头盖骨等多种文化含义。"⑥ 陈兆复也认为，"绝大多数（人面岩画）并非描绘真实的人面，倒像是某种特定的面具。"⑦ 他还指出："人面岩画与祭祀有关，与宗教信仰有关，史前人类的宗教信仰，是由于人类对于生存的渴望，产生了对神的观念……最初出现的是动物神，后来逐渐演化成各种不同的神灵。"⑧

孙新周等提出"生殖崇拜论"。

1995 年，孙新周对白岔河人面岩画从原始艺术符号释读的角度进行破译，以嘎拉营子人面像似一个男根纹为切入点，从原始文化的背景入手加以分析，认为它是

① Yaoliang Song, "Prehistoric human-face petroglyphs of the North Pacific region", *Arctic Studies Center* (*Supplement*), Washington, D. C.: National Museum of Natural History, Smithsonian Instiution, July 1998, Number 1, pp. 1 – 4.
② 宋耀良：《人面岩画：4000 年以前中国人到达北美洲》，《新华航空》2010 年第 6 期。
③ 李洪甫：《太平洋岩画：人类最古老的民俗文化遗迹》，上海文化出版社 1997 年版，第 9 页。
④ 李祥石：《人面像岩画探究》，《文化学刊》2011 年第 5 期。
⑤ 李福顺：《贺兰山岩画中的面具神形象》，《化石》1991 年第 4 期。
⑥ 盖山林：《阴山岩画》，内蒙古人民出版社 1985 年版，第 129 页。
⑦ 陈兆复：《中国的人面像岩画》，《寻根》1994 年第 2 期。
⑧ 陈兆复：《中国岩画发现史》，上海人民出版社 2009 年版，第 218 页。

一种抽象了的男根纹样，属典型的原始生殖崇拜。① 他于 1999 年出版了专著《中国原始艺术符号的文化破译》，通过与在俄罗斯叶尼塞河流域发现的岩画比对，认为"这种以眼睛象征睾丸，以鼻子代表阴茎的男根崇拜形式，是一种跨文化现象，在国外早已有之的，在西方，这种表现方法也沿袭了很长时期"。②

此外，有部分学者根据中国新石器时期至青铜时期其他艺术形式中的类似图形与人面岩画相比照，认为有些所谓的人面实际上应该是"鸟面"③ 或"鸮面"④。李洪甫认为，在亚洲、北美洲、大洋洲的许多岩画中，鸟是出现数量最多的动物题材，是源于最早开发原始农业的定居先民的鸟崇拜。在为了生存的经济生活中，只有从事早期农业的先民最关心鸟，鸟的活动能预示季节的变换，对作物的播种和收获至关重要。这种推断是基于李洪甫的东夷文化传播带理论而提出的。⑤ 苏胜考证认为，赤峰的人面岩画是鸮形人面像，是先商图腾，与先商民族的迁徙有关。⑥

汤惠生等持"二元论"。

2001 年汤惠生在他的著作《青海岩画——史前艺术中二元对立思维及其观念的研究》中，运用萨满教理论及跨文化阐释的方法，引用大量考古学材料，论证了中国人面岩画是二元对立思维及其观念的体现，是原始宗教文化中诸多"肯定因素"的象征物。他还指出，人的头部就意味着"天""上""高"等，与天帝（天神）的身份相匹配；人面像的头部呈圆形，是因为与太阳相似。⑦

龚田夫将人面岩画解释为："是指那些看起来类似人面或是可以联想到人面的岩画图形。"他支持人面岩画的"东夷起源说"，从文化类型角度将中国的人面岩画分为初期型、繁荣期型和衰落期型，并认为人面岩画主要表现为女性和男性的生殖崇拜，还有一些属泛神灵崇拜。⑧

除了"传播论""面具说""生殖崇拜论""二元论"，很多学者都认为人面岩画的产生和发展与萨满教的传播有关。

---

① 孙新周：《探索内蒙古人面像岩画的奥秘》，陈兆复主编《岩画》，中央民族大学出版社 1995 年版，第 33 页。

② 孙新周：《中国原始艺术符号的文化破译》，中央民族大学出版社 1998 年版，第 60 页。

③ 李洪甫：《太平洋岩画：人类最古老的民俗文化遗迹》，上海文化出版社 1997 年版，第 142 页。

④ 吴甲才编著：《红山岩画》，内蒙古文化出版社 2008 年版，第 16 页。

⑤ 李洪甫：《太平洋岩画》，上海文化出版社 1997 年版，第 142 页。

⑥ 苏胜：《赤峰岩画初探》，《昭乌达蒙族师专学报》1998 年第 3 期。

⑦ 汤惠生、张文华：《青海岩画：史前艺术中二元对立思维及其观念的研究》，科学出版社 2001 年版，第 239 页。

⑧ 龚田夫、张亚莎：《中国人面像岩画文化浅谈》，《中央民族大学学报》2006 年第 03 期。

　　萨满教狭义上是指欧亚大陆北方乌拉尔—阿尔泰语系的渔猎或游牧民族所普遍信仰的一种原始宗教，其分布范围东起白令海峡，西至斯堪的纳维亚半岛，横亘欧亚大陆北部的亚寒带和寒带地区。而广义的萨满教泛指所有地方原始形态的宗教信仰，从非洲、北欧、亚洲、美洲到大洋洲这一广阔地域内所居住的各个民族，都有着相似的萨满教信仰。萨满教直至近现代仍然活跃在中国东北和俄罗斯远东的一些民族地区，在美洲一些印第安人中间还存在着萨满给人治病的习俗。这些民族在史前的社会经济和文化传播上具有一定的共性因素和渊源关系。① 萨满教起源于何时、何地尚没有确切的结论，但信仰大体相似，萨满教相信万物有灵，有专门的巫师，称为萨满，是人和神之间交往的中介。萨满教的宗教仪式主要是由萨满作法而通神，作法时，萨满穿戴着法衣法帽，手持鼓槌，敲起萨满鼓，边唱边跳；而萨满面具，也正是萨满作法跳神时所用的法器之一。中国东北大兴安岭林区的鄂伦春族，在解放前还一直信仰萨满教，他们朝拜的神物中就有用木头雕刻成的萨满面具。② 鄂温克族的萨满在跳神时，穿着奇异的神衣，头戴鹿角神帽，脸上戴面具，不同地区所用的面具形制也不相同，充满神秘色彩。③ 美洲的易洛魁人也信仰萨满教，他们崇信一种名为"幻面"的精灵，是一种形态怪异的恶灵，没有躯体只有面孔，而且奇丑无比，通常隐而不见；它游荡于天地间，专事降病致厄。为了祛除病患，抵御灾害，需要求助于一种独特的宗教团体"幻面"会社。会社以女首领为萨满，成员全部为男性。她派人前往祛病却疾时，代替她的男人就头戴面具。④ 澳大利亚的美拉尼西亚人中有类似萨满的巫师，他们雕刻假面具的技术非常发达。此外，信仰萨满教的西伯利亚布里亚特人、鞑靼人，北美的因纽特人（爱斯基摩人）和阿留申人等，均盛行制作面具。⑤ 由此可见，信仰萨满教的各民族之间虽然在语言、地域、心理因素等方面存在差别，但有着相同或相似的宗教信仰，甚至在宗教活动中存在着几乎相同的仪式。

　　不容否认，环太平洋地区的人面岩画确实或多或少地表现出超自然的属性和原始宗教意味。可以肯定的一点是，在原始社会的历史长河中，不论是在亚洲腹地的

　　① 汤清琦：《论中国萨满教文化带——从东北至西南边地的萨满教》，《宗教学研究》1993 年 Z2 期。

　　② 秋浦：《鄂伦春社会的发展》，民族出版社 1978 年版，第 170 页。

　　③ 吕光天：《论我国北方民族萨满教概况》，吕光天主编《北方民族原始社会形态研究》，宁夏人民出版社 1982 年版，第 250 页。

　　④ ［俄］谢·亚托卡列夫：《世界各民族历史上的宗教》，中国社会科学出版社 1985 年版，第 127—141 页。

　　⑤ 杜晓帆：《契丹族葬俗中的面具、网络与萨满教的关系》，《民族研究》1987 年第 6 期。

牧场，还是在北美洲西北海岸，亦或是南太平洋的海岛之上，人面岩画被创造者赋予了特殊的意义和精神内涵。

近年来，中国国内的一些著作如《发现岩画》（李祥石 2004）、《红山岩画》（吴甲才 2008）、《丝绸之路岩画研究》（盖山林、盖志浩 2010）、《文明的印痕——贺兰口岩画》（银川市贺兰山岩画管理处 2011）、《贺兰山岩画研究》（贺吉德 2012）、《阴山岩画研究》（王晓琨 2012）、《克什克腾岩画》（韩立新 2013）对人面岩画也有许多的资料补充和理论探讨。这些研究更多地表现出谨慎的态度，从跨学科角度提出了比较综合的观点，以不同的侧面反映了人面岩画的研究进展。李祥石认为人面岩画"深层的内涵意义与图腾崇拜、神话传说，原始宗教信仰及民俗有着千丝万缕的联系"[①]；"人面像岩画是人类多元文化的产物，是万物有灵、神话传说、图腾崇拜、巫术崇拜、祖先崇拜、生殖崇拜、自我认识、自我教化、自我表达、自我觉悟的一种文化艺术形式"[②]。贺吉德认为，人面像岩画"是指原始人类对心目中的神灵鬼怪、图腾动物以及各种崇拜对象赋予人面形象而制作的岩画"。人面岩画的产生与交感巫术有关，是巫师为了完成"通天地、近鬼神"而进行的祭祀程序。[③]在 2010 年出版的《丝绸之路岩画研究》一书中，盖山林运用传统考古学的比较研究法，将内蒙古多处人面岩画与其他考古材料中的人面形和太阳纹进行了对比研究，试图证明人面岩画并不是岩画中的孤立现象，与其他艺术载体存在着密切的关联，并以在不同载体上出现的相类似的图形作为岩画断代的主要依据。[④] 另外，还有一些论文如《贺兰山人面像岩画的起源》（张建国 2010)[⑤]、《北方面具岩画中原始宗教含义的体现》（张琰 2007)[⑥] 等从起源、宗教含义等角度展开探讨。特别是近年来，中国岩画研究中心的博士研究生孙晓勇、硕士研究生阮晋逸、李东风都立足于对赤峰地区岩画的田野调查，对人面岩画这一题材，以民族学、考古学、神话学、图像学等跨学科方法集中展开比较深入的研究，对一个局部范围的人面岩画研究掀起了一股小的热潮。以上这些研究成果都是本书得以进一步深入研究的基础材料。

3. 中国人面岩画的断代研究

断代是考古学研究的重要依据，没有年代根据的考古学或历史学研究，就如无

---

① 李祥石：《发现岩画》，宁夏人民出版社 2004 年版，第 8 页。
② 李祥石：《人面像岩画探究》，《文化学刊》2011 年第 5 期。
③ 贺吉德：《人面像岩画探析》，《三峡论坛》2013 年第 3 期。
④ 盖山林、盖志浩：《丝绸之路岩画研究》，新疆人民出版社 2010 年版，第 156 页。
⑤ 张建国：《贺兰山人面像岩画的起源》，《宁夏画报》2010 年第 5 期。
⑥ 张琰：《北方面具岩画中原始宗教含义的体现》，《内蒙古农业大学学报》（社会科学版）2007 年第 4 期。

根之木、无源之水，论证缺乏说服力。然而对于史前文化的研究，特别是岩画这种用凿刻技法制作在裸露岩面上的遗存，因为缺少足够的文字记载，无法以编年史进行佐证；同时，从考古遗址出土的岩画可谓凤毛麟角，几乎找不到地层学的支持，因此，这些客观障碍使岩画学成为考古学家普遍不愿从事的被边缘化的尴尬学科。①目前，国际上的一些考古学家和岩画专家虽然都在努力尝试，却还尚未找到特别理想的断代手段，可以说，岩画的断代研究是一个世界性难题。近几十年来，中外学者以自然科学和考古学、民族学以及文化人类学等方法相结合的断代研究，特别是一些跨文化的国际合作，让我们开始看到了岩画断代研究取得突破性成果的曙光。

　　西方考古学界在史前考古中多采用自然科学测年方法，如微腐蚀断代法（Microerosion analysis）、冰川擦痕断代法（Glacial Striae）、加速器质谱分析法（AMS）、阳离子比率法（Cation Ratio）、红外光谱分析法（Infra-red Spectrometry）、X 射线粒子分析法（Proton-induced X-ray emission）、放射性碳测年法（Radio-carbon dating）、电子显微扫描法（SEM）、透视散射测年法（X-ray Diffraction）等，有很多已经被岩画研究人员借鉴来对岩画进行断代研究。② 但是其中绝大多数方法都只对采用有机混合色浆绘制的彩绘岩画起作用，而对于在无机物构成的岩石上采用"减地法"凿刻的岩画，目前大多是对岩石表层的测年。学者们普遍认为，岩石在岁月流逝的自然过程中，会在表面形成数层源自风沙沉积的遮盖物，亦或是自然环境产生的化学变化对岩石本来的表面形成特定的侵蚀效果，每一个地区这种遮盖物或侵蚀效果的形成过程会随着地质构造、气候条件的区别而有所不同，对微观岩面沉积分层的科学测定能够在一定程度上给岩画断代。一些学者自 20 世纪 80 年代开始使用阳离子比率法（CR）、加速器质谱分析法（AMS）等在世界各地进行尝试，获得过一些数据，也遭到过考古界的质疑。但是学者们开始逐渐接受了这样一种观点，即从有缺陷的研究方法入手，总比不作任何努力要强。③

　　目前，在中国的考古学家根据这一理论基础进行的研究中，有些学者已经取得了初步的成果，特别是汤惠生运用微腐蚀断代法取得了中国江苏将军崖岩画的测年

---

　　① "the skeptic's reaction for many decades was that rock art does not occur in stratigraphic contexts and therefore could not be dated, so it was not worth studying at all." David S. Whitley, "In Suspect Terrain: Dating Rock Engravings", *A Companion to Rock Art*, CHAPTER 34. edited by Jo McDonald and Peter Veth, A John Wiley & Sons, Ltd., Publication, 2012, pp. 605 – 624.

　　② Paul G. Bahn, *The Cambridge Illustrated History of Prehistoric Art*, Lundon: Cambridge University Press, 1998, p. 157.

　　③ David S. Whitley, "In Suspect Terrain: Dating Rock Engravings", *A Companion to Rock Art*, CHAPTER 34. edited by Jo McDonald and Peter Veth, A John Wiley & Sons, Ltd., Publication, 2012, p. 607.

数据①，可以与其他考古遗存相结合，作为本书研究的断代依据。

除了自然科学的直接断代法，大多数人文学科的学者都倾向于使用间接的岩画断代方法。这些方法包括文献法、制作工艺测年法、艺术风格分析法、题材判断法（灭绝动物种属分析法）、叠压打破关系判断法、横向比较法等。

在中国岩画学界，这种利用资料的间接断代法被认为行之有效，是目前中国岩画学者解决绝大部分岩画年代问题并颇有中国特色的岩画断代法。② 通过间接方法获得相对年代的判断，在盖山林和陈兆复的早期研究中均已广泛涉及。2010 年王建平提出以"光学色度对比法"，根据光学色度差异原理，通过数码影像技术与计算机色度分析软件相结合，按照岩石表面色度变化规律，计算出刻画痕迹的不同年代，并申请了专利。③ 宋耀良曾用排除法探索过中国境内最早的人面岩画起源地。他根据痕迹的直观感受选定了将军崖、阴山和桌子山三处地点，并为最早出现的人面岩画确立了几个必备的条件——第一，痕迹应该是古老的。第二，作画工具必须是石器。第三，人面性质必须呈世俗性。所谓世俗性，指人面岩画呈现出来的特征与人间的人面相似，而不完全是天界威严的神。他认为人面岩画起于祭祀，最初是对氏族部落祖先或领袖的崇拜，因此在逻辑上认定人面岩画早期必定有一个相似于人面的阶段，即由人格而后才演化成神格。第四，是太阳与人面必须分别以独立的方式出现，因此排除了中国阴山和桌子山两处岩画遗存，仅剩中国将军崖一处。第五，是符式特征必须前不见传承，而后有接继。④ 这几个条件对于确定早期的人面岩画确是行之有效的准则，但是其中的第三个条件是非常主观的因素，不同学者可能会有完全不同的理解。在 20 世纪 80 年代，宋耀良凭一己之力亲眼看到这些岩画并能够得出这个结论，已经是足以令人叹服了。

近年来，人民大学的魏坚提出，在类型学的大框架下可以先做小区域的断代研究，并将阴山的狩猎动物岩画置于北方草原"鄂尔多斯式"青铜器以及出土动物骨骼等考古材料的文化背景之中，利用已有的考古学文化类型的研究成果及其年代学标尺，对北方猎牧民岩画的内容和形象进行类比分析，初步建立起青铜时代各岩画区域的相对年代学框架。再利用文献学、民族学和美术史学的研究成果，充分借鉴其他学科的研究成果，再逐步建立起史前和青铜时代之后各阶段岩画的年

---

① Tang Huisheng, "New Discovery of Rock Art and Megalithic Sites in the Central Plain of China", *Rock Art Research* Volume 29, Number 2, 2012, pp. 157 – 170.

② 张文华：《中国岩画研究理论和方法论刍议》，《美术》1993 年第 4 期。

③ 王建平、张春雨主编：《阴山岩画》第 4 卷，上海古籍出版社 2010 年版，第 1—6 页。

④ 宋耀良：《中国史前神格人面岩画》，三联书店 1992 年版，第 213—217 页。

代学框架。① 这一研究方法对于考古遗存丰富的岩画地区具有很强的适用性，对人面岩画的小范围区域性研究更具指导意义。

当前学者的间接断代研究，多采取与岩画周边的其他考古文化现象进行综合比较的方法，得出岩画年代的大致判断。岩画专家盖山林和汤惠生就擅长使用此种方法对中国的岩画进行断代研究；而近年来以西北大学考古学家王建新教授为代表的墓葬—聚落—岩画"三位一体"的断代方法，也逐渐被学术界所认可。此外，打破关系是最直接的分期手段，利用那些具有叠压打破关系的岩画现象，即可明确推断出岩画制作的先后顺序——首先制作的岩画图形被后来制作的岩画图形所打破，也就很自然地出现了岩画的上、下层关系。这种方法得出的先、后顺序与考古地层学的"下层""上层"是一致的。在目前发现的人面岩画中，亚洲的俄罗斯西伯利亚和中国的贺兰山、阴山、西辽河流域，北美洲的西南地区都能够找到很多具有打破关系的例证。但是因为大多数岩画通常只能清晰地分辨出两层的叠压关系，因此这种分期方法一般只能得出简单的早、晚两期，更多分层需要采用科技手段的辅助。

如今，随着更多的岩画调查和新发现的披露，加上相关的考古学材料的支持，对人面岩画的综合比较已经能够在更大的范围内展开。借鉴中国岩画学家以及考古学家的上述常规做法和构想，再结合图像类型的图式排比，可以首先对那些周边具有充足考古地层支持的人面岩画进行初步分期的尝试。这样的分期虽无法得出准确的年代结论，但至少能够划分出几个粗略的发展阶段。

人文学科的断代研究，除了要充分利用考古学的可靠证据，更应该以客观的方法和理论为基础，尽量避免主观猜测和加入过多的感情色彩。基于上述考虑，本书的间接断代方法，主要是通过解析人面岩画的图像构成，提取典型结构，并比较相关的考古材料得出大致的阶段划分；少数具有明确地层关系的出土岩画，则为这一断代方法提供了关键的支撑。

---

① 魏坚：《青铜时代阴山岩画断代刍议》，《河套文化论文集》第4辑，内蒙古人民出版社2009年版。

第二章　人面岩画的分类
及其图像构成

岩画是一种视觉文化的表现形式，对图像类型的准确辨识是研究的基础。人面岩画由于保存状况、题材内容和风格特征等因素，对于不同的研究者而言存在一些认识上的差异，在研究开始之前，需要首先对人面岩画所涉及的各种主要分类方法、构成特点及其辨识方式进行比较全面的认识。

第一节　传统的分类

在辨识岩画的过程中，类型的划分往往带有研究者的主观色彩，每个人对岩画的类型都有各自不同的判断标准。研究角度不同，对岩画的解释也就千差万别。在通常情况下，按照地理位置、载体类型、制作工艺、完整程度、风格特征等不同的标准，研究者会将人面岩画分为很多类型。了解各种角度的命名方式，有助于对人面岩画的特征进行全方位的掌握，从中提炼出相对客观、全面的类型体系。

一　以地点分类

从岩画所处的地域范围看，亚洲学者常用中国将军崖岩画、中国阴河岩画、中国阴山岩画、中国贺兰山岩画、中国桌子山岩画、西伯利亚岩画、韩国岩画等来给特定地点的岩画命名；北美洲学者常用阿拉斯加岩画（Petroglyphs of Alaska）、北美洲西北海岸岩画（Petroglyphs of Pacific Northwest Coast）、西南岩画（Petroglyphs of Southwest）等来命名。盖山林在《巴丹吉林沙漠岩画》一书中，就以地点命名，对亚洲、北美洲和大洋洲的人面岩画做过年代的比较。[①] 但是这样的划分方式过于笼

---

① 　盖山林：《巴丹吉林沙漠岩画》，北京图书馆出版社 1998 年版，第 160—165 页。

统，各地的人面岩画创作周期有些跨度长达数千年，在图像类型上既有相似性也有多样性的特点，特别是在对不同年代的岩画进行多地的横向比较时，难以用一个具体地点的名称来概括地点不同但类型相似的岩画。因此，以地点名称来命名人面岩画的类型不是最理想的方式，但是在进行分布统计的时候，层次清晰、单位准确的各级地名仍是非常重要的依据。

二 以载体类型分类

从岩画的图像载体角度看，除了大洋洲在洞穴中发现为数不多的人面岩画以外，其余各洲的人面岩画大都选择平整光滑的石面进行创作，基本上依附于露天的巨石类、缓坡类和崖壁类这三种类型的岩面凿刻而成。巨石类是指将岩画凿刻在体量较大的不易搬动的分散石块上，这类岩画以亚洲中国西辽河流域、北美洲西南区域的亚利桑那州、新墨西哥州等地为代表（图2-1）；缓坡类是指岩画凿刻在一系列相对平缓的坡地石面之上，以亚洲中国的黑龙江、将军崖、桌子山召烧沟和北美洲的阿拉斯加、夸加它里克和北美洲西北海岸为代表（图2-2）；崖壁类是指岩画主要位于山地峡谷及河海边缘的悬崖峭壁之上，以亚洲中国的阴山、贺兰山、俄罗斯西伯利亚、韩国和北美洲西南地区的美国犹他州为代表（图2-3）。

图2-1 巨石类（亚洲中国西辽河白庙子山）

图2-2 缓坡类（北美洲美国华盛顿西海岸）

图2-3 崖壁类（亚洲中国阴山莫勒赫图沟）

　　许多岩画点都有数个、数十个甚至上百个人面岩画构成一组画面的情况，学者们将这种集中展现人面像的情况称为"圣像壁"，他们认为圣像壁是人们顶礼膜拜的对象，其所在的地点是举行祭祀活动的圣地。[①] 在缓坡、巨石和崖壁这三类载体中，都有大规模集中出现的情况，有些是集中在一块巨石的几个面上，有些零散分布在缓坡的一定范围之内，有些纵向凿刻于陡峭的悬崖峭壁之上，都属于圣像壁的

---

① 贺吉德：《贺兰山岩画研究》，宁夏人民出版社2012年版，第102页。

表现形式。人面岩画的载体类型能够在一定程度上反映出制作工艺的难易差别。

三　以制作方法分类

以制作方法分类是岩画研究的主要分类方式。陈兆复将人面岩画的制作技法粗略地分为"凿刻"和"磨刻"两种。[1] 盖山林在探讨阴山岩画的制作方法时，将凿刻类岩画的制作方法概括为"磨刻""敲凿"和"线刻画"三种基本方法——通过与非洲岩画制作方法的比较，他认为磨刻法是岩画最早的制作方法，先凿出一个大致的轮廓，然后用磨出钝尖的硬石蘸上细沙磨出图形，呈现出 V 字形深槽线条；稍后开始使用敲凿法，早期岩画敲凿的点小，均匀、精密，点上落点，不显敲痕，晚期岩画的凿刻点大而稀疏，不均匀，制作草率，给人粗糙之感；线刻画是历史时期出现的方法，是用金属工具的锐锋用力划刻而成。[2]

经过田野观察、采样实验和资料分析，归纳出人面岩画可细分为四种主要制作方法。第一种是"深凿磨"，岩画线条既深且宽，线槽截面呈 U 字形或 V 字形，基本没有很细很浅（约小于 1 厘米）的磨划线条，线条之间的衔接部位也没有非常尖锐的角度，明显为使用石器工具在岩面上反复研磨而成，装饰的点、线一般不会非常复杂繁密，亚洲中国的将军崖、阴山、贺兰山和北美洲西北海岸大多人面岩画都采用这种方法制作而成（图 2-4）。第二种是"点状敲琢"，即使用比较尖硬的石器或金属工具在岩面上连续、反复敲击，敲出比较细密的小点，大量小点连续构成线条或面状轮廓，有些比较粗糙，有些在敲击之后还要进行精细的琢磨，剔除轮廓线内的杂点，使轮廓细节清晰呈现，深度通常在 5 毫米之内，亚洲中国的西辽河中期岩画即常用这种方法（图 2-5）。第三种为"划刻"，是使用尖锐的石器或金属工具在石面上单次或反复划出线条轮廓，截面多为 V 字形，痕迹可深可浅，通常装饰线条能够变化多端，达到非常细密的程度，北美洲西南地区的人面岩画大多采用这种方法（图 2-6）。第四种是"浅磨划"，只在颜色较深的岩石表面浅浅地磨划出线面轮廓，通常痕迹极浅，只是与岩面的原色形成一定的颜色差异构成画面，在亚洲中国的西辽河、北美洲西北海岸的哥伦比亚河下游都有此类方法（图 2-7）。根据实际的田野观察和岩画专家的考证，深凿磨和点状敲琢的方法使用最早，痕迹也比较陈旧；浅磨划和划刻相对较晚，作画痕迹也大多比较新，大量的划刻作品甚至要晚到历史时期，在北美洲尤其如此。

---

① 陈兆复：《中国岩画发现史》，上海人民出版社 2009 年版，第 212 页。
② 盖山林：《阴山岩画》，文物出版社 1986 年版，第 341 页。

图2-4　深凿磨法（亚洲中国阴山格尔敖包沟）

图2-5　点状敲琢法（亚洲中国福建仙字潭）

图2-6　划刻法（北美洲美国亚利桑那州纳瓦霍）

图2-7　浅磨划法（北美洲美国华盛顿州达尔斯）

　　这四种制作方法在世界范围的人面岩画分布区域内均有不同程度的使用，其共同点就是减地法，即通过刻线、敲击、反复打磨等方式在比较平整的岩石表面雕凿出一定深度，从而突出特定形状的轮廓外形。在包括岩画在内的各种石浮雕艺术形式中，最早出现的就是减地法。直到亚洲中国的宋代，人们才将历史时期逐渐成熟的石雕工艺总结出减地平钑——剔地起凸——压地隐起等从初级到高级的几种方法。① 通过对各地人面岩画的实际观察可知，在人面岩画中仅使用了减地法这种最为初级的技术手段，因为不论是深凿磨、点状敲琢、划刻还是浅磨划，都只是局限于减地工艺的不同做法而已。总之，人面岩画从制作工艺的角度来看，应属于原始工艺的初级范畴。

四　以风格特征分类

　　从风格特征的角度看，人面岩画的表现形式有具象类和抽象类两大类。

　　具象，顾名思义，就是具体的形象，一眼看上去就能够判断出岩画所表现的具体内容。具象类的人面岩画通常有明确的眼睛、眉毛、鼻子、嘴巴和耳朵等面部器官的刻画，但大多数情况下，耳朵常被忽略；五官越齐全就越具象。一般而言，具备五官中两个要素以上的图像就比较容易辨认，可以归为具象类（图 2-8）。

　　抽象类大多以极其简练的点、线、圆圈等几何符号或象征图案来代表五官的不同部位，组合出似是而非的图形，有些抽象图形甚至无法与面部器官一一对应，需要与周围的岩画题材相联系来进行判断（图 2-9）。

图 2-8　具象类人面岩画

图 2-9　抽象类人面岩画

---

① （宋）李诫：《营造法式》，中国书店出版社 2006 年版，"石作制度"篇 "造作次序"，上册第 56 页。

在世界上所有的人面岩画分布区域内，具象类人面像占绝对多数。

五　以文化功能分类

从图像所承担的文化功能上看，人面岩画主要出于人类的作迹本能和原始宗教需求这两种目的，但两者的判定都是主观因素，难以区分。目前学术界普遍认为它是原始宗教的一种视觉表现形式，是图腾崇拜和巫术仪式的集中体现。崇拜的神灵包括有太阳神、星神、雨神等表现自然或天体神灵的岩画，也有祖先崇拜、动物崇拜、生殖崇拜、鬼神崇拜等题材。另外，一些巫术仪式如丧葬仪式中的劈面和树葬习俗也具有明确的文化功能；在北美洲一些地区的成年礼中，男孩进入迷幻状态后所描绘的幻觉视像既是作迹本能的表现，也是巫术仪式的一部分。

六　以完整程度分类

大多数中外学者在描述人面岩画的时候，都会根据研究对象的完整程度至少区分为"有轮廓"和"无轮廓"这两个主要类型，因为人面岩画的视觉表现在有、无轮廓方面具有最为显著的区别。

还有学者将图像的完整程度以及风格特征相结合进行分类，因此，具象类和抽象类的人面岩画又分别和有轮廓、无轮廓两种类型相互交叉（图2-10）。

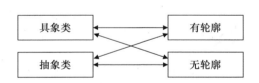

图2-10　人面岩画的风格特征与完整程度关系

上述传统的分类方法都具有一定的适用性，对于人面岩画在不同角度的统计、分析能够作为有效的辅助手段。

第二节　人面岩画的图像构成

为了对人面岩画有一个统一的界定，对那些不易辨认或存在争议的人面岩画进行筛选和确认，避免因研究者标准的不同而在分布范围和统计数据方面产生分歧，本书通过总结前人的研究成果和笔者的田野经验，以图像分析的方式梳理出几点人面岩画的基本构成特点。

一　轮廓构成

　　轮廓对于人面岩画的识别非常关键，一些原本认为与人的面部器官完全无关的抽象图形，在添加轮廓之后就能很明确的判断为人面。人面岩画多数为具象有轮廓的图形，具有闭合或半闭合的面部轮廓，轮廓内添加眉毛、眼睛、嘴巴、鼻子等面部器官，有些比较完整的在轮廓外加两耳。

　　轮廓包括完整轮廓和半轮廓。完整轮廓具有闭合的轮廓线，图像完整；半轮廓的轮廓线不全，呈半封闭状态，往往是因为岩画构图遭到自然或人为的损坏，有些则是作画者有意为之。但是不完整的轮廓仍然能够传递出比较明确的轮廓信息，使我们很容易辨认（图2-11）。轮廓内的五官刻画有的非常具体，也有的极度概括，以简单抽象的点、线、圆圈或符号等表示，这些符号按照五官排列方式进行有序的对称组合，能够让本来毫无生命表征的抽象符号变成明确的面部特征，传递出人面岩画的属性（图2-12）。

图2-11　半轮廓人面（亚洲中国西辽河）　　　图2-12　明确的五官组合（亚洲中国贺兰山、北美洲美国宾夕法尼亚）

　　无轮廓与有轮廓人面岩画之间的关系通常比较明晰，通过亚洲中国西辽河康家湾岩画和北美洲美国阿拉斯加科迪亚克岛岩画这两个简单的例子（图2-13和图2-14），我们能了解无轮廓人面很多都是对有轮廓人面的省略表现，主要手法是以眉毛、眼睛、鼻子、嘴巴的面部器官构成模式化的组合结构，代表人面的核心图形。这些核心图形的造型手法大多比较一致，有轮廓与无轮廓人面岩画通常在同一地点甚至是同一画面出现，看不出明显的时间先、后关系，只能感受到创作者对画面进行取舍的基本理念。这种造型理念对判断某些抽象人面岩画也具有一定的指导意义。

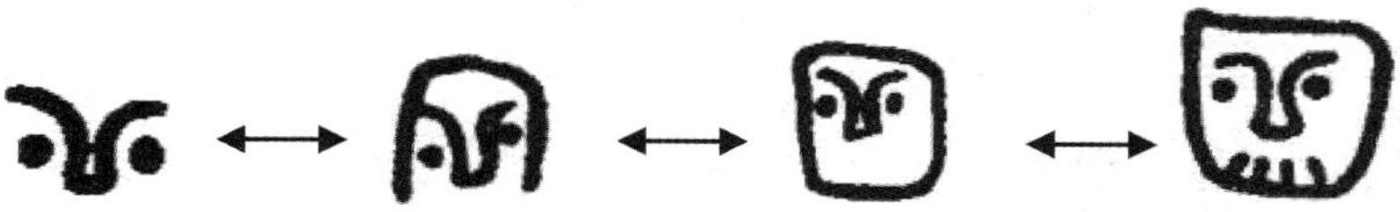

图2-13 亚洲中国西辽河康家湾无轮廓与有轮廓人面岩画的省略关系

图2-14 北美洲美国阿拉斯加科迪亚克岛无轮廓与有轮廓人面岩画的省略关系

一些抽象怪异的岩画符号有时即使放在轮廓之中，也可能会让观察者产生怀疑，不敢轻易断定是否为人面岩画。图2-15中的4幅图形能够归为人面岩画的范畴，最主要的一点就是因为它们都已经具备了眉（眼）和鼻（口）的基本组合特征，并且这些器官组合都是以对称结构排列在了轮廓内的相应位置。由此可见，人面岩画的构成方式在识别和研究中的作用是非常重要的。

a.亚洲中国贺兰口　　b.亚洲中国贺兰口　　c.亚洲中国石马湾　　d.亚洲中国康家湾

图2-15 抽象风格的人面岩画

根据轮廓形状的不同，有轮廓人面岩画可分为几何型和非几何型两种。

1. 几何型轮廓

几何型的人面岩画以规则或者不规则的圆形、方形轮廓最为多见（圆形最多，方形次之），另有少数菱形、三角形等比较规则的几何形状轮廓。圆形轮廓包括正圆形和椭圆形两种，椭圆形看上去与真实的人面轮廓最为接近，是对人头部相对客观的写实表现；方形轮廓包括正方形以及长方形，具有一定的主观抽象性；菱形轮廓人面岩画极为罕见，外轮廓的形状基本上比较规范，装饰性比较强；三角形轮廓包括规则三角形以及桃心形人面，有正三角和倒三角两种形式，桃心形人面主要呈现为倒三角（表2-1）。

表2-1 几何形轮廓人面岩画

A 圆形			
	亚洲中国黑龙江岩画	美洲苏里南岩画	北美洲美国佛蒙特州岩画
B 方形			
	亚洲中国西辽河岩画	北美洲西北海岸岩画	北美洲美国犹他州岩画
C 菱形	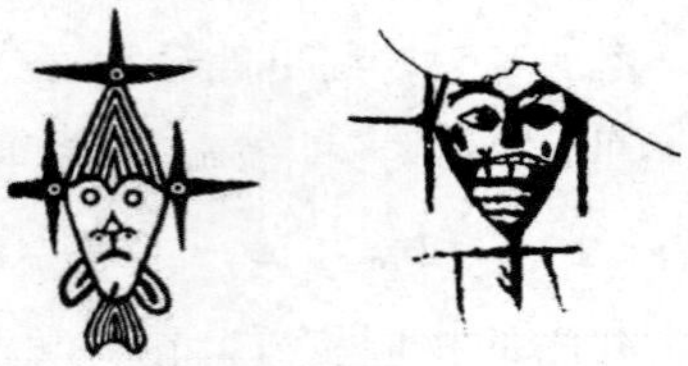	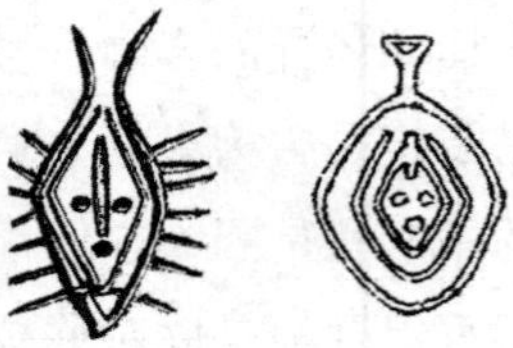	
	亚洲中国西辽河岩画		北美洲美国马里兰州岩画
D 三角形		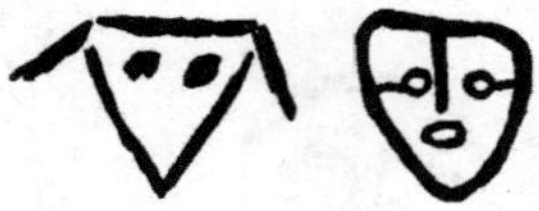	
	大洋洲澳大利亚岩画	亚洲印度尼西亚岩画	北美洲美国新墨西哥州岩画

2. 非几何型轮廓

　　除了上述比较规整的几何形状以外，还有一部分人面岩画具有明显的外轮廓特征，但是不易用规则的形状进行归类。主要包括核形（水滴形）、骷髅形等简单形状和盾牌形等复合形状；无法确定形状名称的人面岩画暂时归为不规则形，数量不多，属个别现象。这些人面岩画大多是一些区域特色比较鲜明的图形，不像几何型轮廓的人面岩画那样分布广泛。

　　以上的几何形和非几何形人面岩画，只有椭圆形和骷髅形是比较接近人的面部真实形象的客观性描绘，其他形状在外轮廓的表现方式上都或多或少的表现为主观性的造型，装饰性的意味也更加明显（表2-2）。

表 2 - 2　　　　　　　　　　　非几何形轮廓人面岩画

A 核形   		
亚洲中国阴山岩画	亚洲中国贺兰山岩画	亚洲中国桌子山岩画
B 骷髅形   		
亚洲中国阴山岩画	亚洲中国桌子山岩画	亚洲中国阿拉善岩画
C 盾牌形   		
亚洲中国西辽河岩画	亚洲中国西辽河岩画	北美洲西北海岸岩画
D 不规则形   		
北美洲美国新墨西哥州岩画	大洋洲美国夏威夷岩画	南美洲秘鲁岩画

二　面部器官构成

人的面部器官通常称为"五官"，这里的五官和字典中以及医学上的概念不同[①]，主要是针对面部的外在特征而言，包括眼眉（眉弓）、眼睛、鼻子、嘴巴和耳朵。以人面岩画来看，这五个器官的重要性对面部特点的影响有一个明确的序列关系，即：眼→眉→鼻→口→耳。

1. 眼睛

人面岩画不论具象还是抽象，眼睛无疑是五官中最重要的因素。人面岩画的眼睛类型主要有扁目（a）、圆穴（b）、圆环（c）、同心圆（d）、重环（e）和涡旋纹（f）6 种（图 2 - 16），对眼睛辨别的最主要依据是整齐、对称，单个出现的上述形状在世界上很多岩画点都会出现，难以判断为眼睛。

在世界各地的人面岩画之中，扁目（包括外眼角上扬或下弯等对称的水滴形眼睛）一般会与眼眉等结构组合使用，很少单独出现，是对带有眼睑的人眼比较写实

---

①　现代汉语词典对五官的解释为："指耳、目、口、鼻、舌，通常指脸上的器官。"中国社会科学院语言研究所词典编辑室：《现代汉语词典》，商务印书馆 2005 年版，第 1443 页。

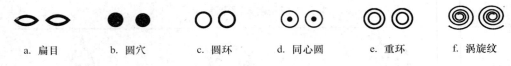

| a. 扁目 | b. 圆穴 | c. 圆环 | d. 同心圆 | e. 重环 | f. 涡旋纹 |

图 2 - 16　人面岩画中眼睛的主要类型

的形态刻画，最容易辨认，然而这种写实性的眼睛在人面岩画中所占的比重不大。在通常情况下，创作者很少按照客观的样子将人眼刻画成带有眼睑的扁目轮廓，而是经过抽象、提炼、变形等艺术处理手法，多以两个圆穴、圆环、同心圆或重环等构成双目。双圆穴和双圆环造型的使用最为普遍，数量最多，是最常见的眼睛类型。

　　在视觉上能够给人带来更强冲击力的眼睛，是具有"瞪视"特征的同心圆和重环双目以及为数极少的涡旋纹双目。这三种眼睛类型从表象上看像是某些比人类眼睛轮廓更圆的动物眼睛，而不似扁目轮廓的人眼，因此许多学者通过这种外在表现形式，考证具有圆形眼睛的面孔有些应该是鸮面或猴面，并引申出动物崇拜的结论。其实从生理结构角度看，这种造型方式显然是对眼睛中虹膜与瞳孔结构的客观表现，因为绝大多数动物的眼睑轮廓都不是正圆形，而虹膜包围瞳孔的同心圆式组合，是人眼和动物眼睛的共同生理特征。由此看来，史前岩画作者对眼睛形态的描绘，更多地选择了比扁目形外轮廓更具表现力和心理决定性的部分，而不强调表面上的形似。此外，就目前披露的资料来看，绝大多数具有眼睛的岩画都是有明确人面轮廓或人类五官特征的"人面"岩画，鸮面和其他动物面孔则属于极个别现象。

　　澳大利亚学者本·沃森（Ben Watson）注意到这种圆形双目的表现方法在世界范围内具有普遍性和相似性，他通过神经行为学和心理学的比较研究，将其解释为眼睛是人类最为敏感的感知器官，能够敏锐地捕捉外界的刺激信号，人面岩画对眼睛突出表现的本质就是因为眼睛具有刺激大脑的决定作用。[①] 盖山林也从眼睛在古人心目中的作用角度，提出以"善视"镇"邪视"的信仰说。这种说法认为当时的人们相信，某些动物或人具有一种奇特的威力，其他生物被它（他）们看上一眼，会遭到严重的伤害。而通过类似商周时期流行的饕餮纹以及可能更早的岩画中的眼睛表现"善视"来"辟邪"，使得面具（人面）岩画的眼睛成为最突出的内容。[②]

　　① 　Ben Watson, "The Eyes Have It: Human Perception and Anthropomorphic Faces in World Rock Art", *Antiquity*, Mar 2011, pp. 87 - 98.

　　② 　盖山林、盖志浩：《内蒙古岩画的文化解读》，北京图书馆出版社 2002 年版，第 314 页。

对称的同心圆、重环和双涡旋纹在无轮廓单独出现的时候，仍然能够让人产生被眼睛"瞪视"的强烈感觉，关键是因为眼睛结构中最有生命力的两个部分"虹膜"和"瞳孔"在这三种图形中表露无遗。

传说中还有将眼睛比作太阳的说法。古代亚洲的一些地方认为太阳是"天之眼"，往往将太阳神绘制成眼睛状，表现出明显的原始宗教性质。印度教吠陀神话中的太阳神"苏里耶"（Surya）就是由太阳本身神格化而来，他的能力是使用天之眼监视下界众生的行动，用光明去除夜的黑暗。① 中国殷商甲骨文中的"日"字，就写成一个同心圆⊙的样子。因此，同心圆的单独出现，很可能与太阳符号有关，而在许多人面岩画中间成对出现，则更有可能代表神灵的眼睛。盖山林认为亚洲中国内蒙古白岔河岩画在重环双目上加芒线（图版151），就是把眼睛比作太阳的一种表现。可见，在原始宗教范畴中同心圆或重环这类象征符号所承载的内涵就是眼睛和太阳、天体的代表。

同心圆和重环双目具有神圣的意义，在亚洲中国的史前文化中不乏例证。如亚洲中国浙江余杭反山良渚文化遗址出土的玉琮，在每一个面及转角处都有多个同心圆双目的表现，是敬天、通神的法器和高贵身份的象征。②

双涡旋纹的眼睛表现极为罕见，主要见于亚洲中国内蒙古西辽河流域。王仁湘认为这种涡旋纹可能表现着一种运动方式，其象征意义在于天体的运动，很可能是史前人类对天体观察的一种体验。③ 盖山林认为重环和涡旋纹表现的是天际的云朵，原始居民对云的崇拜实质上是对云的依赖，云能遮住太阳，也能带来雨水和生机④，抽象的几何形是对云朵图案化、模式化的结果⑤。可见，重环和涡旋纹都带有天体崇拜和自然崇拜的意味。在考古发现的勾云形玉器上也发现过用涡旋纹作为眼睛的例子，具有明显的原始宗教色彩。

双圆穴和双环类眼睛是人面岩画最常使用的符号，因为缺少灵动的"虹膜"和"瞳孔"结构组合，没有明显的生命表征，通常要与轮廓相结合才能判断出明确的人面属性；此外这两种抽象图形本身也是符号类岩画经常使用的造型方式，需要与环境中的其他要素进行组合分析加以确定。

---

① 维基百科：http://zh.wikipedia.org/wiki/%E5%90%A0%E9%99%80%E7%A5%9E%E8%A9%B1，2014年1月6日。
② 张光直、徐苹芳等：《中国文明的形成》，新世界出版社2004年版，第133页。
③ 王仁湘：《中国史前考古论集》，科学出版社2003年版，第488页。
④ 盖山林：《阴山岩画》，文物出版社1986年版，第388页。
⑤ 盖山林、盖志浩：《丝绸之路岩画研究》，新疆人民出版社2010年版，第55页。

在眼睛的各种类型中，除了涡旋纹之外，其他几种类型在每一个发展阶段的人面岩画中都有广泛、持久的使用，虽然作用最为重要，对于岩画的分期断代来说却不具有明显的辅助作用。

2. 眉毛、鼻子、嘴巴、耳朵

眼眉和鼻子在人面岩画中的重要性仅次于眼睛，因为在整个人面岩画的系统中，眼眉（或眉弓）的出现最能够证明人类眼睛的属性；而眼眉和鼻子往往又组合在一起构成面部核心位置的基本结构，能够产生不同的变化组合方式。在多数情况下，Y字形和T字形的抽象符号通常会让人联想到眉弓和鼻梁的组合。这种组合方式或者结构的变化，可能是一种写实的刻画，也可能是一种写意的表达。但无论如何，结构变化往往带有阶段性，通过与考古材料中相似图像的对比，就能够初步判断出某一种结构类型所在的年代分期。对于人面岩画的分期研究而言，眼眉（眉弓）与鼻子的组合关系反而比眼睛显得更加重要。

人面岩画中嘴巴的样式变化较大，个别的早期样式也具有阶段性的程式化特征，但是在后来的发展过程中就变化较多。有时比较简单，只用一条线或一个圆凹穴表示；有时又很夸张，能够决定人的面部表情。人面岩画的喜怒哀乐大多是通过嘴角的上翘、下弯或张开、闭合等夸张的造型变化而呈现出来。

耳朵是人面岩画中作用最小的器官，常被省略，更多的由丰富多样的角冠装饰造型所代替。

在实际的五官组合中，人面岩画的创作者有时以眉＋眼组合，有时以眼＋口组合，有时以眼＋鼻组合，有的省略眼睛，有的省略鼻子或嘴巴，有的在脸颊或者额头、下颏等处增加装饰物、纹面等，没有一定之规，各有取舍，也因此才出现了人面岩画异彩纷呈的多样表现，尤以"连眉纵鼻"的核心结构持续最久，使用范围最广（表2-3和表2-4）。

表2-3　　　　　　　　　　有轮廓人面岩画的组合样式

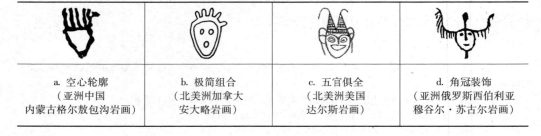

| a. 空心轮廓
（亚洲中国
内蒙古格尔敖包沟岩画） | b. 极简组合
（北美洲加拿大
安大略岩画） | c. 五官俱全
（北美洲美国
达尔斯岩画） | d. 角冠装饰
（亚洲俄罗斯西伯利亚
穆谷尔·苏古尔岩画） |

表 2 - 4 无轮廓人面岩画的组合样式

 a. 单重眉 + 双目组合 （亚洲中国康家湾岩画）	b. 连眉 + 双目组合 （亚洲中国康家湾岩画）	 c. 连眉 + 鼻梁组合 （北美洲加拿大西北海岸岩画）	 d. 连眉 + 鼻头组合 （亚洲中国康家湾岩画）
 e. 连眉 + 鼻翼组合 （北美洲美国阿拉斯加岩画）	 f. 眼 + 鼻组合 （大洋洲美拉尼西亚岩画）	 g. 眼 + 口组合 （北美洲美国阿拉斯加岩画）	 h. 省略眼眉 （亚洲中国大麦地岩画）

三 抽象组合构成

有一些特定的抽象符号——包括圆穴组合、圆圈组合、点线组合以及特殊符号等，这些符号或图案组合，在有些学者的研究中没有将其划定到人面岩画的范畴之内。但是通过一系列的图像分析，我们会发现这些抽象符号与周围共存的人面岩画之间具有非常紧密的关联，有些可以辨识为抽象的人面岩画（表 2 - 5）。

表 2 - 5 人面岩画构图中常见的抽象符号

A 圆穴组合	 亚洲中国将军崖岩画	北美洲加拿大西北海岸岩画	
B 圆圈组合	 亚洲蒙古岩画	 大洋洲波利尼西亚岩画	
C 点线组合	 亚洲俄罗斯西伯利亚岩画	 亚洲中国将军崖岩画	
D 符号	 亚洲中国阴山岩画	 亚洲中国贺兰山岩画	 亚洲中国西辽河岩画

　　在亚洲、美洲等很多以人面岩画为主体的圣像壁中，往往会出现大量三个圆形凹穴或者圆环为一组的符号，呈两个在上、一个在下的"三点式"构图（表2-5，A、B），有些人认为这是"未完成"的人面岩画或是代表星象等含义。而通过在坚硬的岩石上做试验可知，即便是看上去极其简单的凹穴和圆环，也要耗费极大的精力，消磨大量的时间，每一个简单图形都需要长时间的反复研磨才能完成；同时，凿刻类岩画又是一次性工作，因为与涂绘类岩画相比，凿刻这种方式没有修改重来的机会，必须确定好构图不断地重复刻划磨制直至完成。而观察所有以深凿磨方法制作的无轮廓人面或者未知符号，会发现它们都是被非常认真仔细地刻画出来，丝毫没有半途而废、不了了之的感觉。因此，对于那些构图和内容相对简单的符号而言，"未完成"的可能性不大，更似是一种简化了的表现形式。

　　例如北美洲西北海岸的一些小岛上密布着大量抽象的"三点式"凹穴组合，其中夹杂着一些可识别的无轮廓人面岩画。这些凹穴组合与人面岩画之间，通常在每一幅画面之中都会有一个清晰的演变关系（图2-17，左），表明这些凹穴组合就是人面岩画的抽象表现方式，这一点在亚洲中国将军崖的几组画面中也有相同的表现（图2-18）。

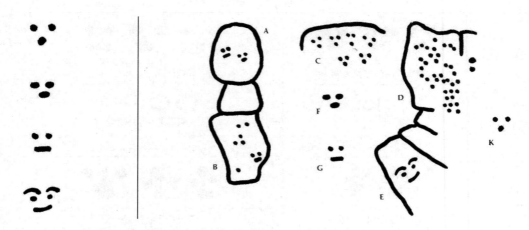

图2-17　北美洲西北海岸克里平湾抽象图形与人面岩画组合构图

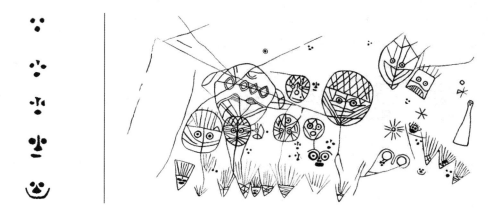

图 2 - 18　亚洲中国将军崖岩画第一组抽象图形与人面岩画组合构图

还有一种在亚洲俄罗斯西伯利亚穆谷尔·苏古尔和亚洲中国将军崖出现的点线组合结构，中间一条仿佛长鼻子的粗大竖线，两侧各有一个圆点（表 2 - 5，C），通过简单的图像对照就可以找到抽象图形的来源。正如图 2 - 19 所示，由一条粗壮竖线和两个圆点所组成的抽象图形，很显然就是去掉面部轮廓的省略画法，可以断定为人面岩画的一种抽象表现方式。

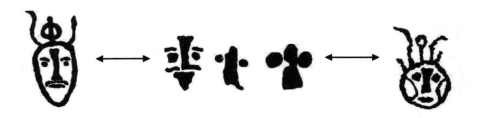

图 2 - 19　亚洲俄罗斯西伯利亚穆古尔·苏古尔具象人面与抽象图形的变化关系

亚洲中国将军崖的四组人面岩画，几乎每一组画面都同时具有具象和抽象的表现方式，使画面产生丰富的变化。如果按照从复杂到简单进行排列，就像是作者为具象图形和抽象图形的变化关系绘制了一个步骤图。从图 2 - 20 的关系图中，我们能够看到 f 和 g 是非常抽象的点、线组合，初看不能确定为人面岩画，有人从原始农业和畜牧业的角度研究，就把这种图形当作动物的头骨看待[①]；而 a、b、c 三个

---

① 童永生：《中国岩画中的原始农业文化研究》，博士学位论文，南京农业大学，2011 年，第 99 页。

图形是非常明确的面部器官组合；经过排比之后，d 和 e 也就能比较确定地看作是双眼和口、鼻的抽象化，从而辨认出 f 和 g 也是进一步抽象化的面部表现。

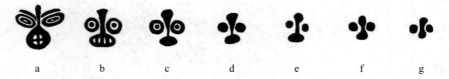

图 2 - 20　亚洲中国将军崖岩画第四组图形中具象人面与抽象图形的变化关系

　　在亚洲中国阴山和贺兰山常见有一种类似羊角的岩画符号，有学者认为是代表羊头或者女性生殖器，经常单独出现，或者在一定的轮廓之内表示人面像（表 2 - 5，D）。此处暂且不论这些符号所代表的文化内涵，只从功能和结构的角度分析其在特定画面中所扮演的角色。如图 2 - 21 所示，具象和抽象二者之间的界限，只在一个简单的轮廓，添加轮廓之后，抽象的符号就会变成具象的人面。人面附近出现的与其局部特征相同的抽象符号，往往就是一种简化的"眼眉（眉弓）+鼻梁"结构的表现手法（图 2 - 22，a - b）。

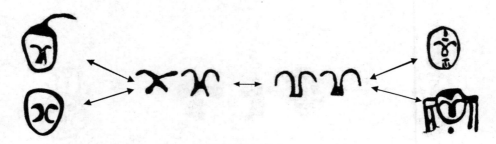

图 2 - 21　亚洲中国贺兰山贺兰口岩画中抽象图形与具象人面的关系

a.亚洲中国阴山额勒斯台沟岩画　　　　　　　b.北美洲美国、加拿大西北海岸
　　　　　　　　　　　　　　　　　　　　　　梅特拉卡特拉岩画

图 2 - 22　具象—抽象组合人面岩画

亚洲中国将军崖和西辽河康家湾都有类似植物的岩画，单独看一个图形的时候就会根据研究者角度的不同产生多种解读。例如李洪甫和盖山林都专门撰文探讨过将军崖岩画，李洪甫认为图 2 - 23 所示的抽象线条组合图形为禾苗，或者是禾苗状人面，进一步引申出人面岩画的作者是农耕民族。而盖山林认为向上呈放射状的数条芒线应该是太阳的光芒，因此他判断是太阳神人面像。这种情况下，需要把单个图形还原到整体画面中去，甚至是整个岩画区域之中去，才能比较客观地认识这类岩画。在整体上审视这两组图形，除了所谓的植物或光芒之外，"人面"无疑是要表现的核心主题，在将军崖、康家湾这两个岩画点范围内，人面岩画在数量上都占据了统治地位，因此可以判定，不论这种与植物相似的抽象图形（图 2 - 23，d、e、f、g、h；图 2 - 24，c、d）是代表植物还是太阳神等其他内容，都可以通过其与旁边人面岩画（图 2 - 23，i、j；图 2 - 24，e）具有同样"轮廓"的特征界定为人面岩画。而尚处于变化序列中的无轮廓抽象符号（图 2 - 23，a、b、c；图 2 - 24，a、b），因为不具备像凹穴一样的能代替五官的符号特征，在没有充分的证据之前，不应看作无轮廓人面像。

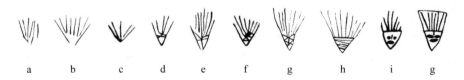

图 2 - 23 亚洲中国将军崖岩画中抽象图形与具象人面岩画的变化关系

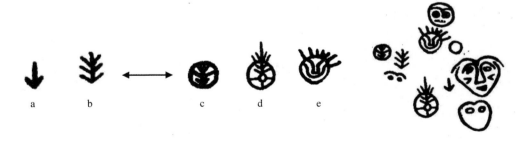

图 2 - 24 亚洲中国西辽河康家湾岩画中抽象图形与人面岩画组合构图

在北美洲加拿大西北海岸，还有一种类似中国太极图的抽象图形（图 2 - 25，a），此图形将双眼描画成一黑一白、一阴一阳的形态。如果只是孤例，就不必当作

人面像加以考虑，但是在同一个地区又发现了多个类似的"阴阳眼"具象人面岩画
（图2-25，b、c、d），则可以将其列入人面岩画的范围。

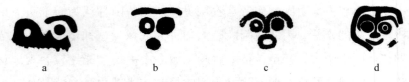

图2-25 北美洲加拿大西北海岸"阴阳眼"人面岩画

综合归纳以上的主要构成方式，辨别人面岩画的关键在于以下几点：

第一，轮廓与结构关系都是判断的重要依据。

第二，五官中眼睛及其与面部其他器官的组合结构对辨识具有决定性的作用。

第三，具有眉、眼、口、鼻、耳这五种面部器官中的两种以上，按照人类面部
五官的客观位置对称排列，均属于易于辨认的人面像。

第四，抽象图形要将图像个体还原到画面或岩画点的整体环境中去，通过相关
图像变化关系的排比进行确认。

第三章 环太平洋人面岩画的
分布概况

  人面岩画在环太平洋区域是一个分布广泛的文化现象，有必要对已知的人面岩画概况做尽可能全面的资料整理，以便为后续的研究奠定基础。笔者通过艰苦的文献爬梳和本人的田野调查，所获取的资料虽不能全部涵盖所有人面岩画，却也是竭尽所能罗列了已经正式出版的文献材料中的绝大多数图像以及笔者在调查过程中拍摄的照片、绘制的线描图。为了研究的方便并使研究内容易于理解，在整理资料时，区域分布的界定依据主要参照各国考古学家公认的区域划分体系——即采取世界各地区考古学的通行方式。

  中国考古学家苏秉琦为中国考古学界确立了区系类型学说，有些岩画学者也主张对岩画进行区系类型的划分。[①] 中国学者根据各地岩画的区域特征，提出了不同的"区"和"系"的划分方式，常见的有二分法、三分法和四分法。很多学者认为，中国岩画总体上有北方系和南方系的分别，李福顺、李永宪、斑斓等学者就主张分为北方与南方两大系统，北方系以凿刻岩画为主，南方系以彩绘岩画为主。陈兆复、汤惠生和宋耀良主张分为北方、西南、东南沿海三大系统。盖山林提出东北农林区、北方草原区、西南山地区、东南海滨区的四分法。21 世纪初，张亚莎提出北方草原系统（北方胡狄民族岩画）、青藏高原系统（西部羌戎民族岩画）、西南山地系统（西南濮僚民族岩画）和东南沿海系统（东南百越民族岩画）的四分法。[②] 上述这些划分方式，都是中国学者根据中国的地域、民族等特征进行的划定。但是人面岩画的区域划分，涉及到中国之外的更广大区域，需要打破行政区划的界限，甚至抛开国家疆域的概念，因此，本书的岩画区域界定主要参照国际通行的划分标准。

---

  ① 张文华：《中国岩画研究理论和方法论刍议》，《美术》1993 年第 4 期。
  ② 张亚莎：《中国岩画》第二讲，云南迪庆岩画保护培训班讲座资料，香格里拉，2011 年 11 月 2 日。

　　在联合国教科文组织国际岩画委员会的一份官方报告中，阿纳蒂教授对于岩画的范围划分提出了"地区""地点"的方法。岩画"地点"指有岩画的地方，"地点"的边界要在最靠边缘的图形以外 500 米之外。根据中文习惯，本书中使用"岩画点"（Rock Art Site）一词描述这类地点。有些学者则喜欢称之为"岩画群"。岩画"地区"包括许多岩画点，这些岩画点通常在地理面貌方面具有一致性（如河流、高原、山地等地形特征），并按照各地的行政区划进行初步的区分。根据有可靠年代的报告，两个岩画"地区"的距离至少应该在 20 公里以上，也就是步行一天的路程。[①] 另外，在田野调查和学术研究过程中，除了上述"地区"和"地点"的宏观概念，还涉及到岩画"幅""组"和"个体"等微观概念。通常"个体"即指可辨认的最小单位数量的图像，也就是具体的一个人面或一个人、一只动物图像还或者是一个抽象符号等（还可以称为"单体图像"）。按照绘画构图的理解方式，单体图像的向上一级概念通常是"幅"——即相对范围内有一个以上的图像集中出现，与其他画面具有一定距离，就可以认定为一个画幅范围。巨石类岩画的"幅"通常指一块完整石面之上的所有图形，一幅画面可以有一个或多个单体图像；而崖壁类和缓坡类岩画有些规模比较大，石面结构和表现内容比较复杂，学者们为了测量和统计的方便，会将一"幅"巨大的画面拆分为若干"组"分别记录；在单体图像比较零散，或难以辨认的情况下，"组"和"幅"在使用上就没有明显的区别，经常混用。需要注意的是，以往很多调查人员在对岩画数量进行统计的时候，经常将"幅"作为"单体图像"的单位，如果不事先说明，就很容易让其他研究者认为一幅之中会有更多的单体图像，从而造成对数据的误判。基于上述在岩画田野调查和理论研究方面的理解，并结合国际岩画委员会的划分方法，岩画的认定范围可以归纳为以下序列（图 3-1）。

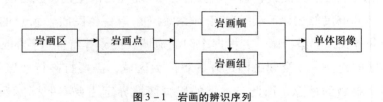

图 3-1　岩画的辨识序列

　　① 陈兆复、邢琏：《外国岩画发现史》附录，上海人民出版社 1993 年版，第 394 页。

　　环太平洋的人面岩画绝大多数集中在亚洲和北美洲，少量分布在拉丁美洲和大洋洲。西起亚洲与欧洲交界的草原山地，东到北美洲和南美洲的大西洋沿岸，北抵与北极圈相邻的亚洲俄罗斯西伯利亚和北美加拿大魁北克的冻土地带，南达澳大利亚南部和南美洲的智利、阿根廷、秘鲁等地，在太平洋中心的夏威夷、印度尼西亚、美拉尼西亚以及复活节岛等一些岛屿上也都有人面岩画的发现（图3-2）。

图3-2　南美洲秘鲁人面岩画
（Gori Tumi Echevarría López 摄）

　　在宏观上，人面岩画可以分为面向海洋系统和面向大陆系统两部分，但是由于亚洲以及美洲在面向大陆的系统中，人面岩画发展的纵深距离远，覆盖面大，简单的划分方式难以进行分区域的统计。因此，根据人面岩画的分布密度，初步将密集区划分为"亚洲东部沿海""亚洲北部内陆""北美洲北极沿海""北美洲西北海岸""北美洲西南内陆""拉丁美洲""大洋洲"这7个大的区域系统。在区域划定的基础上，每一个区域之内还有一到两个层次不等的岩画地区——岩画点。在名称的使用上，每个地区的一级名称一般采用省级、市级或县一级单位名称；主要判断方式依据岩画点的覆盖范围确定，这也源于中国考古部门在田野调查和研究报告中往往强调行政区划的因素。二级名称即岩画点的名称，通常是一个支流流域或者是山峰的名称，没有主要支流和山峰的，采用村、镇等最小单位的地名作为名称。对于像亚洲的中国将军崖以及北美洲的加拿大夸加它里克这类分布范围较小，但是在研究中又极为重要的岩画点，直接采用二级名称进行介绍。

　　另外，由于在一些风化剥蚀严重的岩石上人面岩画已不易辨认，以往的调查数据也可能会存在一定的遗漏和误读；还有些无轮廓人面以及较为抽象的人面由于认定方式千差万别，多没有被以前的学者当作人面岩画进行统计，需要通过一定方法的图像排比进行重新辨认；再者，近年来新资料、新调查的数据不断涌现，就笔者本人参与的几次调查，几乎每一次都有新发现。因此，此处所罗列的人面岩画图像资料，可能会与其他文献中的数据有一定的出入，这种误差应在情理之中，不会对研究的内容和方向产生决定性影响。

第一节　亚洲东部沿海区域

　　亚洲东部沿海的人面岩画主要涉及中国东南沿海和朝鲜半岛等太平洋西岸范围。考虑到第四纪冰期之后海平面的起伏变化很大，在区域划分上不是顺着海岸线的某一个具体位置划定范围，而是借鉴苏秉琦先生的划分方式，即在中国境内将"以山东为中心的东方，以太湖流域为中心的东南部和以鄱阳湖—珠江三角洲为中轴的南方"[1] 作为参照系界定面向海洋的部分。以此类推，中国南方的遗址主要包括广东珠海宝镜湾、香港、福建华安仙字潭和台湾万山4 处，人面岩画的数量不多。中国东方的人面岩画遗址是位于江苏连云港的将军崖岩画，虽然岩画点范围不大，但是人面岩画是东部沿海最密集的地点。朝鲜半岛的韩国境内也有不少分布，并早已为国际学者所关注，只是中文和英文资料很少，通过一些韩文资料只发现有限的几幅，是本研究中资料缺失最多的地区。俄罗斯远东地区阿穆尔河流域（属于俄罗斯哈巴罗夫斯克边疆区），紧靠鄂霍次克海和日本海，具有鲜明的海洋渔猎文化特征，是亚洲最东北端的人面岩画点，与北美洲的阿拉斯加岩画隔白令海峡相望（图3－3）。

　　经过对上述区域所涉及的文献资料进行整理，共在亚洲东部沿海的7 个主要岩画地区统计人面岩画94 幅，共计263 个单体图像（图版1—图版94）。

---

　　① 苏秉琦：《中国文明起源新探》，人民出版社2013 年版，第127 页。

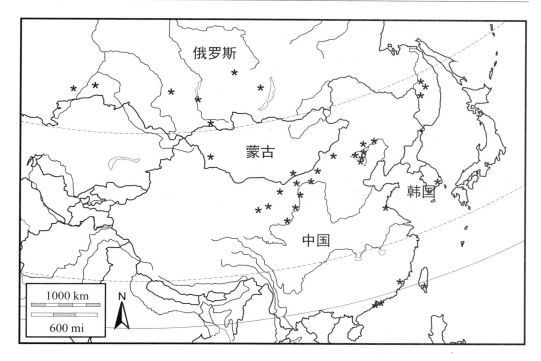

图 3 - 3　亚洲人面岩画分布示意图

一　中国广东珠海高栏岛岩画

中国广东珠海岩画于 1989 年被发现，共有 5 处 7 幅画面，位于高栏岛南部的宝镜湾，分布在依山面海的山坡上。在半山处一个由天然石块堆叠而成的岩厦里，有一幅高 3 米、长 5 米的阴线凿刻岩画，内容有人物、船形、蛇纹、鸟纹、云纹、雷纹、波浪纹和一些图案、符号，画面的图形明显反映出海洋渔猎民族的生活特点（图 3 - 4）。画面的右侧，在一个像是巫师的直立人像旁边有一个比较明显的人面图像，好像是巫术仪式中巫师手持的面具。考古学家李世源从宝镜湾岩画的刻凿内容、手法以及户外摩崖地点的选择等角度入手，与附近遗址出土的玉石器、陶器等形态和纹饰进行比较，推论岩画所在的宝镜湾遗址为距今约 4500—4200 年之间[1]；另一位学者郭雁冰的考据结果介于距今 4360 ± 80—4090 ± 60 年之间，二者结论相差不大。但是他们都认为岩画的制作周期较长，刻有人面图像的岩画制作时间大约与中原的商代相当。[2]

---

[1]　李世源：《珠海宝镜湾岩画年代的界定》，《东南文化》2001 年第 11 期。

[2]　郭雁冰：《从宝镜湾遗址看宝镜湾岩画的文化内涵》，《南方文物》2005 年第 1 期。

图 3 - 4　亚洲中国广东珠海高栏岛岩画局部

（采自：陈兆复：《中国岩画发现史》）

二　中国香港岩画

中国香港发现了 9 处岩刻画，以抽象的几何图形和云雷纹等花纹为主（图 3 - 5）。

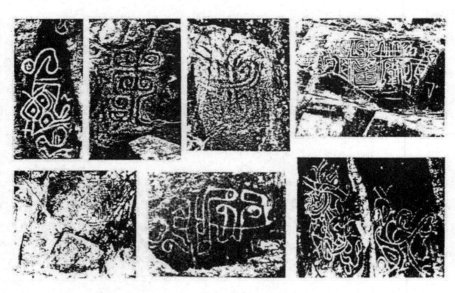

图 3 - 5　亚洲中国香港岩画

（采自：高业荣：《万山岩雕》）

业余考古学者陈公哲以及香港考古学会的秦维廉（Willian Meacham）先后进行过调查和研究。学者多认为在大浪湾、滘西洲的抽象图形中约有 4 个图像属于类人面像或驱恶辟邪的兽面纹①（图版 2—图版 5）。秦维廉于 1976 年出版《香港古石刻——起源及意义》一书，利用考古学的器型时代推断法，将岩画图案与已知年代的陶器、铜器上的同类图案进行比较来推断岩画的年代；并运用民族学知识，判断岩画的制作者属于 3000 年前居住在香港的"越人"的一支。②

三 中国台湾万山岩画

1978 年，高业荣在中国台湾高雄市茂林区先后共发现 4 处 14 幅岩画，皆分布在溪边的缓坡砂岩之上。其中以编号 TKM1 孤巴察峨的图像画面最大、最丰富，在 80 余平方米的岩面上布满了人像、人面像、同心圆、圈状纹、漩涡纹、蛇纹、小凹穴等，可识别的人面像有 15 个（图版 6—图版 20）。画面中许多大涡旋纹和人面像紧靠在一起（图 3 – 6）——有的学者认为这是代表生命在生长，有表达人类出生与生命来源的意义。③ 这些岩画多为比较具象的有轮廓人面像，五官刻画明晰写实。

图 3 – 6 亚洲中国台湾万山孤巴察峨岩画

(采自：高业荣：《万山岩雕》)

---

① 李洪甫：《太平洋岩画：人类最古老的民俗文化遗迹》，上海文艺出版社 1997 年版，第 224 页。
② 陈兆复：《中国岩画发现史》，上海人民出版社 1991 年版，第 74 页。
③ 陈兆复：《中国的人面像岩画》，《寻根》1994 年第 2 期。

高业荣描述这一个岩画有复刻的现象，并通过民族学、图像学的分析，将岩画与周边各族的木雕、服饰和陶壶等器物上的纹饰相比较，认为很可能是生活在这一带的鲁凯族在初级农业和狩猎采集生产阶段的氏族祖先于距今 1500 年左右留下的作品。[1]

四　中国福建华安仙字潭岩画

位于中国福建华安仙字潭的岩刻，是中国境内最早的由学者进行调查和研究的岩石刻画（图3－7）。1957 年，福建省文物管理委员会，找到了包含图符和凹穴在内的 6 处岩刻，其中的 3 幅中有 5 个单体面像（图版21—图版23）。[2] 很多学者鉴于

图3-7　亚洲中国福建华安仙字潭岩画
（龚田夫摄）

地缘距离的原因，常将这处岩画与台湾万山岩画联系在一起，通过考古学材料和岩画图像解读，认为古代福建文化传播到台湾，曾经生活在福建的岩画作者就是台湾原住民的祖先。[3] 事实上，仙字潭的人面岩画与台湾的万山岩画至少在载体类型和风格特征方面都具有显著的区别。盖山林认为其年代约在新石器时代中晚期，距今约 5000—4000 年，是中国南方地区已发现的岩画中时代最早的作品。[4] 欧谭生通过对岩画的刻痕平滑度及周边没有新石器时代考古遗址等因素的考量，又将图像内容的综合分析与商周考古遗存进行横向比较，认为盖山林的判断过早，应是距今约 3000 年左右商周时期闽族或"七闽"的祭祀遗迹[5]，这个论断目前来看是比较可信的。

---

①　高业荣：《万山岩雕：台湾首次发现摩崖艺术之研究》，台湾"行政院"文化建设委员会文化资产总管理处筹备处 2011 年版，第 95 页。

②　林钊：《华安汰内仙字潭摩崖的调查》，《文物参考资料》1958 年第 11 期。

③　经纬：《福建仙字潭图象文字与台湾原住民》，《两岸关系》1999 年 4 月总第 22 期。

④　盖山林：《福建华安仙字潭石刻新解》，《美术史论》1986 年第 1 期。

⑤　欧谭生、卢美松：《福建华安仙字潭岩画新考》，《考古》1994 年第 2 期。

五 中国江苏连云港将军崖岩画

中国将军崖岩画是一处具有独特表现特征的人面岩画群,位于江苏连云港南郊锦屏山南麓,距离海岸线 20 余公里。因为在海拔 17 米处原有一组人、马刻石,据传为一骑马将军,此处岩画群故称为将军崖岩画。根据连云港市文物保护研究所研究馆员高伟介绍,连云港辖区内发现多处岩画遗址,以凹穴为主,伴有大量抽象符号,唯独将军崖有人面岩画。目前,山上共发现刻有四组规模较大的人面岩画组图,其中三组发现于 1979 年[1],集中在一块长 40 余米、宽 20 余米的平整光亮的黑色混合花岗岩岩面上,三组画面间有比较宽的间隙[2]。岩面倾斜角度约 30 度,属于缓坡类岩画,在缓坡顶端原有一处天然石棚,几十年前因为在山下盖房需要取石被炸毁。目前还有一座倒塌的人工石棚位于第一组上方,上面刻有凹穴(图 3-8)。第四组为 2005 年的新发现,位于原有三组人面岩画东南上方 100 余米处的小山顶,刻在山顶平台一块凸出的巨石之上(图 3-9)。[3] 2007 年高伟撰文详细介绍了将军崖发现的四组人面岩画。

图 3-8 亚洲中国将军崖岩画第一组

(高伟摄)

① 李洪甫:《将军崖岩画遗迹的初步探索》,《文物》1981 年第 7 期。
② 李洪甫、武可荣:《海州石刻:将军崖岩画与孔望山摩崖造像》,文物出版社 1990 年版,第 12 页。
③ 高伟:《刘志洲山岩画迷踪》,百家出版社 2007 年版,第 45 页。

图 3 - 9　亚洲中国将军崖岩画第四组

（朱利峰摄）

　　第一组共有 14 个有明确的具象、有轮廓人面图像，其中 7 个人面图像在椭圆形轮廓之内有同心圆双目，面部的其他部位则布满了纵横交错的线条或几何图形，像是一种纹面装饰，这些人面图像还另有一条线向下通向一株株的禾苗状图形。这与亚洲和北美洲其他地区出现的人面图像具有显著的区别，正是将军崖岩画最为独特之处。此外，在整组画面底部还有 8 个禾苗状的有轮廓抽象人面，轮廓内没有五官的刻画，而是与 7 个大型人面中的交错线条如出一辙，因此可辨识为抽象化的人面像。另外还有点、线、同心圆等组合而成的无轮廓人面 6 个和三点式凹穴组合构成的抽象无轮廓人面 7 个，合计有 35 个图形。从刻槽痕迹上看，最大的 7 个有轮廓人面和那些禾苗状图形的刻痕断面呈“V”字形，表面光滑，痕迹清晰，一般深度为 1 厘米，最浅处 0.4 厘米，宽度则在 2—3 厘米之间。[①] 而其他的无轮廓人面包括三点式凹穴组合的刻痕断面则呈“U”字形，蚀化严重，有些已经很难辨认。

　　第二组是将军崖最大的画面（图版 25），人面岩画的风格与第一组明显不同，面部没有杂乱的线条，其中有 9 个有轮廓人面和 18 个无轮廓人面，李洪甫认为多为鸟兽纹[②]；另有 3 个点线组合和三点式凹穴构成的抽象人面岩画，共计 30 个单体图像。画面西侧有一条数米长的凹穴带，夹杂有许多太阳纹、同心圆和重环纹等符号，偏东侧有一条人工凿刻的正南正北的竖线，经考证与地球的经线基本重合，因此被学者称为“银河”天象和“子午线”，认为这是一幅人面与星象组合的构图。岩石表层的剥蚀严重，多数图像模糊不清，需要在侧光条件下才能辨认。

　　第三组在第二组的右侧斜上方，规模较小，紧靠崖壁的边缘。按照当地老人的指认，应是在原来的天然石棚之下。有 11 个有轮廓人面和 13 个无轮廓人面，共计

---

①　李洪甫：《连云港将军崖岩画遗迹调查》，《文物》1981 年第 7 期。

②　同上。

24 个单体图像，画面风格与第二组大体一致（图版 26）。

第四组风化剥蚀严重，全部为无轮廓人面，经仔细辨认和反复推敲，识别出 14 个人面像，有的比较具象，双目圆睁，眉、眼、口、鼻皆备，有的比较抽象，以点、线和三点式凹穴组合构成（图版 27）。

目前统计 4 幅画面共有可辨认的人面岩画单体图像 119 个，其中多数为无轮廓人面。根据凿刻痕迹的蚀化程度以及刻槽的制作方法判断，第一组中大型人面岩画的 V 字形断面和其他几组中的 U 字形断面具有显著的区别，痕迹要清晰很多。一种可能是大型的人面岩画后来经过人们反复地刻划而显得不同，另一种可能则是这两种风格迥异的图形不是同一个时代的作品，那些无轮廓的人面以及抽象风格的三点式凹穴组合很可能要早于第一组的大型几何风格纹面人面像。

关于此处岩画的年代，李洪甫通过与周边考古学现象的综合比较，梳理出一个从旧石器晚期（桃花涧遗址距离岩画点仅 150 米）到新石器时代再到青铜时代的发展序列，并提出将军崖上的混合片麻岩硬度为 6—7 度，比当地用来制作细石器的石英石硬度低，因此在原始宗教意识的支配下用石头工具完成岩画的创作是完全可能的。他认为此处岩画所反映的文化面貌与 4000 年前的新石器时代晚期相当，是中国已发现的较早的原始社会石刻艺术遗存。[1][2] 汤惠生通过微腐蚀断代法得出的结论是：在距今 6000—4500 年前，正值海侵上升至最高海平面，该岩画所在地即处在当时的海边。[3] 岩画的凿刻活动就是在海边岩石上进行的，这与整个世界范围内巨石建筑均沿海岸线分布的规律相一致。人面岩画时代测定为距今 4500—4300 年左右，基岩凹穴岩画时代在距今 11000 年前左右；刻以凹穴岩画的人工石棚为距今 6000 年前，连同凹穴、石棚的年代都与大规模的海侵和海退紧密相关[4]，这一结论与李洪甫的断代基本一致。同时也证明了三点式凹穴组合很可能与石棚上面的凹穴年代一致，与几何风格纹面岩画不属于同一时期。李洪甫根据该岩画中出现的禾苗状图形，以及在附近考古遗址发现的野生稻栽培地点，认为这处岩画反映了人类与农业密切的依赖关系，表达了当时人们对土地的一种崇拜意识。[5]

---

①　李洪甫：《论中国东南地区的岩画》，《东南文化》1994 年第 4 期。
②　李洪甫：《将军崖岩画遗迹的初步探索》，《文物》1981 年第 7 期。
③　汤惠生、梅亚文：《将军崖史前岩画遗址的断代及相关问题的讨论》，《东南文化》2008 年第 2 期。
④　Tang Huisheng, "New Discovery of Rock Art and Megalithic Sites in the Central Plain of China", *Rock Art Research*, 2012-Volume 29, Number 2, pp. 157 – 170.
⑤　李洪甫：《将军崖岩画遗迹的初步探索》，《文物》1981 年第 7 期。

六　朝鲜半岛岩画

目前已经发现并公布的朝鲜半岛岩画，主要分布在韩国南部沿海区域的庆尚北道、庆尚南道和全罗北道，以庆尚北道最为密集，人面岩画最多（图3－10）。盖山林在《世界岩画的文化阐释》中收录了部分韩国庆尚北道的岩画，并列表详细描述韩国岩画的发现时间、地点及主要内容（表3－1）。其中提到韩国14个主要岩画点，在庆尚北道的川前里、良田里、七浦里、可兴洞、浦城里、锡丈洞，全罗北道的大古里等7个地点发现人面岩画，大多为"太阳神形人面"，表明韩国岩画中人面岩画是一个比较普遍的题材。盖山林认为，韩国岩画分为早、晚两期，太阳神形人面（面具）岩画属于新石器时代末期到青铜时代早期作品，以青铜时代为主，均为磨刻方法制作，伴随着与天体崇拜有关的重圈纹，充满神秘性和抽象性。[1] 总体来看，韩国人面岩画对光芒的表现是最主要特点，具有浓烈的太阳崇拜特征。限于中文和英文文献对朝鲜半岛的岩画记录较少，通过韩国同行提供的少数几篇韩文文献，仅收集到9幅画面，全部为有轮廓人面，共有单体图像46个（图版28—图版36）。

表3－1　　　　　　　　　韩国岩画的发现时间、地点及主要内容

时　间	地理位置	岩画内容
1970 年 12 月 25 日	庆尚北道蔚山郡斗东面川前里	动物（鹿）、人面（假面具）、几何纹等
1971 年 2 月	庆尚北道高灵郡开津面良田里	同心圆、太阳神形人面
1971 年 12 月	庆尚北道蔚山郡彦阳面大谷里	鹿、虎、鲸、人物
1 985 年夏	庆尚北道迎日郡杞溪面仁庇里	石剑、石镞
1988 年 3 月	庆尚北道安东郡临东面水谷里	动物蹄印、人足迹、鸟、小形圆穴、大型圆穴
1989 年	庆尚北道迎日郡兴海邑七浦里（海滨）	太阳神形人面
1989 年 5 月	庆尚北道荣州市可兴洞	太阳神形人面（简略式）
1991 年	全罗北道南原郡大山面大谷里	太阳神形人面
1991 年	庆尚南道成安郡伽倻邑道项里	小形圆穴（星座?）、同心圆
1993 年 8 月	庆尚北道永川郡清通面甫城里	太阳神形人面
1994 年 3 月	庆尚北道庆州市锡丈洞	人足迹、太阳神形人面

（采自：盖山林：《世界岩画的文化阐释》）

---

[1]　盖山林：《世界岩画的文化阐释》，北京图书馆出版社 2001 年版，第 133 页。

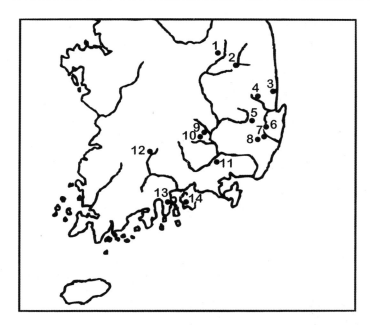

1.荣州市可兴洞
2.安东郡水谷里
3.迎日郡七浦里
4.迎日郡仁庇里
5.永川郡甫城里
6.庆州市锡杖洞
7.蔚山郡大谷里
8.蔚山郡川前里
9.高灵郡良田里
11.咸安郡道项里
12.南原郡大谷里
13.全罗南道丽水市五林洞
14.庆尚南道南海郡尚州里

图 3 - 10　韩国岩画分布示意图

（采自：盖山林：《世界岩画的文化阐释》）

　　朝鲜半岛的考古年代序列与中国大体相当，但是原始农业并不发达，没有野生稻米的栽培，大约公元前 300 年之后，水稻从中国传入，直接产生了农耕文明。[①]因此，这些位于朝鲜半岛东南沿海的青铜时代人面岩画，作者很可能是海洋渔猎民族而非农耕民族。

七　俄罗斯远东地区岩画

　　在俄罗斯境内的黑龙江部分被称为阿穆尔河（Amur 又称 Amoor），乌苏里江（Ussuri）是它的支流，这两条江也构成中国与俄罗斯的分界线。就在俄罗斯境内的阿穆尔河—乌苏里江流域（Amur-Ussuri）沿岸的原始林区，发现 50 余处岩画遗址，从旧石器时代一直延续到中世纪，大多岩画附近有古祭祀遗迹。这些原始林区的岩画在阿穆尔河上游地区多为彩绘方法绘制，只有靠近乌苏里江附近以及阿穆尔河下游的几处遗址为凿刻制作，其中有着一些特色鲜明的人面岩画。

　　俄罗斯远东地区阿穆尔河流域的人面岩画集中分布在 3 个地点。第一地点位于

---

　　①　Gina L. Barnes, *China, Korea and Japan：The Rise of Civilization in East Asia*, London：Thames and Hudson Ltd, 1993, p. 169.

俄罗斯哈巴罗夫斯克边疆区（Khabarovsk Krai），数量最多的是阿穆尔河流域的萨卡奇—阿连村（Sycachi-Alyan），地理坐标为东经135°39′，北纬48°45′；其次是乌苏里江流域的谢列梅杰沃（Sheremetyevo），在凯亚河（Kiya）流域的考特普利斯（Chortorplios）也有少量发现。第二个地点是1855年美国人理查德·马阿克（Richard Maak）在乌苏里江下游舍列麦季耶沃村附近的崖壁上发现的一批凿刻岩画。第三个地点是1897年美国学者伯特霍尔德·劳弗尔（Berthold Laufer）首先发现的萨卡奇—阿连村的人面岩画——这处岩画是在村边的一处堤坝上发现的，一些散落的玄武岩巨石上面刻有奇怪的图形，有人面和动物，还有一些刻在附近陡峭的悬崖上，人面和鹿岩画上的"涡旋线装饰风格（Vortex Style）"独具特色（图3-11）。①

a　　　　　　　　b　　　　　　　　c　　　　　　　　d

图3-11　亚洲俄罗斯远东地区阿穆尔河流域曲线风格人面岩画

哈巴罗夫斯克边疆区范围内自古以来生活着8个民族：赫哲人（Nanais）、涅吉达尔人（Negidals）、尼夫赫人（Nivkhs）、奥罗奇人（Oroches）、乌德盖人（Udeghes）、乌尔奇人（Ulchas）、鄂温克人（Evenks）、埃文人（Evens）。从语言学分类上，尼夫赫人属于古亚洲（Paleoasians）人种，其他民族属于满—通古斯语族（Tungus-Manchzhuri）。这些民族生活在气候相对寒冷的针叶林地带，长期以渔猎、狩猎和采集经济为生。每年，一些大型的海洋鱼类在产卵的季节都会从海口逆江河而上，为这里的居民提供了丰富的食物来源。赫哲人很早就学会了储存鱼类的方法，并过上了定居的生活。中国境内的新开流文化就是这种渔猎文化的典型代表。② 独特的自然环境和生计方式孕育了他们独具特色的观念和信仰，并在不同的载体和手工艺品上展示了他们富有创造性的艺术天分。这些艺术传统从

① Berthold Laufer, "Petroglyphs on the Amoor", *American Anthropologist*, New Series, Vol. 1, No. 4（Oct., 1899），pp. 746 – 750.

② 吕光天、古清尧：《贝加尔湖地区和黑龙江流域各族与中原的关系史》，黑龙江教育出版社1991年版，第1—13页。

新石器时代开始，经历了青铜时代和铁器时代、女真政权，直到形成新的少数民族群体和新的文化，它们通过陶制品、骨制品、石雕、鱼皮衣、纺织品等多种民间艺术形式一直传承下来，到现在，我们还能够在当地少数民族的民间艺术中看到这些古老艺术的痕迹。[①]

值得注意的是，伴随着人面岩画一起出现的，还有船只和划船者的形象，显示这里的原始生活方式与海洋渔猎有密切的关系；附近发现的凹穴则被认为是丰产符号。岩画中的这些人面像、船只、野生动物和凹穴表明阿穆尔河流域的生计方式应主要包括渔猎采集和狩猎，宗教思想和萨满巫术的观念已经成熟。石锄、石斧等出土的考古资料显示，岩画周边的原始农业是在距今 4000 年左右开始产生的，距今 3000 年左右已经发展出较发达的农业生产技术和家畜饲养业。渔猎经济在农业和畜牧业发展的同时还占有相当大的比重，采集依然是作为生活来源的重要辅助手段在持续进行。[②]

最早对俄罗斯远东地区阿穆尔河—乌苏里江流域人面岩画进行系统和科学研究的，是俄罗斯（前苏联）著名考古学家奥克拉德尼科夫（A. P. Okladnikov）。1969年，奥克拉德尼科夫在《西伯利亚岩画》一文中提到这些岩画点，他在距今 11500年左右的奥西波夫卡文化村落遗址中找到了短柄标枪尖、箭簇和燧石长利刀、刀排、钻头、斧头等物品。这些石器工具表明奥西波夫卡人曾猎杀过冰川时期的大型动物。在这一时期，该地区的古人类把打猎和捕鱼结合在一起，繁殖鲑鱼是主要的经济支柱，也是该地区早期部落定居的重要原因。[③] 他将人面岩画与当地的考古发掘资料进行比较研究后认为，人面岩画与这里新石器时代的陶器、泥塑形成了一个整体，有着相同的艺术造型特征，蕴含着相同的思想观念；这种凿刻加研磨制作出来的浅浮雕式的人面岩画与人像属于距今 5000—4000 前的新石器时代的艺术品，并确信是从事狩猎和渔猎的民族创造了这些岩画，这些岩画中"面具（Masks）"的普遍存在与北美洲西北海岸的人面岩画关系密切。俄罗斯考古学家史姆金（D. B. Shimkin）则认为，乌苏里江流域的人面像在时代上要早于阿穆尔河流域的人面像岩画。[④]

---

① Non-Profit "*Amur Region Historical Heritage Fund*", http://petroglify. ru/sycachi – alyan – petroglyphs. html.

② 李延铁、于志耿、孙秀仁：《黑龙江古代农业文化概论》，《学习与探索》1981 年第 5 期。

③ ［俄］C. 拉普希娜、邓宏：《阿穆尔河下游新石器时代初期艺术的基本流派》，《黑河学院学报》2012年第 4 期。

④ 汤惠生：《凹穴岩画的分期与断代——中国史前艺术研究之一》，《考古与文物》2004 年第 6 期。

　　据盖山林记载，当地赫哲族萨满教传说中的创世神话与一幅位于马背上的人面岩画有关，赫哲族传说一个人头驾驭着这匹马，变成了一个建造家园的英雄（图3－12）。盖山林认为这些人面岩画可能属于广泛分布于原始林区的早期"养鹿"岩画，是伴随着萨满教一起出现的作为神灵载体的"面具"，并将其创作时间断代为不晚于新石器时代末期的作品。① 中央民族大学的博士研究生徐广伟通过对中国的黑龙江—乌苏里江流域赫哲族纹饰的研究，认为这里的岩画应该是肃慎系统渔猎先民的遗存。②

a

b

图 3－12　亚洲俄罗斯远东地区阿穆尔河流域萨卡奇—阿连村人面岩画

　　亚洲俄罗斯远东地区阿穆尔河流域人面岩画的轮廓样式变化较多，有椭圆形、卵形、桃心形、上圆下方形和骷髅形等，有轮廓的占有很大比重，还有些无轮廓的同心圆或三点式圆穴组合等，涡旋纹风格的纹面是最显著的特色。1897 年，美国学者霍尔德·劳弗尔初次发现的时候没有统计岩画的具体数量，因为河水泛滥的时候，大量岩画就被淹没在水中，并且大段堤坝被沙土掩埋，他认为可能会有更多未经发现的岩画。③ 俄罗斯（前苏联）考古学家奥克拉德尼科夫等人进行了粗略的统计，认为包括人面像和动物在内有 300 个左右的图像，但是后来再次调查时，仅剩 160 个。通过"阿穆尔河地区历史文化遗产基金会"（Amur Region Historical Heritage Fund）的网上博物馆所展示的图像资料，并结合劳弗尔的 *Petroglyphs on the Amoor*，

　　① 盖山林：《世界岩画的文化阐释》，北京图书馆出版社 2001 年版，第 97 页。

　　② 徐广伟：《东北渔猎先民原始图符纹饰在赫哲族中的传承与应用》，博士学位论文，中央民族大学，2011 年。

　　③ Berthold Laufer, "Petroglyphs on the Amoor", *American Anthropologist*, New Series, Vol. 1, No. 4（Oct., 1899）, pp. 746－750.

奥克拉德尼科夫的 *The Petroglyphs of Siberia*，陈兆复的《外国岩画发现史》，盖山林的《世界岩画的文化阐释》、《巴丹吉林沙漠岩画》、《丝绸之路岩画研究》，户晓辉翻译的《萨满教的起源与西伯利亚的岩画》等各种文献，收集到 58 幅，共 72 个人面岩画（图版 37—图版 94）。

第二节 亚洲北部内陆区域

人面岩画在亚洲北部的草原、山地、河谷地带分布广泛，大多镌刻在欧亚草原腹地靠近水源的山谷沟口，少数分布在沙漠的边缘以及林区的河床之上。从东到西依次有中国的西辽河流域、锡林郭勒草原、阴山、桌子山、贺兰山、曼德拉山、巴丹吉林沙漠，蒙古和俄罗斯西伯利亚的岩画区（图 3 - 13）。

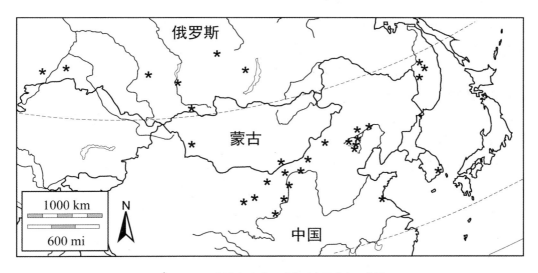

图 3 - 13 亚洲北部内陆区域人面岩画分布示意图

一 中国西辽河流域岩画

中国西辽河流域位于中国东北部，处于内蒙古高原、华北平原、东北平原的衔接三角区。西辽河古时称辽水、潢水、饶乐水等，清朝晚期始称西辽河，主要支流有老哈河、西拉木伦河、教来河、新开河及乌尔吉木伦河。[①] 北源的西拉木伦河水系发源于燕山支脉的七老图山，其支流有萨仁河、大浩来图河、塔日其沟河、白岔

---

① 席永杰、王惠德、孙永刚：《西辽河流域早期青铜文明》，内蒙古人民出版社 2007 年版，第 1 页。

河、苇塘河等50余条，形成了庞大的西拉木伦河水系，其中拥有丰富岩画资源的白岔河是西拉木伦河的主要河流之一。南源的老哈河发源于河北省平泉县境内，其支流有英金河、阴河、羊肠子河等，均为长年流水河。西辽河流域西北部是大兴安岭南端的七老图山，南侧及西南侧为燕山山脉，是与华北平原相连接的天然分界线，构成了一个向东敞开的扇面形西辽河流域平原，属于温带大陆性季风气候区。大部分的支流两岸都是较为平缓的台地，十分有利于人类生存。[①]

中国西辽河流域一直是中国境内东北渔猎采集文化区、中原农耕文化区、北方游牧文化区相交汇的地带。这里的古文化发展序列包括有兴隆洼、赵宝沟、富河、红山、小河沿和夏家店下层诸文化，起止时间相当于中国的新石器时代中期至青铜时代早期，距今约为8000—3000年；之后兴起的游牧文化大体上包括东胡、乌桓、鲜卑、契丹和蒙古族的历史文化阶段，经历了铁器时代。[②] 历史文献和考古资料表明，这里在史前文化阶段属于东北渔猎文化区，兴隆洼—赵宝沟文化时期原始农业开始萌芽，红山文化时期农耕文化有较大的发展，但仍与采集渔猎经济方式共存，游牧文化大约从青铜时代逐步出现。因此，这里形成了中国东北地区渔猎和农、牧共存，东、西、南不同地区各有侧重的局面，也担当了中原文化向东北和东北亚地区传播的使者。[③] 整个地区的地势西高东低，西部为中山台地，向东渐变为低山、丘陵，直至平原，属于中国东部的一、二级阶梯面的过渡地带，这种地理环境是多民族聚居、交通、融合与分散的理想栖息地。

中国西辽河水系是欧亚草原东部的主要文化源泉之一，流域范围内具有极其丰富的古文化遗存，被考古界誉为中国的两河流域。通过聚落、墓葬遗址和文物遗存等考古发现与人面岩画进行综合比较研究，非常有助于年代分期的判断。岩画以动物题材特别是鹿为主，约占到所有图像的80%左右，盖山林判断与黑龙江地区的"养鹿"岩画具有深刻的关联[④]；人面岩画的分布也非常广泛，涉及的范围主要包括赤峰市所辖的英金河—阴河流域、克什克腾旗、翁牛特旗、巴林右旗，通辽市所辖的扎鲁特旗以及河北省围场县等主要地点（图3-14）。整个西辽河流域的人面岩画共统计画面138幅，283个单体图像。

①　内蒙古自治区测绘局综合队：《内蒙古自治区地图册》，内蒙古自治区测绘局1989年版，第21页。
②　田广林：《中国北方西辽河地区的文明起源》，博士学位论文，东北师范大学，2003年，第27页。
③　郭大顺：《论东北文化区及其前沿》，《文物》1999年第8期。
④　盖山林、盖志浩：《内蒙古岩画的文化解读》，北京图书馆出版社2002年版，第271页。

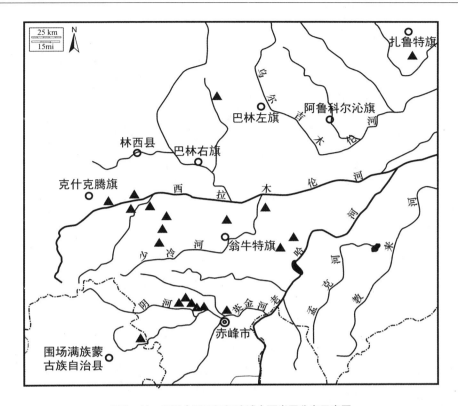

图 3 - 14　亚洲中国西辽河流域人面岩画分布示意图

1. 英金河—阴河岩画

阴河是英金河的支流，属西辽河水系，发源于燕山北麓的七老图山东北麓，向东南流经大庙镇和孤山子乡，至初头朗镇附近与西面而来的舍力嘎河相汇，继续向东南，流至赤峰红山区的桥北镇，与召苏河和锡伯河汇合为英金河。英金河再向东南流去，至元宝山区境内的兴隆坡汇入老哈河。1992 年，赤峰学院（原昭乌达盟师范专科学校）北方民族文化研究所田广林等首次发现阴河岩画，主要集中在赤峰松山阴河流域中下游的 11 个岩画点，多出现于河北山南的临河崖壁之上，绵延约 30 余公里，共发现古代岩画遗存 70 多幅（图 3 - 15）。① 此后，田广林又多次考察阴河流域，于 1996 年带领盖山林对这些岩画进行了复查，新发现了一些人面岩画。② 2011 年 8 月和 2012 年 5 月，中央民族大学中国岩画研究中心北方岩画考察队先后两次考察了该流域的岩画。

① 田广林：《内蒙古赤峰市阴河中下游古代岩画的调查》，《考古》2004 年第 12 期。
② 盖山林、盖志浩：《内蒙古岩画的文化解读》，北京图书馆出版社 2002 年版，第 280 页。

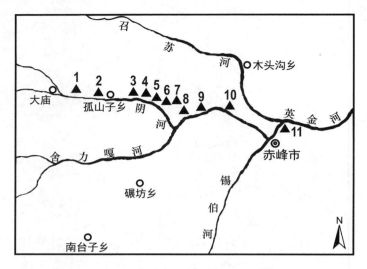

图 3 - 15　亚洲中国英金河—阴河岩画分布示意图

（采自：田广林：《内蒙古赤峰市阴河中下游古代岩画的调查》）

　　人面岩画是英金河—阴河流域岩画题材中数量最多、制作最精、形态最为多样的一类岩画，分布于阴河北岸距离河床不远的临河峭壁及岩石上，在南岸均未发现。在田广林《内蒙古赤峰市阴河中下游古代岩画的调查》和盖山林、盖志浩《内蒙古岩画的文化解读》等调查资料的基础上，又根据笔者本人的田野调查整理绘制出的地图中，包括孤山子、平房、池家营子、半支箭、康家湾、上机房营子、三座店、跃进渠渠首、王家营子、红山 10 个地点。

　　英金河—阴河流域的人面岩画，有圆形、方形、盾牌形、上尖下圆形等多种形态，有轮廓比无轮廓的比重略高；头部的装饰物也非常丰富，有带芒线的、有多重皱纹的、有头顶枝杈的、有长胡须的、有戴花冠或角冠的，以康家湾的曲线和绞绳状轮廓最具装饰性。眼睛的表现形态特别丰富，不论是有无轮廓，扁目、同心圆双目、重环双目、涡旋纹双目、圆环双目、连眉圆穴双目不一而足，可见创作的随意性很大。这种对眼睛的强调，也与许多新石器时代遗址出土的石雕、骨雕、玉器等上面的人面像具有共同的特征。盖山林认为，这些岩画表现的是太阳神也有天神，岩画与树木、圆形、重圈纹等一起出现，与印第安人或非洲人头戴角冠，祈求丰产的萨满仪式巫师的形象相类似，甚至跃进渠渠首的人面岩画旁就有一个手持铃鼓的萨满巫师形象，因此具有明显的萨满性质。[1]

---

　　[1]　盖山林、盖志浩：《内蒙古岩画的文化解读》，北京图书馆出版社 2002 年版，第 302 页。

英金河—阴河流域共有人面岩画55幅，计137个单体图像（图版95—图版149）。

2. 翁牛特旗岩画

翁牛特旗位于赤峰市的中部，处在整个西辽河流域岩画的中心位置。翁牛特一词在蒙古语中意为"诸王所在之地"。这里地处大兴安岭西南段与七老图北端山脉截接地带，科尔沁沙地西缘，总面积1.18万平方公里，属中温带大陆性季风气候区。地势西高东低，海拔高度从2000多米逐渐下降到200多米，西部为中山台地，中部为低山丘陵，东部为平原沙区。西辽河的支流西拉木伦河与老哈河环抱着这片狭长的土地，草甸和沙丘在中部交错侵蚀，独特的地理环境为不同时期人类的繁衍生息提供了复杂的生存条件，构成农业、牧业、渔业混合的生计方式。翁牛特旗先后有东胡、匈奴、鲜卑、突厥、契丹、女真、蒙古等民族在这片土地上生息繁衍，境内散布着大量新石器时代、青铜时代及其以后各个历史时期的文化遗址。[1]

从1999年开始，翁牛特旗政协的吴甲才对该地区岩画进行持续调查，先后发现许多岩画点。他于2008年出版了《红山岩画》一书，首次披露了大量新发现的调查资料，其中人面岩画最具特点，是翁牛特旗岩画的主要类型。人面岩画集中分布于乌丹箭眼山（即小凤山）、白庙子山、阿什罕毛瑙海山、高日苏大黑山4个岩画点（图3－16）。2011年8月和2012年5月，笔者先后两次参加了翁牛特旗的岩画

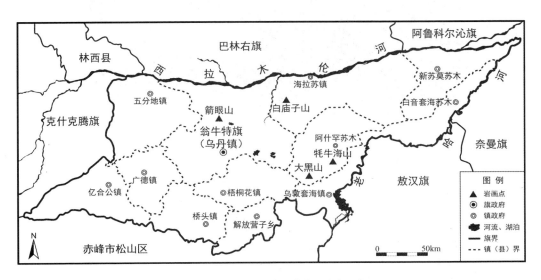

图3－16　亚洲中国翁牛特旗岩画分布示意图

① 翁牛特旗志编纂委员会编：《翁牛特旗志》，内蒙古人民出版社1993年版，第85页。

调查，由吴甲才做向导，在上述 4 个地点，共登记岩画 81 处，115 幅画面，389 个单体图像。加上《红山岩画》中收录的资料，整理出人面岩画 48 幅，共计 70 个单体图像（图版 150—图版 197）。

白庙子山和箭眼山位于翁牛特岩画群的北部区域，附近密布着新石器遗址群，这一区域制作手法和图像特征接近，均以石器深凿磨的粗壮线条人面像为主体，同心圆双目的表现形式最为突出；磨痕颜色与石面一致，年代久远；一块被称为"巨薯石"的岩画巨石上刻有 14 个人面像以及 19 个凹穴组成的星象图，其中一个人面像磨刻痕迹极深，应是经年累月反复磨制而成，线条圆润平滑，没有金属工具制作的痕迹，最晚制作下限应在新石器时代晚期（图 3 - 17）。位于南部的大黑山和毛瑙海山刻痕略新，年代较北部晚，有大量人面像的轮廓两侧出现十字星形装饰，并有人面鱼纹形象，在人面岩画系统中独具特色。

图 3 - 17　亚洲中国白庙子山岩画

（石泽明摄）

3. 克什克腾旗西拉木伦河岩画

内蒙古克什克腾旗的西拉木伦河流域拥有丰富而精美的岩画，主要分布在西拉木伦河支流的白岔河、苇塘河以及西拉木伦河中游的北岸（图 3 - 18）。

白岔河又称百岔川，位于克什克腾旗南部，是西拉木伦河上游的主要支流之一。"白岔"是清代蒙古语"拜察"的音译，有富饶之意，民国始称白岔，现统称百岔河。在调查过程中，我们发现在民间，"白岔河"一词更为当地人所接受，因此两个名称通用，本书使用的是约定俗成的名称。

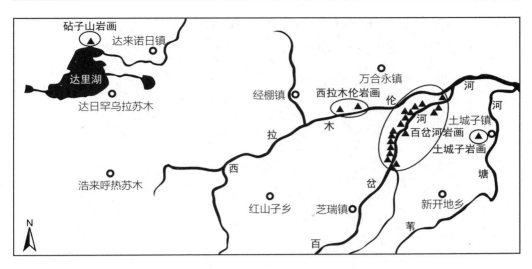

图 3 - 18　亚洲中国白岔河岩画分布图

（采自：韩立新：《克什克腾岩画》）

白岔河发源于克什克腾旗南部与河北围场交界的七老图山脉的沟壑之中，从南向北流经克什克腾旗中东部汇入西拉沐伦河，全长约 140 公里。白岔河为典型的河川狭谷地貌，河谷狭窄而曲折，两岸为火山喷发形成的熔岩台地，高出川地河床30—100 米，河川两侧多为断崖和陡壁，裸露的岩石为灰黑色的火成岩和黑色的玄武岩，由于地壳运动和河水切割的影响，悬崖表面形成许多破碎的岩块，这些岩块表面十分光滑，为岩画的创作提供了天然的画布。经调查，克什克腾旗的岩画主要分布于中东部的白岔河中下游，从芝瑞镇洞子村、永兴村西南、永兴村北、河落沟村、板石房子村，再到万合永镇裕顺广村、广义村、万合永村、山前村、大河村西、蝴蝶沟、大河村东、种畜场、胡角吐村西、胡角吐村、沟门村、沟门村南、阁老营子村等；西北部有达里湖北岸的砧子山；中部有栅子店、河沿，东南部的土城子镇，绵延 60 余公里。[1]

1981 年，张松柏、刘志一等人对白岔河岩画进行了第一次专项调查，共发现 48幅岩画。[2] 1992 年又进行了补充调查，使岩画总数增加至 53 幅。[3] 盖山林也于 1981年 6 月考察了白岔河岩画，他认为这里的人面岩画是原始宗教后期的信仰形式，表现为以面具为载体的偶像崇拜。2006 年，内蒙古自治区克什克腾旗文物普查队在第

---

① 韩立新：《克什克腾岩画》，内蒙古文化出版社 2013 年版，第 11 页。
② 张松柏、刘志一：《内蒙古白岔河流域岩画调查报告》，《文物》1984 年第 2 期。
③ 张松柏：《内蒙古白岔河沿岸新发现的动物岩画》，《北方文物》1996 年第 1 期。

图 3-19　亚洲中国白岔河阁老营子岩画

（韩立新摄）

三次全国文物普查过程中又新发现岩画多处，均收录于韩立新《克什克腾岩画》一书中。目前，在上述 4 个区域的 23 个地点共发现岩画 90 组，400 余个单体图像。[①]人面岩画多见于崖壁和巨石之上，常与动物、人物、符号、天体星象等题材相组合，动物中鹿是最显著的主题，约占全部岩画的 80%[②]，其余还有猪、骆驼、马、牛、虎、豹及鸟等多种。根据张松柏的《内蒙古白岔河流域岩画调查报告》和韩立新的《克什克腾岩画》等资料以及笔者本人的田野调查，整理出阁老营子村、沟门村、胡角吐村、山前村和永兴大队 5 处 18 幅人面岩画，共计 34 个单体图像（图版198—图版 215）。

在白岔河山前村人面岩画断崖顶部的台地上，有三个巨型的积石堆，地面散布有大量兴隆洼文化、红山文化时期的石斧、石磨和陶器残片。从石堆的布局来看，像是祭祀天地的祭坛，可能与山崖底部的人面岩画有关。

苇塘河岩画点位于土城子镇内西山脚下，东距苇塘河 200 米。在一块孤立的巨石上单线凿刻勾勒有 3 个人面像，是出土岩画，地层显示年代关系应该早于夏家店下层文化（图版216）。[③]

西拉木伦河中游共发现具象有轮廓人面岩画 5 幅，7 个单体图像，分布在西拉木

①　韩立新：《克什克腾岩画》，内蒙古文化出版社 2013 年版，第 11 页。

②　盖山林、盖志浩：《丝绸之路岩画研究》，新疆人民出版社 2010 年版，第 60 页。

③　盖山林、盖志浩：《内蒙古岩画的文化解读》，北京图书馆出版社 2002 年版，第 277 页。

伦河北岸，包括经棚镇栅子店村和万合永镇的河沿村两处（图版217—图版221）。

4. 巴林右旗床金沟岩画

盖山林于1992年夏考察了巴林右旗的床金沟和东马鬃山岩画。人面岩画主要集中在床金沟。床金沟在巴林右旗东北岗根苏木境内，岩画位于床金河谷与床金沟相交汇的三角地带，凿刻在沟口东岸同一崖壁的两片石面上，面朝西南方向的开阔河谷，地势平坦，可能是史前的祭祀场所。画面的面积不大，约有20平方米，保存较完整，共有4幅画面，计12个单体图像（图3-20）（图版222—图版225）。有学者认为，床金沟岩画这种突出眉、眼的方式都属于明显的萨满性质，是古人们顶礼膜拜的神灵；多幅岩画集中在一个小区域内，使整个石壁就成为一个圣像壁，反映的是原始社会后期的社会面貌，年代约在新石器时代末期至青铜时代。[1]

图3-20　亚洲中国巴林右旗床金沟岩画

（采自：盖山林、盖志浩：《丝绸之路岩画研究》）

5. 扎鲁特旗大里山岩画

大里山位于扎鲁特旗查布嘎图苏木西南13.5公里，附近的乌尔吉木伦河是西辽河的一条支流，共有人面岩画6幅，11个单体图像（图版226—图版231）。该处岩画凿刻在山腹崖壁之上，为凿磨方法制作，痕迹有新有旧，造型风格也差别较大，显然不是同一时期制作而成，其中有一幅是中国境内目前发现的最大的人面像岩画。

---

① 盖山林、盖志浩：《内蒙古岩画的文化解读》，北京图书馆出版社2002年版，第310页。

盖山林研究认为，鼻子呈正三角形，鼻下有一横线贯穿脸颊，眼角拉长变尖的人面岩画类型较早，类似商代的饕餮纹，约为青铜时代的作品；方形轮廓、面部刻画简约的人面岩画约为早期铁器时代作品；尺寸最大的人面岩画则应是鲜卑时期的作品。[①]

6. 河北省围场县潘家店岩画

西辽河流域最南端的人面岩画于 2000 年在河北首次发现，这也是河北岩画的初次记录。岩画点位于承德地区围场满族蒙古族自治县兰旗卡伦乡东南约 25 公里处的潘家店村，是村民在山中放牧时发现，围场县文物管理所得知线索后组织人员前往调查。考古人员在高 1.2 米、宽 1.4 米的 1 幅画面中，共发现人面岩画 9 个（图版232），采用磨刻技法制作，人面岩画大小不一，深浅不同，形态各异。[②] 这些人面图像的基本特点与英金河—阴河的岩画风格一致，可能为新石器晚期至青铜时代的作品。

二   中国锡林郭勒草原岩画

中国锡林郭勒草原的人面岩画属于 1993 年的新发现，这些岩画没有延续西辽河流域的繁盛局面，数量不多，目前只在阿巴嘎旗的乌林乌苏发现人面岩画 4 幅，与动物、圆环、重圈、同心圆等符号相混杂，具有高度的抽象化、图案化特征，共 5个单体图像（图版 233—图版 236）。盖山林的《内蒙古岩画的文化解读》认为，这里的人面岩画与新石器时期略为写实的早期风格不同，图案化是经过长期的演变而形成的，再从风蚀程度和痕迹色泽判断，应为青铜时代至早期铁器时代的作品。[③]

三   蒙古岩画

蒙古岩画分布较广，在 11 个省先后发现数十处岩画点，几乎遍布蒙古全国，是蒙古高原岩画的重要组成部分（图 3 – 21）。岩画的内容以动物为主，人面发现较少，在《世界岩画的文化阐释》《太平洋岩画》《外国岩画发现史》等中文文献中，只介绍了动物、脚印、车辆等题材，没有人面岩画的描述。

2007 年，在三位蒙古学者发表的一篇考古调查简报中，披露了在南戈壁省的奥尤陶勒盖（Oyu Tolgoi）西北 17 公里处一个锥形平顶山上发现的 1000 多幅凿刻岩

---

① 盖山林、盖志浩：《内蒙古岩画的文化解读》，北京图书馆出版社 2002 年版，第 320 页。

② 彭立平：《河北围场县潘家店发现岩画》，《文物春秋》2001 年第 6 期。

③ 盖山林、盖志浩：《内蒙古岩画的文化解读》，北京图书馆出版社 2002 年版，第 251 页。

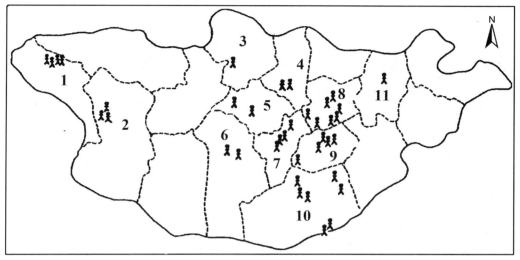

1.巴彦乌列盖省　2.科布多省　3.库苏古勒省　4.布尔根省　5.后杭爱省
6.洪戈尔省　7.前杭爱省　8.中央省　9.中戈壁省　10.南戈壁省　11.肯特省

图 3 - 21　亚洲蒙古岩画分布示意图

（采自：盖山林：《世界岩画的文化阐释》）

画，以人物和动物为主，其中发现 10 个人面像，3 个凿刻在崖壁上，其余 7 个分散在周围的巨石之上[①]，周围有大量的太阳、重环、同心圆等符号（图版 237—图版 244）。作者提到在蒙古西部的阿尔泰山区崖壁上发现超过 20 幅人面岩画，但是没有找到相关的图像资料，从地理位置判断，与亚洲俄罗斯西伯利亚的穆谷尔·苏古尔岩画相距不远，或属于同一个系统。已调查的这处奥尤陶勒盖岩画点属于蒙古最南部的南戈壁省，紧邻中蒙边界，在空间距离上与阴山岩画非常接近，风格特征也一脉相承。岩画点周围有多处石圈墓，并发现有旧石器时代晚期的石器工具。一幅画面中 3 个有轮廓人面的面部没有口鼻，其中两个用 X 形代替，头顶有两个细长的触角状装饰（图 3 - 22，a），发现者推断这些人面岩画与中国阴山、贺兰山新石器时期岩画应为同一时期的作品。这种角饰在贺兰山有相似的发现，同时也是亚洲俄罗斯西伯利亚穆谷尔·苏古尔青铜时代岩画的典型特征；有一个无轮廓人面与阴山岩画如出一辙，但头顶的天线状触角与遥远的亚洲俄罗斯西伯利亚岩画也十分相似（图 3 - 22，b），表明蒙古岩画在中国与西伯利亚之间起着桥梁的作用。

---

① 　D. Tseveendorj, Ya. Tserendagva & B. Gunchinsuren, "Some Images of the Javkhlant Khairkhan Petroglyphs", *International Newsletter on Rock Art*, 2007, p. 47: 15 - 20

图 3 – 22 亚洲蒙古人面岩画

四 中国内蒙古阴山岩画

阴山山脉位于中国内蒙古中部，东西走向，介于东经106°—116°之间，东至西辽河流域与滦河流域的分水岭，西接狼山，长约1000公里。① 山脉大部分海拔在1500—2000米之间，是中国内流区与外流区的分水岭之一。这里既是历代北方各族你争我夺的战场，也是北方猎牧民族与中原华夏民族的经济交汇地带。据考古资料和文献记载，战国以前这里先后出现过荤粥、鬼方、猃狁、戎、狄等氏族部落，北狄、匈奴、乌桓、鲜卑、柔然、高车、突厥、回鹘、吐蕃、党项和蒙古等民族交替在这里繁衍生息，创造了光辉璀璨的猎牧文明。②

内蒙古阴山岩画主要分布在阴山山脉地势最高、最西端的狼山山脉，处于河套平原的西北部和北部。阴山岩画在北魏郦道元的《水经注》中就有记载③，近现代的调查和研究始于1927年，当时的中瑞西北科学考察团在内蒙古阴山考察途中，发现了乌拉特后旗的大坝沟岩画，并将考察结果发表于《蒙古的史前成就》一文。④ 19世纪70年代以来，阴山山脉发现大量岩画，尤以盖山林的调查和研究成果最为丰厚，先后出版有《阴山岩画》《乌兰察布岩画》《内蒙古岩画的文化解读》《丝绸之路岩画研究》等著作并发表了上百篇论文。其他各级文物考古单位也有陆续发现。2012年，王晓琨、张文静合著的《阴山岩画研究》将盖山林关于阴山岩画的所有研究进行重新整理和系统分类，其中将人面岩画作为专题研究的第一部分展开，对人面岩画的类型、年代问题进行了简明扼要的解析。根据该书的统计，阴山区域

---

① 中国大百科全书总编辑委员会中国地理编辑委员会编：《中国大百科全书·中国地理》，中国大百科全书出版社1993年版，第573页。

② 魏坚：《青铜时代阴山岩画断代刍议》，王建平主编《河套文化论文集》（第4辑），内蒙古人民出版社2009年版。

③ （北魏）郦道元：《水经注校证》，陈桥驿校证，中华书局2007年版，第793页。

④ 转引自盖山林、盖志浩《内蒙古岩画的文化解读》，北京图书馆出版社2002年版，第1页。

共发现人面岩画 171 幅，374 个单体图像，主要集中在狼山中段和西段的乌拉特后旗和磴口。[①] 磴口的哈日干那沟、格尔敖包沟、默勒赫图沟、托林沟、乌斯台沟、额勒斯台沟，乌拉特后旗的大坝沟、滴水沟和炭窑口，乌拉特中旗的韩乌拉山，是人面岩画比较集中的地方（图 3-23）。

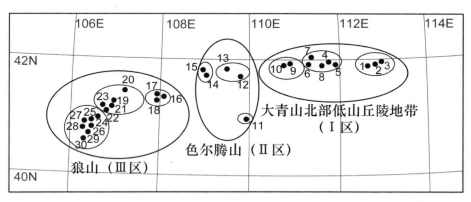

1.号半地岩画 2.小当朗忽洞村岩画 3.赛忽洞村岩画 4.南敖包图岩画 5.毕其格图沟岩画 6.傲德其沟岩画 7.山达赖嘎查岩画 8.巴楞少岩画 9.推喇嘛庙岩画群 10.沙很岩画 11.固阳天面此老岩画 12.墙盘忽热岩画 13.德里格尔花岩画 14.新忽热苏木岩画 15.莫里格其山岩画 16.几公海勒斯太岩画群 17.乌珠尔岩画 18.韩乌拉山岩画 19.滴水沟岩画 20.宝儿汗山岩画 21.大坝沟岩画群 22.炭窑口岩画 23.玻璃沟岩画 24.哈日干那沟岩画 25.格尔敖包沟岩画群 26.莫勒赫图沟岩画 27.托林沟岩画 28.阿贵沟岩画 29.乌斯台沟岩画 30.额勒斯台沟岩画

图 3-23 亚洲中国阴山岩画分布示意图

（采自：张文静：《阴山岩画的类型与分布》）

2007 年和 2008 年间，巴彦淖尔市博物馆等文物考古部门对阴山的格尔敖包沟和莫勒赫图沟进行了新一轮普查，又新发现大量岩画。在《阴山岩画》（1986 年盖山林版）、《内蒙古岩画的文化解读》《丝绸之路岩画研究》《阴山岩画研究》的基础上，结合近年来发表的考古报告中所涉及的新发现以及新版的《阴山岩画》（2011 年王建平版）等著作，对阴山的人面岩画进行了重新统计，目前收录的图像共计 294 幅，单体图像总计为 630 个。比较而言，在格尔敖包沟、莫勒赫图沟和托林沟等地点的人面像中出现相当数量的"羊头"符号以及其他抽象的符号，比东部人面岩画表现出更多的抽象性特点。

---

① 王晓琨、张文静：《阴山岩画研究》，中国社会科学出版社 2012 年版，第 112 页。

　　盖山林通过动物种属灭绝的年代推断，阴山岩画的上限至少应该在鸵鸟、大角鹿和野牛等动物灭绝之前的旧石器时代晚期，距今约有 1 万年。他认为，阴山的人面岩画多数属于石器时代中第二阶段"狩猎的鼎盛时期"的主要题材，距今约为 6000—4000 年。反映的内容是猎人的原始宗教信仰，其与萨满巫师的祈祷场面、自娱和娱神的舞蹈场面等岩画同时并存。盖山林采用将人面（或兽面）类型的岩画与新石器时代至青铜时代在陕西、甘肃、青海、河南、山东、浙江等地出土的彩陶、陶塑、骨雕、陶器或玉饰上的同类题材进行比较的方法，确认阴山人面岩画的时代大都属于新石器时期，下限不晚于青铜时代。[①] 盖山林对阴山岩画的考古时代与深入分期做了比较系统的划分，许多人面岩画可以在这个年代框架下找到对应的发展阶段，对这一地区的岩画研究具有很强的指导意义（表 3 - 2）。

表 3 - 2　　　　　　　　　　　　　　阴山岩画时代分期表

时代划分	时间	深入分期	时间
石器时代	距今 10000—3000 年	早期狩猎时期	距今 10000—6000 年
		狩猎鼎盛时期	距今 6000—4000 年
		原始牧业萌芽时期	距今 4000—3000 年
青铜时代到早期铁器时代	距今 3000 年至公元最初几个世纪（大约相当于中原地区的夏商至两汉）	狩猎——畜牧混合经济阶段	青铜时代初期
		畜牧业的发展时期（包括匈奴人岩画）	约公元前 7 世纪至公元前 2 世纪
历史时期	约 6 世纪—19 世纪（相当于北朝至清代）	突厥岩画	约北朝至唐代
		回鹘岩画	约五代至宋代
		党项人岩画	西夏时期（公元 1032—1226 年）
		蒙古人岩画	约在元至清代

（根据盖山林：《阴山岩画》整理）

　　阴山的人面岩画分布具有不均衡的特点，在与西辽河流域靠近的大青山一带，人面岩画仅见 7 幅，色尔腾山则尚未发现。大青山的低山丘陵地形适宜畜牧业的发展，岩画也以羊、马、鹿、骆驼等易于驯养的动物为主，反映了畜牧业为主的生业

---

①　盖山林：《阴山岩画》，文物出版社 1986 年版，第 344 页。

模式；色尔腾山的狩猎岩画增多，但仍以畜牧为主；狼山的人面岩画数量从东向西逐渐攀升，骤然增多，并且狩猎岩画的大幅增加表明狩猎业占有突出的地位。[①] 由此可见，西辽河流域崇尚人面岩画的族群在色尔腾山一带的影响已经结束，而被崇尚动物的民族所取代；再向西翻越狼山的千沟万壑之后，另一个崇尚人面岩画的族群在此兴起，创造了新的风格。从地势上看，狼山西段人面岩画集中地带的沟谷地形，水源充足，适宜人类聚居和交通，大量出现的人面岩画圣像壁和符号岩画，显示这一带是宗教、祭祀活动比较频繁的地区。

1. 达尔罕茂明安联合旗推喇嘛庙和沙很岩画

目前为止，阴山东段只在达尔罕茂明安联合旗的推喇嘛庙和沙很两个岩画点有人面岩画的发现，地势上属于大青山向内蒙古高原过渡的低山丘陵地带。推喇嘛庙岩画群位于达茂旗百灵庙东北部的查干敖包苏木推喇嘛庙一带，岩画分布在数十公里范围内的岩石之上，共有一千余幅岩画，动物岩画居多，人面岩画有 6 幅；沙很岩画位于达茂旗的都荣敖包苏木北约 8 公里，以动物、狩猎岩画为主，人面岩画仅有 1 幅。这 7 幅人面岩画共有 14 个单体图像（图版 245—图版 251）。

2. 乌拉特中旗韩乌拉山岩画

韩乌拉山位于乌拉特中旗西南部，几公海勒斯太岩画群的南部，大多为动物岩画，人面岩画刻于巨石之上，凿磨方法制作，周围伴有密布的凹穴。共有 13 幅画面，计单体图像 28 个（图 3 – 24）（图版 252—图版 264）。

3. 乌拉特后旗大坝沟岩画

大坝沟位于乌拉特后旗东南部、潮格温都尔镇南约 25 公里处。这个岩画点以动物群为主，大角鹿的形象十分突出；人面岩画较集中，多数为具象人面，少部分为抽象人面，图案化风格明显，有的与羊群等动物杂处，有的由多个人面构成圣像壁。有画面 26 幅，共计 73 个单体图像（图 3 – 25）（图版 265—图版 290）。

4. 乌拉特后旗炭窑口、玻璃沟、滴水沟岩画

炭窑口、玻璃沟、滴水沟这三处岩画点人面岩画总量不多，因此一并统计。炭窑口位于乌拉特后旗南部，有 1 幅人面岩画，画面中有一个明显可辨认的人面像（图版 291）；玻璃沟位于炭窑口岩画点西约 10 公里，有人面岩画 2 幅，单体图像 4 个（图版 292—图版 293）；滴水沟位于乌拉特后旗巴音宝力格镇东北 500 米，有人面岩画 12 幅，18 个单体图像（图版 294—图版 305）。三处合计画面 15 幅，

---

① 张文静：《阴山岩画的类型与分布》，吉林大学边疆考古研究中心编《边疆考古研究（第 12 辑）》，科学出版社 2012 年版。

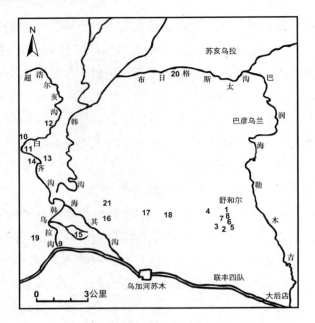

图 3 - 24   亚洲中国乌拉特中旗岩画分布示意图

（采自：盖山林：《阴山岩画》）

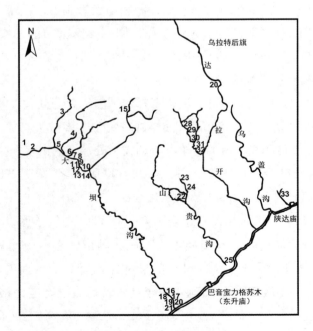

图 3 - 25   亚洲中国乌拉特后旗岩画分布示意图

（采自：盖山林：《阴山岩画》）

人面岩画 23 个，绝大多数都是由抽象的点状符号加各式轮廓组合而成。从岩画的内容、风格和痕迹侵蚀的程度看，盖山林判断是青铜时代的作品，距今 3000 年以上，虽是在较长时间内完成的，但是都以对自然神的崇拜为主题，说明作画者的信仰是一致的（图 3 - 26）。①

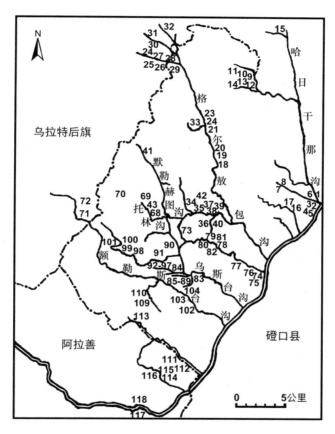

图 3 - 26　磴口县岩画分布示意图

（采自：盖山林：《阴山岩画》）

5. 哈日干那沟岩画

哈日干那沟位于磴口县和乌拉特后旗相邻的地带，是磴口县岩画群的最北端。共发现人面岩画 3 幅，共有抽象风格的人面图像 5 个，主要表现方形轮廓与连弧眉、三角鼻的组合构成（图版 306—图版 308）。从风格特征看，属于同一时期的作品。

---

① 盖山林、盖志浩：《内蒙古岩画的文化解读》，北京图书馆出版社 2002 年版，第 25 页。

6. 格尔敖包沟岩画

格尔敖包沟位于哈日干那沟西南约 10 公里处，岩画较集中分布在沟中段约 1.5 公里长的两岸及附近地区山崖的立壁、沟壑缓坡的黑色石面上。格尔敖包沟是阴山人面岩画比较密集的地点，沟宽谷深，有许多大型圣像壁，圣像壁前面的山谷都比较开阔平坦，且有一定的隆起，不致被常年的溪流淹没，很可能是重要的祭祀场所。根据盖山林的统计，此处人面岩画有 32 幅，单体人面图像数量为 70 个。2008 年 6 月，内蒙古巴彦淖尔市博物馆和文物站等部门专业人员对格尔敖包沟进行了较为细致的普查，新发现 6 个岩画点，画面 252 幅，单体图像 475 个，于 2010 年在《文物》发表了调查报告。但是报告中并未提及人面岩画的具体数量，只提及人面像、兽面像占很大比重。[①] 通过对 2011 版《阴山岩画》的资料整理，又找出 42 幅新发现的人面岩画，使格尔敖包沟人面岩画达到 74 幅，共计 157 个单体图像（图 3 – 27）（图版 309—图版 382）。

图 3 – 27　亚洲中国阴山格尔敖包沟岩画　　　　图 3 – 28　亚洲中国阴山默勒赫
图沟岩画

（采自：盖山林：《阴山岩画》）

7. 默勒赫图沟岩画

默勒赫图沟是格尔敖包沟的一条主要支沟。从格尔敖包沟东南口行进约 8 公里处分叉向西进入默勒赫图沟，再经过 5 公里便进入默勒赫图沟岩画区。这里山势险峻，多悬崖峭壁，山上岩石嶙峋裸露，植被稀疏。岩画较集中分布在沟中西段的东

① 赵占魁：《阴山格尔敖包沟岩画新发现》，《文物》2010 年第 8 期。

西大约 5 公里的两岸及附近地区的沟畔崖壁、缓坡的黑色石面上。这里人面岩画密集，有多处大型人面岩画圣像壁（图 3－28）。2007 年 10 月，巴彦淖尔市文物工作站、当地博物馆、林业土地测绘部门、宁夏西北民族大学、上海古籍出版社等组成阴山岩画调查队，对默勒赫图沟岩画进行了 16 天的普查，新发现了大量人面岩画，并发表了两篇考古报告。[①] 2008 年的报告中统计新发现岩画 6 处，画面 469 幅，单体图像 1448 个[②]，没有对人面岩画数量进行单独统计，只提及岩画题材以动物最多，人面次之。其中有一对连在一起的人面岩画被当地学者认为是日月祖神像，后来成为阴山岩画的标志性图像（图 3－29）。通过对盖山林新作《丝绸之路岩画研究》和 2011 版《阴山岩画》的资料整理，又找出 62 幅新发现的人面岩画，使默勒赫图沟人面岩画达到 103 幅，共有单体图像 219 个（图版 383—图版 485）。

图 3－29 亚洲中国阴山默勒赫图沟岩画

（采自：赵占魁：《阴山岩画新发现》）

8. 托林沟岩画

托林沟位于格尔敖包沟西侧，方形轮廓人面岩画在这里集中出现，其面部结构以连弧眉、三角鼻和长方形口齿的程式化为主要特征；或头顶树冠或额头带有劈面划痕，风格独特。有画面 24 幅，单体人面图像共计 36 个（图版 486—图版 509）。

---

① 赵占魁：《2007 年磴口县默勒赫图沟岩画调查报告》，《内蒙古文物考古》2008 年第 1 期。

② 赵占魁：《阴山岩画新发现》，《文物》2008 年 10 期。

9. 乌斯台沟岩画

乌斯台沟位于阿贵沟南，共发现画面 18 幅，51 个单体图像；有布满人面岩画的大型圣像壁，以抽象圆穴构成面部器官的有轮廓人面像为主（图版 510—图版 527）。

10. 额勒斯台沟岩画

额勒斯台沟位于乌斯台沟南约 15 公里处，有比较多的抽象人面。共有画面 11 幅，单体图像 24 个（图版 528—图版 538）。

五　中国内蒙古桌子山岩画

桌子山位于内蒙古自治区乌海市和鄂尔多斯市鄂托克旗之间（图 3-30），蒙古语称为阿尔巴斯山，主峰海拔 2149.4 米，其主体呈南北走向，长约 75 公里，是贺兰山北部的余脉，属桌子山—贺兰山褶皱带，山脉东与内蒙古鄂尔多斯高原接壤，西距黄河约 10 公里，因其主峰山顶平坦，远眺貌似桌子状，故名桌子山。古代的游牧民族羌、乌桓、鲜卑、突厥、回鹘、党项、蒙古等民族在这里交替繁衍生息，创造了这里的古代文明。在桌子山脉北麓东部，发现有近 2 万平方米的新石器时代聚落遗址，地表遍布磨制石器和彩陶残片。

桌子山岩画发现于 1973 年，内蒙古岩画专家盖山林和当地考古学者梁振华先后对这里的岩画进行过普查。梁振华将桌子山岩画群分为 6 处两种类型，分别是以召烧沟岩画为代表的山地缓坡类型岩画，和以苦菜沟、毛尔沟、苏白音沟、苏白音后沟、雀儿沟为代表的悬崖峭壁类型岩画。除了苏白音后沟和雀儿沟没有人面岩画之外，其余 4 处人面岩画占到所有岩画的 80% 左右，是中国北方人面岩画最为密集的地区。[①] 这里的人面岩画多单独成画，组合较少，基本采用磨刻的技法，磨痕既宽且深，最深者达 3 厘米，最宽达 4—6 厘米，断面呈"U"字形，从痕迹判断应是用石制工具磨制完成的。大多数磨痕的颜色已经与石面颜色一致，显示年代久远，应为早期岩画。与阴山同类题材相比较，梁振华认为是新石器时代的作品。[②] 与人面岩画同时出现了部分痕迹较新的动物和骑乘岩画，表现了狩猎和畜牧经济的特点。在毛尔沟等崖壁类岩画点，有些点状敲琢法和浅磨划法制作的岩画痕迹较浅、颜色较新，虽然与早期风格样式基本一致，但应是后来的仿制品，为晚期岩画，时间应为畜牧经济发达的青铜时代至铁器时代。陈兆复通过对比中国新石器时期出现的有关人面图像的艺术品，认为桌子山人面岩画独具特色，变化无穷，仿佛一个人面岩

---

① 梁振华编著：《桌子山岩画》，文物出版社 1998 年版，第 5—7 页。
② 同上书，第 8 页。

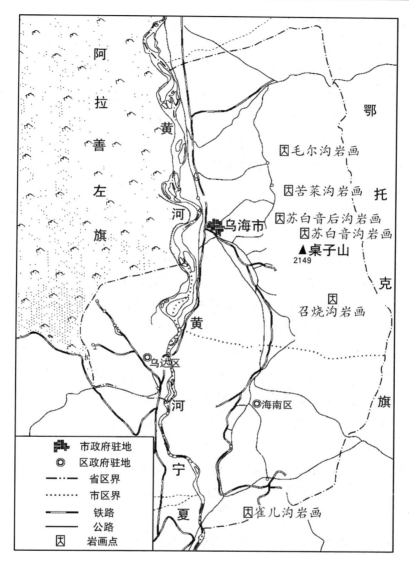

图 3 - 30　亚洲中国内蒙古桌子山岩画分布示意图

（采自：梁振华：《桌子山岩画》）

画博物馆。[1] 盖山林先生调查后确认，桌子山邻近阴山西段狼山地区附近，其人面岩画与阴山的同类题材非常近似。[2]

　　桌子山人面岩画的资料没有找到精确的统计数据，且近年来残损严重，因此并

---

①　陈兆复：《中国的人面像岩画》，《寻根》1994 年第 2 期。

②　盖山林：《阴山岩画》，文物出版社 1986 年版，第 386 页。

不十分完整。盖山林于 1979 年后考察记录了召烧沟、毛尔沟、苏白音沟和苏白音后沟岩画，并发表于《阴山岩画》一书的附录《乌海市桌子山附近的岩画》之中，其中包括单体人面图像 193 个。1989 年 8 月梁振华又在文物普查过程中发现了苦菜沟和雀儿沟岩画，并在《桌子山岩画》一书中对盖山林的调查加以增补。盖山林的《内蒙古岩画的文化解读》一书亦收录了许多新发现的苦菜沟人面岩画。现综合两人的调查成果，对桌子山人面岩画的主要资料加以整理，共有人面岩画 108 幅，具象为主，抽象为辅，共计 235 个单体图像。

1. 召烧沟岩画

召烧沟位于乌海市海勃湾区，距市区东南 15 公里，是桌子山岩画最具代表性的地点，地形为山地缓坡类型。人面岩画集中分布在召烧沟西口南山坡上，是一个坡度约 30 度，面积为 650 平方米的石灰岩缓坡，附近有一个类似敖包的祭祀台。据乌海市博物馆的考古人员介绍，在召烧沟的石灰石岩盘上，分布有 298 个岩画图像，其中 90% 都是形态各异的人面像。[①] 此处根据已正式出版的文献共整理出画面 66 幅，单体图像 118 个（图版 539—图版 604）。

2. 苦菜沟岩画

苦菜沟位于乌海市海勃湾区东北 10 公里处，这里崖高谷深，岩画从沟口开始，集中分布在南部峭壁上，北部崖壁有少量分布，与召烧沟的风格类型大体一致。共统计画面 23 幅，57 个单体图像（图版 605—图版 627）。

3. 毛尔沟岩画

毛尔沟的人面岩画都分布在沟口两侧，共有画面 18 幅，全部为有轮廓人面，以具象为主，共计 59 个单体图像（图版 628—图版 645）。

4. 苏白音沟岩画

苏白音沟只发现一个圆形带有芒线的抽象人面岩画（图版 646）。

六 中国宁夏贺兰山岩画

贺兰山位于中国宁夏西北部，是宁夏和内蒙古的界山；南北走向绵延 250 公里，东西宽约 15—50 公里，一般海拔 2000—3000 米。山体两边地貌和气候差异明显，东侧为阡陌纵横、绿树成荫的宁夏平原，西边是内蒙古阿拉善盟坦荡的戈壁荒滩和浩瀚无垠的腾格里沙漠。贺兰山阻挡了腾格里沙漠的东侵，削弱了南下的西伯利亚

---

① 武俊生:《桌子山岩画群进本情况介绍》，"乌海市桌子山岩画普遍价值论证研讨会"会议材料，内蒙古乌海，2013 年 12 月 27 日。

寒流，成为宁夏平原的天然屏障。这里山林植被茂密，野生动物资源丰富，旧石器时代就有人类的活动。考古调查发现的灵武水洞沟文化遗址，与贺兰山隔河相望，距今有 3 万—1.5 万年之久；在四五千年前的新石器时代，这里人类活动更加频繁，发现有贺兰金山、平罗暖泉和明水湖等新石器遗址，当时人们已经住在浅地穴的房屋中，过着定居生活；商周以后，贺兰山两侧曾经是猃狁、羌戎、匈奴等少数民族狩猎和游牧的地方；秦汉之季，匈奴、鲜卑、羌、西晋等政权先后统治其间；隋唐时期，突厥、吐蕃、回鹘、党项等少数民族活动频繁；至中原称宋之时，党项李氏贵族建立了西夏政权，以贺兰山为神山，成为西夏皇族活动的中心地区，直至一百多年之后被元朝所灭。[①]

贺兰山东西麓约 40 多个山口中有 29 个发现岩画，以贺兰山东麓最为密集（图3-31），一般分布在山口的悬崖峭壁之上，一小部分凿刻在沟谷之中的大块鹅卵石上面。贺兰山岩画题材内容丰富，延续时间长。主要题材为动物，表现了狩猎和畜牧两种经济形态；人面像和人物次之；其他还有车辆、符号等。李祥石、周兴华、许成、卫忠、贺吉德、束锡红、乔华等学者都曾经做过深入的调查和研究。从文献记载、制作方法、刻痕颜色、打破关系和图像的风格样式等方面综合来看，贺兰山人面岩画有些年代非常久远，有些则比较晚近。研究者的结论分歧很大，各不相同。有些学者认为从旧石器时代贺兰山就已经开始制作岩画[②]，贺吉德先生通过大量的考古学材料考证以及气候等条件综合分析，认为不会早于距今 12000 年，即旧石器时代晚期或新石器时代早期，而最晚则可根据题材内容判断为西夏和元代[③]。多数学者则认为最早应该在春秋战国以前，上限在商周或略早，是贺兰山岩画的形成期；之后还有秦汉至南北朝的繁盛期以及隋唐至西夏、元代的衰落期[④]。

经贺兰山岩画管理处统计，目前贺兰山岩画的数量为 5098 组（幅），19752 个单体图形，内容最丰富的动物有数十种之多。其中，人面岩画共有 881 幅，仅在贺兰口一处就有 715 幅，占贺兰山人面岩画总数的 81.16%[⑤]。近年来，宁夏的岩画学者和管理机构致力于岩画档案的调查整理，成果丰厚，并在苏峪口和韭菜沟新发现多个人面岩画。经过对许成、卫忠的《贺兰山岩画》调查报告，西北第二民院的《贺兰山岩画》资料集，李祥石、朱存世的《贺兰山与北山岩画》，贺吉德的《贺兰

① 贺吉德：《贺兰山岩画研究》，宁夏人民出版社 2012 年版，第 3—18 页。
② 周兴华：《中卫岩画》，宁夏人民出版社 1991 年版，第 33 页。
③ 贺吉德：《贺兰山岩画研究》，宁夏人民出版社 2012 年版，第 88 页。
④ 许成、卫忠：《贺兰山岩画》，文物出版社 1993 年版，第 387 页。
⑤ 贺吉德：《贺兰山岩画研究》，宁夏人民出版社 2012 年版，第 45 页。

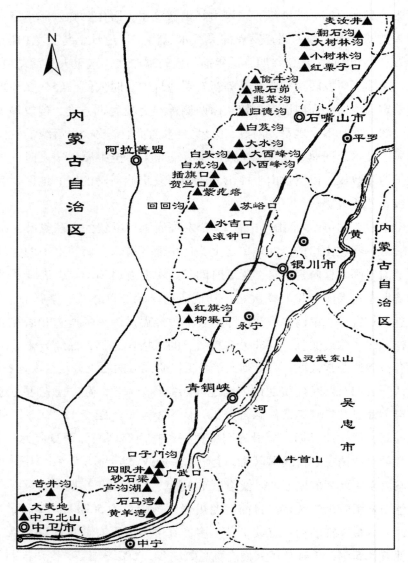

图 3-31　贺兰山人面岩画分布示意图

（采自：贺吉德：《贺兰山岩画研究》）

山岩画研究》等资料重新梳理比对，加入了一些新发现的人面岩画。统计出人面岩画的主要分布地点有石嘴山的韭菜沟；惠农的麦如井、树林沟；平罗的归德沟、白芨沟；银川贺兰的大西峰沟、插旗口、贺兰口、苏峪口、回回沟；永宁的红旗沟、灵武东山；青铜峡的芦沟湖、四眼井；中宁的石马湾、黄羊湾等。此外，中卫的苦井沟、大麦地虽然在地理位置上不属于贺兰山，相对高度明显降低，地形地貌也是丘陵与沙漠相互交错，但是人面岩画的风格类型与贺兰山一脉相承，因此也一并收录在内。此处共统计贺兰山及北山的人面岩画 632 幅，共计 1134 个单体图像。

贺吉德先生将贺兰山岩画归纳为垂直打击法、敲凿法、凿磨法和磨痕法，实际上前两种就是点状敲琢法的不同表现形式，凿磨法也就是深凿磨方法，而磨痕法应属浅磨划的方法。[①] 贺兰山人面岩画大多为深凿磨方法完成，极少部分与晚期的动物岩画一样采用浅磨划方法制作。

从贺兰山岩画痕迹的制作方法和蚀化程度来看，新旧差异明显，有的布满人面岩画的圣像壁上明显叠压着 2—3 次的制作痕迹。早期岩画为深凿磨而成，刻槽宽深，线条粗壮，色泽与石面已经没有差异，蚀化程度高，很多已经模糊不清，年代久远，图像风格古朴、简约，画面中仅有简单人面像，应与西辽河、黑龙江的一期人面岩画约略同时，为新石器时代的作品。中期岩画与早期方法接近，虽然刻痕颜色也比较陈旧，但清晰可辨，图像风格趋于模式化、图案化，比较典型的是由抽象符号构成的桃形及方形人面，并在人面图像中夹杂萨满人像、动物和抽象符号等形象，动物以表现游牧生活的羊为主。晚期岩画为敲琢而成，刻槽浅，颜色新，与石面色差很大，极易辨认。

1. 石嘴山韭菜沟岩画

韭菜沟位于贺兰山北段，沟内乱石密布，因采石发现岩画，损毁比较严重。共有人面岩画 7 幅，10 个单体图像（图版 647—图版 653）。

2. 惠农麦如井、树林沟岩画

惠农县人面岩画有麦汝井和大树林沟两个岩画点，均为冲积扇地貌，岩画凿刻在山洪冲击下来的乱世之上，岩画之间没有规律，个体图像居多，组合少，有人面岩画 2 幅 4 个单体图像（图版 654—图版 655）。

3. 平罗归德沟、白芨沟岩画

平罗的人面岩画地点有归德沟和白芨沟两处，与石嘴山和惠农的分布不同，这里的岩画多分布在沟口两侧的崖壁上，岩画点地势开阔，水草茂盛，是牧羊的理想场所。共有人面岩画 18 幅，25 个单体图像（图版 656—图版 673）。在归德沟岩画中，有许多装饰性很强的人面像，轮廓外包围着花瓣状的连弧线，轮廓内似在各个部位充满了纹面装饰。相类似的手法在大里山的巨幅人面像上也出现过，两者的年代关系应该比较接近。

---

① 贺吉德：《贺兰山岩画研究》，宁夏人民出版社 2012 年版，第 96 页。

4. 贺兰口岩画

贺兰口在贺兰山东麓的中段，又称"豁了口"，属宁夏贺兰。贺兰口人面岩画最为密集，几乎占到中国全部人面岩画的27%，仅在此一个沟口内的数量就超过阴山所有地点的总和。贺兰口的人面岩画从简约到复杂，从写实到高度抽象化、模式化、图案化，各种风格样式一应俱全。在8处大型的圣像壁上的人面像就达到584个，接近贺兰口人面岩画总数的82%，是一座难得的艺术宝库。根据贺吉德的资料，贺兰口范围内共统计人面岩画364幅，715个单体图像（图3-32）（图版674—图版1037）。

a   b

图3-32 亚洲中国贺兰口岩画

5. 贺兰大西峰沟、插旗口、回回沟、苏峪口岩画

贺兰的大西峰沟、插旗口、回回沟和苏峪口4处有人面岩画，为崖壁类。苏峪口最初发现时是一个规模很大的岩画点，但是由于采石炸山已经所剩无几。目前这四处共统计画面56幅，有93个单体图像，其中一半左右是抽象人面（图版1038—图版1093）。

6. 永宁红旗沟、灵武东山岩画

永宁的红旗沟和灵武东山位于贺兰山中段偏南的沟谷地带，共有人面岩画3幅，10个单体图像（图版1094—图版1096）。

7. 青铜峡四眼井、芦沟湖岩画

青铜峡位于宁夏南部，四眼井和芦沟湖两个岩画点的人面像，属于崖壁类岩画，分布零散，共有人面岩画6幅，有13个单体图像（图版1097—图版1102）。

8. 中宁的石马湾、黄羊湾

贺兰山自青铜峡峡口西折，进入内蒙古境内，山前是地势平缓的卫宁北山。在距离芦沟湖南约 1 公里处有一条沟叫茇茇沟，从茇茇沟向南 20 公里处有大量马岩画，故称石马湾。黄羊湾位于黄河北岸黄羊湾村的黄羊山上，南距黄河 3 公里。两处均为崖壁类岩画，共有人面图像 23 幅，39 个单体图像，大多较抽象（图版 1103—图版 1125）。

9、中卫苦井沟、大麦地岩画

中卫介于阿拉善山脉与昆仑山褶皱地之间的过渡地带，西临腾格里沙漠，与甘肃和内蒙古接壤，东与卫宁相邻。有苦井沟和大麦地两个主要岩画点，动物是主要题材，凿刻在地势比较低平的岩脉之上。人面岩画以抽象有轮廓为主，共有画面 153 幅，224 个单体图像（图版 1126—图版 1278）。

抽象人面岩画的比例在这一地区显著增加，即使是一些比较容易辨认的人面岩画，在表现手法上也更倾向于使用抽象的点线等元素进行组合。中卫岩画中已经大量出现骑乘和弓箭题材，还有部分持刀岩画，骆驼已经装配了鞍具[1]，表明这些动物岩画的时间上限不早于青铜时代。大麦地岩画中多见动物叠压在人面之上的打破现象，上层的动物痕迹清晰，而下层的人面已经模糊不辨，因此处于下层的人面岩画其下限很可能是在青铜时代或更早的新石器时代。有些画面还有人面之上再叠压人面的现象，说明至少有两个阶段的人面岩画创作期，后期的人面岩画中方形增多，可能是与动物岩画同时的青铜时代作品。

七　中国内蒙古阿拉善岩画

阿拉善盟位于内蒙古西部，森林、草甸、沙漠相交错的自然环境，很适合林、牧业的发展，自古以来有匈奴、鲜卑、高车、突厥、吐蕃、党项、蒙古等民族相继在此放牧，并创造了丰富的岩画遗产。[2] 阿拉善盟包括阿拉善左旗和阿拉善右旗，中间是中国第三大沙漠巴丹吉林沙漠。

阿拉善左旗紧靠宁夏贺兰山和内蒙古桌子山的西麓，北部属于阴山山脉狼山西段的余脉。人面岩画的数量不多，与阴山、桌子山和贺兰山岩画风格接近，大多具有抽象的特点，尤以双鹤山的抽象方形人面岩画最具特色。从风格特征和痕迹的蚀化程度来看，这些岩画可分为两个阶段，与阴山、贺兰山岩画大体一致，前期的是深凿磨而成，断面呈 U 字形，磨痕已与石面原色无异，石皮的自然剥落严重，年代应在新石器时代至青铜时代。后期的用敲凿方法制作，刻痕呈黄白色，较新，保存

---

① 周兴华：《中卫岩画》，宁夏人民出版社 1991 年版，第 211 页。

② 盖山林、盖志浩：《内蒙古岩画的文化解读》，北京图书馆出版社 2002 年版，第 27 页。

也比较完整。如双鹤山的方形人面，面部形态基本雷同，趋于模式化，已经不是在描绘现实中的人的形象，更像是为宗教需求而制作的萨满教面具；与动物相混杂的画面处理手法也不是人面圣像壁的方式，构图中出现的骑马人，表明作画时的作者已经熟练地驯养了马匹，应是青铜时代晚期至早期铁器时代的作品，盖山林判断属于战国至秦汉之间的匈奴岩画。[①]

1. 阿拉善左旗北部岩画

阿拉善左旗东北部的木哈林沟是磴口与阿拉善左旗的界沟，向南有很多岩画点，但仅在木哈林沟、敖包图山、伊和哈布其勒沟 3 处发现人面岩画。共整理画面 4 幅，有轮廓人面 4 个，风格特征与阴山岩画一脉相承（图版 1279—图版 1282）。

2. 阿拉善左旗贺兰山西麓岩画

阿拉善左旗在贺兰山西麓的克荔井（蒙语"克协呼都格"，即"有碑的水井"之意，也称大井山）、松鸡沟以及北山西侧的双鹤山 3 处地点发现有人面岩画。1990年和 1995 年内蒙古考古研究所做过调查，但资料不全；2006 年，阿拉善盟博物馆的工作人员又做了补充调查，进行拍照和拓片。综合《内蒙古岩画的文化解读》和奥云格日勒研究员提供的材料，共整理画面 22 幅，36 个单体图像（图版 1283—图版 1304）。双鹤山发现的方形人面岩画，是亚洲方形人面的最西端。

3. 阿拉善右旗巴丹吉林沙漠岩画

阿拉善右旗的人面岩画主要集中在巴丹吉林沙漠东部边缘的曼德拉山和其他一些山势不高的丘陵地带，因人面岩画不多且分散，本书统一使用"巴丹吉林沙漠岩画"这一名称。巴丹吉林沙漠附近有许多新石器时代至西夏的古文化遗址和墓地。从遗留的历史遗迹和遗物看，这里到西夏之后才逐渐变成沙漠，之前的新石器时代至青铜时代都是湖泊密布、水草丰美、林木繁茂的自然环境，曾经有着密集的居民点，发展起了发达的猎牧业，创造了独具特色的湖泊文化；在距今三千多年左右，蒙古草原气候突然变得寒冷干旱，自然面貌发生了巨大的变化，湖泊干涸、草场退化、沙漠形成，只剩下湖边的一片片绿洲；到了西夏和元代，还有不少牧民居住在湖边，元代之后才逐渐变成今天的荒凉景象。[②] 巴丹吉林沙漠岩画的内容以各种动物图像为主，其他还有围猎、放牧、舞蹈、征战、天体、草木、车轮、村落等题材。据盖山林先生的不完全统计，仅在曼德拉山一处就已发现岩画 6000 多幅，小范围内有如此密集的岩画群在国内其他地区都是非常罕见的。

---

① 盖山林、盖志浩：《内蒙古岩画的文化解读》，北京图书馆出版社 2002 年版，第 94 页。
② 盖山林：《巴丹吉林沙漠岩画》，北京图书馆出版社 1998 年版，第 109 页，第 1—5 页。

　　巴丹吉林沙漠的人面岩画制作周期较长，有些使用深凿磨的方法，有些则是点状敲琢而成。盖山林的《巴丹吉林沙漠岩画》和《内蒙古岩画的文化解读》两书做了比较详尽的统计。阿拉善右旗于2003年出版的《远古的文明：阿拉善右旗曼德拉岩画》光盘版，是这一区域目前比较全面的图像资料。从上述资料中整理出人面岩画39幅，共计84个单体图像（图版1305—图版1343）。盖山林根据岩画画面的风蚀程度、色泽、打破关系、题材内容、艺术风格以及与其他考古遗存的比较，将其大体分为早晚两期。早期在新石器时代晚期至青铜时代，以青铜时代居多。[①] 早期的人面岩画为磨制，沟槽较深，一个主要特点是成群分布，往往由很多人面岩画组成规模宏大的圣像壁，人面的风格趋于图案化、抽象化；作画环境一般是在深山幽谷和山口峭壁的崖壁之上，一些圣像壁前会有一块平地，曾经是举行祭祀或者进行娱神、媚神舞蹈的地方。[②] 晚期在青铜时代之后，多为敲凿法制成，凿痕浅，随意性较强，制作草率，以断裂岩脉的孤石上居多，一般单个存在。

八　俄罗斯西伯利亚岩画

　　俄罗斯西伯利亚岩画是北亚草原岩画的重要组成部分，在这片北半球最广袤的草原上，岩画分布范围广，延续时间长，发现了数量可观的人面岩画遗存，主要有穆谷尔·苏古尔、舍石金和托木河三个地点，此外，在安加拉河、米努辛斯克盆地和乌拉尔等中西部地区也有零星发现。这些地点的人面岩画，以穆谷尔·苏古尔最为集中。

1. 穆古尔·苏古尔岩画

　　穆古尔·苏古尔（Mugur-Sargol）位于图瓦共和国与蒙古接壤的叶尼塞河上游地区（Upper Yenisei）萨彦岭的深谷之中，坐标为北纬51°04′12″，东经92°23′25″。岩画凿刻在叶尼塞河畔露出地面的岩层和巨石之上，在夏天河水泛滥的时候，岩画会被淹没，河水消退下去才能显露出来。这里的岩画中人面、圆穴、动物、太阳符号和同心圆等图形比较常见，而人面是最突出的主题。据俄罗斯学者玛丽安娜（Marianna Artashirovna Devlet）于2001年发表的论文所载，在叶尼塞河的左右两岸，穆谷尔·苏古尔共有超过300个"面具（Mask-images）"形象。[③] 这些岩画绝大多数为

---

　　① 盖山林：《巴丹吉林沙漠岩画》，北京图书馆出版社1998年版，第109页，第160页。

　　② 同上书，第332页。

　　③ "Mask-images〔lichiny-maski〕form the most typical and impressive subject matter among the Sayan Canyon petroglyphs. There are over 300 of them." Marianna Artashirovna Devlet, "Petroglyphs on the Bottom of the Sayan Sea (Mount Aldy-Mozaga)", *Anthropology & Archeology of Eurasia*, vol. 40, no. 1 (Summer 2001), pp. 8 – 96.

有轮廓人面，多为椭圆形，有些头顶向外伸出两个弯曲的兽角，一些兽角上挂着垂穗或其他装饰，两角之间还有一根像天线一样的触角，这是最常见到的标准式样；有些没有兽角仅有触角，另一些则仅有兽角而无触角，或者两者皆无，还有的带有纹面，或轮廓外没有任何附加装饰；另存在极个别的无轮廓人面，都是已经符号化的面部器官，与有轮廓人面的面部特征一样，趋于程式化，可见这些岩画的创作都遵循着一样的造型原则（图 3 - 33）。根据中文和外文的文献，收集到 77 幅画面，共 291 个单体图像。（图版 1344—图版 1420）

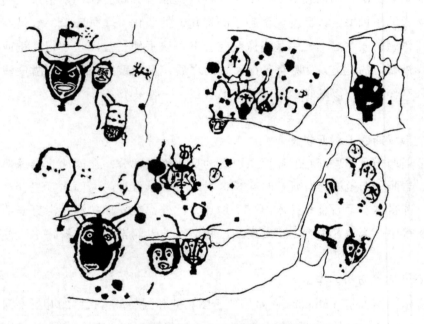

图 3 - 33　亚洲俄罗斯西伯利亚穆古尔·苏古尔岩画

（采自：Chakravarty, *Indian Rock Art and Its Global Context*）

2. 舍石金岩画

在贝加尔湖地区勒拿河（Lena River）上游一个名叫舍石金（Buryatia）的地方，与大量骑马出行岩画一起发现了两幅人面岩画，其中有 9 个人面图像。第一幅画面中的两个圆形轮廓中没有五官刻画，是呈十字形的抽象符号（图 3 - 34，a）；另一幅有打破关系，在 4 个小人面之上又叠压了 3 个较大的人面。但是这些叠压在一起的人面形象风格一致，均非常抽象概括，共同特点是头饰鲜明，以偏向一边的大辫子头饰为特色（图 3 - 34，b）。据考古学家冯恩学推断，这些人面像与辽代羽厥里部的车马出行岩画一起出现，应该是受到契丹文化影响的作品，很可能与契丹墓葬中的金属面具有关。①

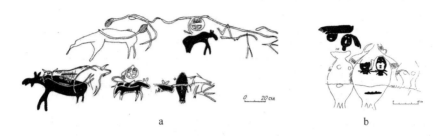

图 3 - 34　亚洲俄罗斯舍石金岩画

（采自：Otvetstvennyĭ, *Naskal'nye risunki Evrazii: sbornik nauchnykh trudov*）

3. 托木河、安加拉河、乌拉尔等地岩画

在贝加尔湖以西，还有少量人面岩画分布在安加拉河、米努辛斯克盆地、托木河以及乌拉尔山等地，乌拉尔山是亚欧两大洲的交界线，也是亚洲大陆所发现的人面岩画的最西端。托木河（River Tom）是西伯利亚非常重要的岩画点，位于西伯利亚南部的托木河下游，岩画凿刻在托木河右岸的悬崖上，主要题材是麋鹿群、人面图像和神人同形像。人面岩画有桃心形、椭圆形和带触角 3 种。俄罗斯学者将这里的岩画分为三个时期，认为最早的是公元前 2000 年左右青铜时代早期的作品，其后是公元前 5 世纪至公元后 4 世纪的铁器时代早期，以及之后的中世纪早期。桃心形人面岩画属于最古老的时期。② 米努辛斯克盆地（Minusinsk）位于俄罗斯克拉斯诺亚尔斯克边疆区，带有触角的人面岩画与托木河非常相似。安加拉河与托木河、米努辛斯克三个地点形成三角形，也是带有触角的人面像。乌拉尔山的心形人面与托木河一脉相承，另有明显大于人形的萨满面具。由此可见，西伯利亚中西部带有触角的人面岩画分布范围很广，属于同一个文化系统；桃心形人面也是一个主要的流行风格。这些人面岩画的资料见于盖山林的《世界岩画的文化阐释》一书和户晓辉翻译的《萨满教的起源与西伯利亚的岩画》一文，共收录 12 个单体图像（图版 1423—图版 1434）。

第三节　北美洲北极沿海区域

北美洲岩画分布极为广泛，但并不均匀。1983 年，美国学者坎贝尔·格兰特

---

① 冯恩学：《贝加尔湖岩画与辽代羽厥里部》，《北方文物》2002 年第 1 期。

② 参见盖山林《世界岩画的文化阐释》，北京图书馆出版社 2001 年版，第 83—84 页。

（Campbell Grant）根据岩画遗址的地理特征和分布特点，将北美地区岩画分为 9
个主要地区并分别命名[1]，这种划分方式对我们今天的研究仍然具有指导意义
（图 3 - 35）。

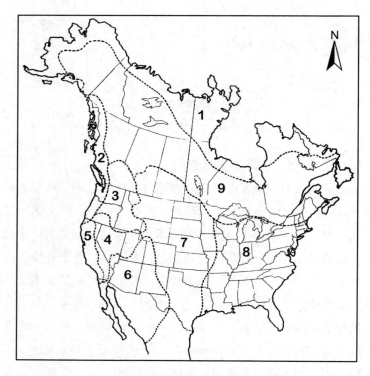

图 3 - 35　北美洲岩画分区示意图

（采自：Campbell Grant，*The Rock Art of the North American Indians*）

第一区：北极地区（Arctic），包括美国阿拉斯加州的大部分以及加拿大的极北
地区。

第二区：西北海岸地区（Northwest Coast），包括加拿大不列颠哥伦比亚省、美
国华盛顿州和俄勒冈州的沿海地带。

第三区：哥伦比亚—弗雷泽高原地区（Columbia-Fraser Plateau），包括加拿大不
列颠哥伦比亚省的东南部地区、美国华盛顿州和爱达荷州的中部地区。

第四区：大盆地地区（Great Basin），在美国境内，包括内华达州、加利福尼亚

① Campbell Grant，*The Rock Art of the North American Indians*，London：Cambridge University Press，1983，p. 8.

州东部和犹他州西部。

第五区：加利福尼亚地区（California），指加利福尼亚州内华达山脉以西的地区。

第六区：西南地区（Southwest），包括科罗拉多盆地到格兰德河盆地的地区。

第七区：大平原地区（Great Plains），位于北美洲中部，包括从落基山脉到密西西比河的地区，直到 20 世纪初，这里还有大规模的草原。

第八区：东部林区（Eastern Woodland），指美国的东部，包括从芝加哥到纽约的地区，直到 19 世纪，这里还覆盖着许多大森林。

第九区：北部林区（Northern Woodland），位于中部大平原地区的北端，包括加拿大和美国阿拉斯加的其他地区。

在这 9 个区中，加拿大的不列颠哥伦比亚省，美国的加利福尼亚州、犹他州、德克萨斯州、亚利桑那州、新墨西哥州、华盛顿州都有比较密集的岩画点，其他地区也有许多零星分布。笔者于 2013 年上半年在加拿大访学期间，与加拿大魁北克大学的岩画学家丹尼尔·阿瑟诺（Daniel Arsenault）教授共同考察了加拿大西北部湖区和美国西南部 5 个州的岩画，拍摄了许多重要的资料。

北美洲的早期岩画只集中在落基山脉以西的西北海岸地区，阿纳蒂称之为"早期狩猎者风格"岩画；而其他地区的岩画年代都较晚，属于"进化了的狩猎者风格"岩画，构成了美洲岩画艺术的绝大部分，使用麻醉品的采集者岩画集中在西南地区，而复合经济族群的岩画主要位于中部大平原。[①]

北美洲的人面岩画数量仅次于亚洲，主要地点出现在北极圈边缘的阿拉斯加和魁北克北部，西北海岸地区的加拿大不列颠哥伦比亚省和美国的华盛顿州，以及西南地区的新墨西哥州和亚利桑那州等，其余地区的人面岩画虽然分布范围较大，有些甚至位于大西洋沿岸的省份，但是都比较分散，为数不多（图 3 - 36）。侧面人面像、转折面上的人面岩画等风格特征是北美洲晚期岩画所特有。

据美洲学者研究，亚洲人向美洲的迁徙经历过六次大规模的浪潮，其中有五次都是经过白令海峡。第一次发生在公元前 25000 年—公元前 15000 年之间，当时的亚洲和美洲之间有陆地和冰原相连，第一批移民从白令海峡经阿留申群岛东段沿着北美洲西北海岸一路向南，抵达中美洲和南美洲北部沿海，是美洲大陆最早的居民；第二次发生在公元前 15000 年—公元前 2500 年之间，白令海南部的海平面上升，陆

---

① ［意］埃玛努埃尔·阿纳蒂：《艺术的起源》，刘建译，中国人民大学出版社 2007 年版，第 277 页。

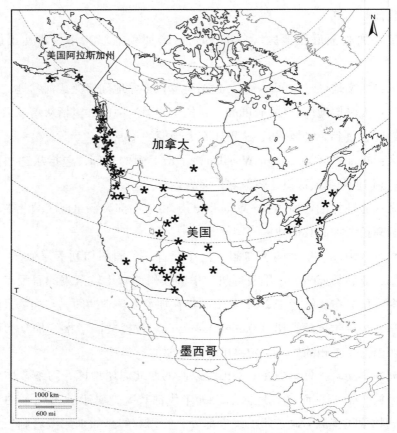

图 3 - 36 北美洲人面岩画分布示意图

(朱利峰整理)

地减少，人们从西伯利亚北端经阿拉斯加进入北美洲大陆并直抵北部林区，产生了
福尔松文化（Folsom）；第三次发生在公元前 2500 年—公元前 500 年之间，这时的
白令海峡充满了海水，驾驶木舟的阿尔贡金人（Algonquin）沿着第二批移民的足迹
在美洲北部林区生存下来；第四次发生在公元前 500 年前后，来自亚洲俄罗斯西伯
利亚的爱斯基摩人（Eskimo，生活于北极的土著民族，属蒙古人种北极类型，自称
因纽特人）从白令海北端的海峡以及南端的阿留申岛链进入北美洲，其文化向南波
及到北美洲西北海岸，向东波及到北美洲魁北克北部靠近北极沿海的极北地区，甚
至影响到更远的格陵兰岛沿海区域；第五次发生在公元前 300 年左右，早期蒙古人
（Mongoloid）经北美洲阿拉斯加中部进入北美洲腹地并到达中美洲的墨西哥等地；
第六次发生在公元前 300 年—公元 500 年之间，阿拉瓦人（Arawaks）由印度洋沿岸
经东南亚和南太平洋各岛屿，越过浩瀚的太平洋抵达中美洲、南美洲西海岸以及加

勒比海诸岛，形成了特有的加勒比海史前文化。[①]

北极地区的大部分位于冻土地带，冬日漫长而夏天短暂。早期居民是从亚洲数次跋涉而来的渔猎或狩猎民族，根据白令海峡区域考古发现的石器工具和骨质工具可以发现，原来居住在东北亚的狩猎者最晚在旧石器时代晚期就已经抵达美洲[②]，这些移民中有后来生活于美洲北极的爱斯基摩人部落——比如阿留申群岛的阿留申人（Aleuts）、库克湾地区的楚加奇人（Chugach）等。他们长期稳定地居住在近海区域，以便在冬季可以猎食海洋哺乳动物，尤其是海豹。在夏季，他们向内陆移动，去捕猎驯鹿、驼鹿、麝香牛等大型动物以及丰富的鲑鱼。大多数南方的爱斯基摩部落与特里吉特人（Tlinghit，美国阿拉斯加南部和加拿大不列颠哥伦比亚北部沿海地区以航海为业的美洲印第安人）共同生活在长满针叶树种的森林里，因此他们有着许多共同的文化特点。[③]

北极地区的人面岩画主要分布在两个区域，都是爱斯基摩人的遗存，包括美国阿拉斯加沿海地带和加拿大极北毗邻北冰洋的部分——即美国阿拉斯加利福尼亚南部诸岛的无轮廓人面像[④]，以及加拿大东部北极地区魁北克昂加瓦半岛（Ungava Peninsula）东北海岸的有轮廓人面像。根据100多年来的考古报告和公开出版的专著、论文等各种外文资料，笔者共收集到北美洲北极区域的人面岩画46幅，281个单体图像。

一 美国阿拉斯加岩画

在美国阿拉斯加这片寒冷的土地上，岩画大多集中在气候相对温和的南部，主要分布在溪流纵横的丘陵地带和沿海的数个岛屿之上，包括凹穴、圆环、重环、同心圆、涡旋、鱼类动物、人像等。有彩绘岩画和凿刻岩画，而最具特色的是极其抽象概括的无轮廓人面岩画，都以简练的线条和圆点组合构成眼睛、眉毛、鼻子和嘴巴等面部结构，凿刻在科迪亚克岛（Kodiak Island）那些表面光滑的花岗岩巨石或者被浪潮磨平的裸露的河床基岩之上（图3－37）。共统计26幅101个人面岩画（图版1435—图版1460）。

---

① Harold Sterling Gladwin, *Man Out of Asia*, New York；London：Whittlesey House，1947，pp. 41–140.

② William W. Fitzhugh and Aron Crowell, *Crossroads of Continents：Cultures of Siberia and Alaska*, United States：Smithsonian Institution Press，1988，p. 108.

③ Campbell Grant, *The Rock Art of the North American Indians*, London：Cambridge University Press，1983，p. 15.

④ 盖山林：《世界岩画的文化阐释》，北京图书馆出版社2001年版，第174页。

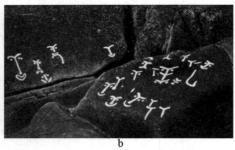

a　　　　　　　　　　　　　b

图 3 - 37　北美洲美国科迪亚克岛岩画

（采自：Robert F. Heizer, *Petroglyphs from Southwestern Kodiak Island, Alaska*）

二　加拿大夸加它里克岩画

加拿大魁北克省东部极北地区有一个人面岩画遗址，位于昂加瓦半岛（Ungava Peninsula），这里是所谓的"加拿大的大北方"，爱斯基摩人（因纽特人）将这个考古遗址命名为夸加它里克（Qajartalik），意思是"能看到独木舟的地方"。此处岩画坐标为北纬 61°19′53.96″，西经 71°29′55.53″，已经远离太平洋沿岸而触及到了北冰洋的边缘，是目前发现距离北极圈最近的人面岩画遗址（图 3 - 38）。加拿大岩画学者丹尼尔·阿瑟诺（Daniel Arsenault）认为这处岩画点是目前冻土类环境下独有的遗址。丹尼尔教授的研究团队将岩画点分为 4 个区，经过为期 4 年的田野调查，统

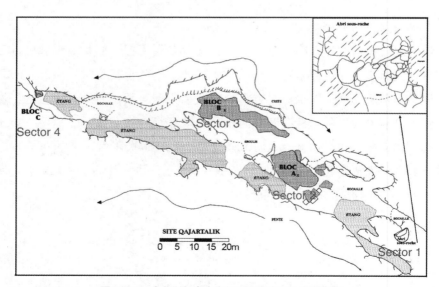

图 3 - 38　北美洲加拿大夸加它里克岩画分布示意图

（Daniel Arsenault 提供）

计出这处地点一共有 180 个人面岩画，全部为有轮廓人面像和兽面像①，本书附录共收录了其中的 20 幅（图版 1461—图版 1480）。这些岩画的创作时间经考古学断代为公元前 1 世纪至公元 13 世纪之间。

第四节　北美洲西北海岸区域

北美洲西北海岸通常被当地学者称为"西北太平洋海岸（Pacific Northwest Coast）"，这一地区的岩画从北美洲美国阿拉斯加州东南角的亚库塔特湾（Yakutat Bay）到加利福尼亚州西北端的特立尼达湾（Trinidad Bay）（图 3－39）。这片海洋沿岸土地的降雨量充沛，浓密的针叶林直达海边。难以计数的岛屿密布在太平洋沿岸，温哥华岛是其中最大的一个。这一区域由 8 个印第安部落构成，从北到南依次为特里吉特人（Tlingit）、钦西安人（Tsimshian）、海达人（Haida）、贝拉库拉人（Bella Coola）、夸扣特尔人（Kwakiutl）、努特卡人（Nootka）、萨利希人（Coast Salish）、切努克人（Chinook），他们的边界延伸到哥伦比亚河南岸，南达俄勒冈州和

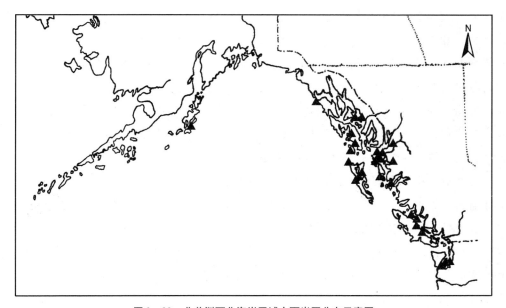

图 3－39　北美洲西北海岸区域人面岩画分布示意图

（采自：Daniel Leen，*The Rock Art of Western Washington*）

---

①　[加]丹尼尔·阿瑟诺：《极地岩画背后的萨满教》，朱利峰译，《内蒙古大学艺术学院学报》2014 年第一期。

加利福尼亚州北部，西抵卡斯卡迪山脉（Cascades）。这 8 个部落的文化模式基于丰富的自然资源，共同信守着许多古老的西北海岸传统。一年中 5 种鲑鱼的循环更替给他们保障了充足的食物来源，西部的红杉为他们提供了丰富的原材料。他们发展了卓越的木雕技艺，能够建造大型的公共性房屋、海船、图腾柱，并制作日用器皿和各种各样的容器，还有为各种仪式制作的风格奇异的面具，甚至还有用杉树皮做成的服装。所有的物品上面都装饰着高度风格化的人形雕刻和绘画，展现出无比绚丽的北美洲西北海岸艺术风格。这些绘画和雕刻都有非常写实的细节刻画，人们能够根据他们的画面判断创作者的意图。①

北美洲西北海岸的凿刻岩画主要分布在森林的巨石或海岸的基岩缓坡之上，因为这些介质在滨海环境下容易形成氧化层，为了能够清晰可见，都凿刻的很深。与历史时期的刻划精细的形象相比，大多数早期岩画因为宽深的线条都显得比较粗放，缺少细节的刻画。大量的人面岩画是这一区域中占据主导地位的岩画类型，特别突出眼睛的表现，看上去就像"从遥远的过去凝视着我们"。② 许多岩画点都有"泪眼"（在眼睛下方挂有线状或三角状泪痕）的表现，女性有时用"拉布雷斯"（一种印第安嘴唇装饰物，后扩大到头面装饰）表明身份，用装饰物穿挂在嘴唇下面。有些人面在头顶有动物的耳朵，用以象征某种动物，还有一些在头上带有手臂和手掌。除了人面岩画，还有许多四肢齐全的人像岩画，通常以裸露的生殖器图形表现出明确的性别特征，生殖崇拜的意味明显。人造物岩画在北美洲西北海岸大量出现，包括拟人化的"铜锤"、拉布雷斯饰品、独木舟、鱼叉、投枪、帆船和轮船等。动物题材非常引人注目，以海洋哺乳动物和鸟类为主，如鲸鱼、大比目鱼、鲑鱼和长有羽翼的鸟面等。直线和曲线的抽象岩画也很常见，包括涡旋纹、同心圆、有芒的圆形以及凹穴等。

北美学者将北美洲西北海岸岩画分为 4 种风格。"基本风格"是遍布北美洲西北海岸的最普遍风格，包括人面、人像、简单修饰的动物和头部夸张的拟人神像；"标准风格"是在基本风格基础上进行复杂的装饰；"抽象风格"是用敲琢的密点、沟槽或凹穴构成的抽象图形；"内地风格"主要见于夸扣特尔人和萨利希人地区，包括矮小的棍形人、写实的大角羊、抽象的光芒符号、交叉线、折线和圆圈等。③

---

① Campbell Grant, *The Rock Art of the North American Indians*, London: Cambridge University Press, 1983, p. 16.

② Beth and Ray Hill, *Indian Petroglyphs of the Pacific Northwest*, Canada. Hancock House Publishers, 1974, p. 285.

③ Campbell Grant, *The Rock Art of the North American Indians*, London: Cambridge University Press, 1983, p. 19.

　　北美洲西北海岸人面岩画能够确定准确时间的作品为数极少。有一幅在鲁伯特港（Fort Rupert）发现的岩画被断代为 1849 年到 1882 年之间，是因为两个到访的白人目睹了当地居民在一次萨满仪式中凿刻了这幅岩画（图 3 - 40）。[1] 从这幅画面宽深的沟槽和造型的古朴风格来看，很容易让人误认为是更早期的作品，可见，深凿磨的粗放风格作品在北美洲并不一定代表年代久远，并且潮汐的日夜侵蚀也能让新制作的痕迹很快就显得非常古老。因此，虽然我们大体知道北美洲西北海岸的岩画经历了至少长达 6000 年的创作周期，但人面岩画很难做出非常明确的断代。学者对北美洲西北海岸的岩画有一个比较粗略的早、晚分期。早期岩画主要有两类，第一类是人面岩画与大型的鲑鱼夹杂在一起，刻痕深，风格趋于模式化；第二类是完全抽象的，在岩面上布满同心圆人面或三点式圆穴，刻痕也很深。晚期岩画包括三类，第一类是面部经过精心刻画并有复杂装饰的精细图形；第二类是奇异的生灵和形式相对简单的人面，如同鲁伯特港刻痕较深的形象；第三类短腿人形和兽面风格出现最晚。[2] 占统治地位的人面岩画显然是萨满教的标志性形象，因为面具是当地民族广泛用于萨满仪式的最重要物品。[3]

图 3 - 40　北美洲加拿大鲁伯特港岩画

（采自：Beth Hill, *Guide to indian Rock Carvings of the Pacific Northwest Coast*）

图 3 - 41　北美洲美国兰格尔岛岩画

（采自：Harlan I. Smith, *Archeological Remains on the Coast of Northern British Columbia and Southern Alaska*）

　　人面岩画根据风格和地理位置上的差异，可分为兰格尔岛—普吉特湾和哥伦比亚河—达尔斯两部分，都属于太平洋东岸的沿海地带。兰格尔岛—普吉特湾地区主

　　① Beth Hill, *Guide to indian Rock Carvings of the Pacific Northwest Coast*, Canada. Hancock House Publishers, 1975, pp. 17 - 20.

　　② ［意］埃玛努埃尔·阿纳蒂著：《艺术的起源》，刘建译，中国人民大学出版社 2007 年版，第 279 页。

　　③ Campbell Grant：*The Rock Art of the North American Indians*, London：Cambridge University Press, 1983, p. 19.

要位于加拿大境内，最北和最南部的少部分岩画点属于北美洲美国阿拉斯加州和华盛顿州，都是太平洋沿岸的海岛和港湾地形，加拿大和美国学者的田野调查成果都非常丰厚，记录详细（图3－41）；哥伦比亚河下游—达尔斯地区位于美国境内，虽然仍属北美洲西北海岸地区，但是人面岩画主要分布在哥伦比亚河下游的河谷之中，数量相对减少，风格内容也明显不同。在这两个地区共收集人面岩画274幅，684个单体图像，是北美洲人面岩画最为密集的区域。

一　美国、加拿大兰格尔岛—普吉特湾岩画

在北起美国阿拉斯加州的兰格尔岛（Wrangell Island），经加拿大不列颠哥伦比亚省西段，南抵美国华盛顿州西雅图市的普吉特湾（Puget Sound）的大小岛屿和港湾之中，在1974年就已经统计了220个岩画点，其中含有人面岩画的地点就有73处之多，尤以加拿大温哥华岛上最为密集。通过查阅 *Gabriola Island*、*Indian Rock Carvings of the Pacific Northwest*、*Indian Rock Art of the Columbia Plateau*、*Indian Petroglyphs of the Pacific Northwest*、*Guide to indian Rock Carvings* 等岩画著作，在兰格尔岛（Wrangell）、班布里奇（Bainbridge）、维克多（Victor）、埃涅托伊（Eneti）、哈特斯里恩岛（Hartslene）、埃尔德湾（Eld Inlet）、沃特科木湖（Lake Whatcom）、白石（Whiterock）、新月滩（Crescent Beach）、米尔（Mill Museum）、大贝德福德岛（Large Bedford）、阿拉瓦角（Cape Alava）等73个岩画点共收集人面岩画250幅，651个单体图像（图版1481—图版1730）。

二　美国哥伦比亚河—达尔斯岩画

美国哥伦比亚河下游（Lower Columbia River）到达尔斯地区（Dalles）一带人面岩画的数量比北美洲西北海岸地区明显减少，共涉及黑石（Black Rock）、斯卡梅尼亚（Skamania）、达尔斯（Dalles）和北博纳维尔（North Bonneville）4个地点，收集到24幅画面，33个单体图像（图版1731—图版1754）。

第五节　北美洲西南内陆区域

北美洲西南地区包括美国犹他州东部、科罗拉多州西部、亚利桑那州全境、新墨西哥州大部和部分的加利福尼亚州、内华达州、怀俄明州、德克萨斯州（图3－42）。这一区域位于科罗拉多河和格兰德河流域，科罗拉多河及其支流横贯全境，

壮丽雄奇的科罗拉多大峡谷逶迤绵延在科罗拉多高原之上，森林、草场、沙漠、戈壁交相辉映，在峡谷中驱车追寻这里的史前文化遗迹，是一件无比惬意的事。

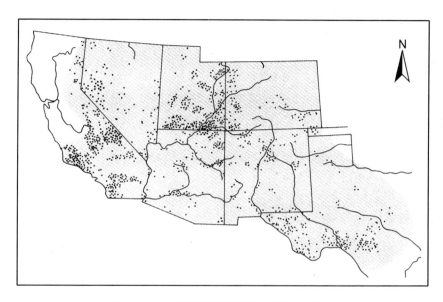

图 3 - 42　北美洲西南内陆区域岩画分布示意图

（采自：Thybony, *Rock Art of the American Southwest*）

　　由于西南地区的岩画都靠近考古遗址，能找到可以确切断代的考古遗迹，并且这些遗迹与岩画遗址的时代都是相同的，许多大学和研究机构的考古工作者都通过放射性碳十四测定和树轮年代校正做过大量研究，并有很多出土陶器的花纹相对照，因此，很容易确定这些岩画点的创作年代。美国考古学家根据西南地区的考古材料，将这一区域的岩画大致分为 5 个阶段：第一阶段，公元前 12000—公元前 5000 年，包括最古老的以猛犸象和北美野牛为狩猎对象的"早期狩猎者"岩画和后来以采集野果为生计方式的"采集者"岩画，主要表现的是已经灭绝的动物和符号等内容，后期岩画中出现了短角鹿，大量出现创作者处于幻觉状态的作品。第二阶段，公元前 5000—公元前 500 年，创作"进化了的狩猎者"岩画。第三阶段，公元前 500—公元 500 年。第四阶段，公元 500—1500 年，"复合经济族群"岩画阶段，人面岩画开始出现。第五阶段，公元 1500—现在。[1] 资料显示，13—17 世纪是北美洲西南地区人面岩画的创作高峰期。14 世纪时，在孟高拉恩人的约内达风格影响下，阿纳萨

———————

　　[1]　Ronald D. Sanders, *Rock Art Studies*, Montana：Mountain Press Publishing Company, 2005.

齐文化的艺术和宗教达到最高峰。影响最为深远的是他们的宗教仪式，尤以仪式中戴面具的舞者最为突出。阿纳萨齐文化中有许多超自然的神灵，诸如星星、勇士、火鸡、玉米和蝴蝶等，不论是有生命还是无生命的主体，都能够化身成为卡奇纳神，成为人与神灵沟通的载体。岩画的这种泛神灵化表现，是萨满教的基本特征。

　　虽然西南区域犹他州和加利福尼亚州的岩画数量最多，但是生活在这些地区的居民似乎对人面岩画的兴趣不大。德克萨斯州也以人面图像为特色，但是均以彩绘形式表现。凿刻类人面岩画最为密集的地区出现在新墨西哥州，其次是亚利桑那州，犹他州和科罗拉多州也有零星的分布。整个西南地区共统计人面岩画 299 幅，475 个单体图像。

一　美国科罗拉多州岩画

　　科罗拉多州（Colorado）位于西南岩画区的北部，岩画以动物和人物以及符号为主，人面图像较少，此处共收录 3 幅画面，为 5 个有轮廓人面，都是伴随着大型的人像崖壁组图或动物一起出现的（图版 1755—图版 1757）。

二　美国犹他州岩画

　　犹他州（Utah）以人像岩画为主，伴有大量符号和动物，大多数无身体的人面岩画都是与成群的人像一起出现，共发现有 6 个地点，分别为叉山谷（Ashley-Dry Fork Valleys）、山溪（Hill Creek）、石溪（Rock Creek）、橡树峡（Oak Canyon）、巴特勒沃什（Butler Wash）和一处无名地点。根据 *Legacy on Stone*、*Indian Ruins*、*Rock Art of Utah* 等资料，整理收录了 30 幅画面，共计 53 个单体图像，不包括有身体和四肢的人像岩画（图版 1758—图版 1787）。

三　美国亚利桑那州岩画

　　亚利桑那州（Arizona）位于新墨西哥州的东侧，共在 14 个地点发现人面岩画，主要分布在纳瓦霍人（Navajo）和霍皮人（Hopi）的一些保留地，人面岩画的密集程度不及新墨西哥州。分别是莫哈维岩画（Mohave）、纳瓦霍岩画（Navajo in AZ）、阿帕契岩画（Apache）、皮纳尔岩画（Pinal）、科奇斯岩画（Cochise）、马里科帕岩画（Maricopa）、吉拉岩画（Gila）、凤凰城岩画（Phoenix）、马丁尼兹岩画（Martinez）、霍皮岩画（Hopi）、柳树泉岩画（Willow Springs）、莫奇岩画（Moki）、石化林国家公园岩画（Petrified Forest National Park）和小科罗拉多河岩画（Upper Little Colorado River）。共收录75幅人面岩画，116个单体图像（图版1788—图版1862）。

四　美国新墨西哥州岩画

美国新墨西哥州是西南区域岩画最密集的地区，岩画遗址主要分布在纵穿整个州的里奥格兰德河上游沿岸，大多数岩画点都有人面岩画，单体图像的总数也接近整个西南部的一半左右。目前统计的19个地点分别是布兰科（Pueblo Blanco）、奥博（Abo）、奥特罗（Otero）、博纳利欧（Bernalillo）、柯契地（Cochiti）、查科（Chaco Culture National Historical Park）、里奥阿里巴（Rio Arriba）、林肯（Linvoln）、洛斯卢纳斯（Los Lunas）、纳瓦霍（Navajo in NM）、祖尼（Zuni）、圣达菲河谷（Santa Fe River Canyon）、圣克里斯托瓦尔（San Cristobal）、索科罗（Socorro）、唐娜安娜（Dona Ana）、陶斯（Taos）、托伦斯（Torrance）、瓦伦西亚（Valencia）、三河（Three Rivers）。共收录人面岩画191幅，301个单体图像（图版1863—图版2053）。

里奥格兰德河流域沿岸的柯契地、纳瓦霍、祖尼、查科等岩画点均属于"里奥格兰德风格"，痕迹都较新、较浅，主要使用敲击和刻划方法。大多凿刻于山岗坡地林立的巨石之上，少量刻于峡谷中的巨大崖壁，与动物和人像、符号等题材一起构成丰富的岩画世界。因为动物、人像、几何符号、自然图形等其他岩画题材也极其丰富，人面岩画虽然是一种突出的主题，但所占的相对比重并不高。

第六节　北美洲其他区域（大洋洲夏威夷暂放此）

北美洲其他的岩画区域包括加拿大的不列颠哥伦比亚省东南部、艾伯塔省西南部、萨斯喀彻温省南部和美国各个州，为叙述方便，也暂包括北太平洋中心的夏威夷群岛，人面岩画均有零星分布。学者普遍认为这些岩画年代不会很久远，有些甚至只有200—300年的历史。[①] 通过查阅 *Making Pictures in Stone*、*Picture-Writing*、*Plains Indian Rock Art*、*Ohio*、*Rock Art of the American India*、*Sacred Art of the Algonkians*、*Picture Rocks*、*World Rock Art*、*The Archarology of Northwestern Ontario* 等著作以及相关论文文献，统计到哥伦比亚—弗雷泽高原、大平原、东部林区、北

---

① 盖山林：《世界岩画的文化阐释》，北京图书馆出版社2001年版，第178页。

部林区和夏威夷群岛的人面岩画共计 35 幅，而在大盆地、加利福尼亚地区和东部林区暂无发现。

一　美国哥伦比亚—弗雷泽高原岩画

哥伦比亚—弗雷泽高原（Columbia-Fraser Plateau）是由西部的喀斯喀特山脉和东部的落基山脉共同构成的高原地形，哥伦比亚河以及弗雷泽河从中间穿过，北部是郁郁葱葱的森林，哥伦比亚河支流密布，峡谷幽深；南部连接大盆地，有很多火山石；高原上大部分地方炎热、干燥。这里的印第安人大多集中在河流沿岸，他们从事狩猎和采集，河中的鲑鱼是他们的重要食品来源。高原北部居住着阿尔贡金语系（Algonquian）的内地撒利希语族（Salish）部落，生活在哥伦比亚河流域的东南部、华盛顿州东北部、爱达荷州北部以及蒙大拿州的西北部；高原中部居住着佩纽蒂语族（Penutian）的萨哈泼丁（Sahaptin）部落，生活在华盛顿州东南部、爱达荷州中部以及俄勒冈州的东北部；高原南部有两个肖肖尼语（Shoshonean）部落，派尤特部落（Paiute）生活在俄勒冈州东南部，肖肖尼部落生活在爱达荷州南部以及怀俄明州西部的一些地方。[①]

高原北部的岩画与沿海萨利希人的岩画相似，主要用红色颜料绘制，内容有棍形人、动物群、熊迹、羽箭、点状符号、雷鸟、圆圈、拟人神像等。弗雷泽河下游岩画包括海狸、独木舟、鹤迹和熊迹等。哥伦比亚河上游沿岸有船只、野羊和牧马人等形象，多以红色颜料彩绘而成，只有到了更南的中游才逐渐被凿刻岩画代替。岩画的年代距今只有 300—200 年的历史，萨利希人的成人仪式岩画最有代表性。据美国民族学家詹姆斯·泰特（James Teit）记载，在成人仪式上，男孩们被送到野地里祷告、斋戒，他们期待着瞻仰到超自然的神灵，祈求神灵成为自己一生的守护者。如果他们成功地产生幻觉，就会把所见到的形象描绘在岩石上，那就是保护神的造型。[②] 这些岩画中最广泛的题材是在人物、动物和人面像上面刻画一种带有光芒的弧线，凯泽认为这种光弧都是幻觉符号的表现形式（图 3 – 43）。[③] 整个哥伦比亚—弗雷泽高原地区的凿刻岩画不多，人面岩画更少，只收集到 3 幅，3 个人面单体图像（图版 2054—图版 2056）。

---

①　Campbell Grant, *The Rock Art of the North American Indians*, London：Cambridge University Press, 1983, p. 19.

②　Ibid. , p. 22.

③　James D. Keyser, "Relative Dating Methods", *Handbook of Rock Art Research*. Altamira Press, 2001. p. 375.

a　　　　　　　　　　b　　　　　　　　　　c

图3-43　顶部有光弧的岩画

二　美国大平原岩画

美国大平原地区位于落基山脉以东的区域，北临加拿大针叶树种的北部林区，西接落基山脉，东抵阔叶树种的东部林区，南达里奥格兰德河。在马匹引进这里之前的几千年间，处于半游牧状态的猎人们为了猎取北美野牛，一直是季节性地往来于这片土地上，因此有多个来自不同地区的印第安部落杂处在大平原地区。到了18世纪中叶，马匹的引进使更多的人涌入人口稀少的地区，逐渐融合形成大平原文化。这里的印第安人会说印第安6大语族中的4种语言，形形色色的部落主要有苏族人（Sioux）、科曼奇人（Comanche）、波尼人（Pawnee）、克劳人（Crow）、喀多人（Caddo）。他们大多从事狩猎和采集，另一些从事农林种植。有了马匹的帮助，他们猎取北美野牛、鹿和大角麋，用兽皮缝制衣服，制作鹿皮鞋、箭袋、盾牌、鼓和各种容器，还创造了便于迁徙的圆锥形帐篷，大平原风格的岩画艺术就产生于这个背景之下。但是大量人口的涌入以及对野生动物的无限制捕猎，导致野牛和鹿种的急速减少，这种文化存在了不到200年就销声匿迹了。

大平原地区的岩画多数是历史时期的作品，涉及美国平原地区的22个州，北部和中部有一些早期狩猎风格和晚期平原狩猎风格的凿刻岩画，但最集中的地区是在德克萨斯州，主要以各种颜色绘制。北部和中部平原在宾夕法尼亚州（Pennsylvania）、俄亥俄州（Ohio）、怀俄明州（Wyoming）、堪萨斯州（Kansas）、马里兰州（Maryland）、内布拉斯加州（Nebraska）共统计人面岩画16幅，全部为有轮廓人面，一共25个单体图像（图版2057—图版2072）。

三　美国、加拿大北部林区岩画

美国、加拿大北部林区相当于北美洲最大的一条分界线，横亘在大西洋和北美洲西北海岸之间，北部与爱斯基摩人的居住区相邻，南部是哥伦比亚—弗雷泽高原、大平原和东部林区。这里有广袤的针叶林和白桦林，桦木给印第安人提供了不可或缺的造船材料。时至今日，要想穿过湖泊密布的北部林区，没有小船是难以实现的。这一地区的东部包括美国的缅因州、明尼苏达州北部、威斯康辛州、密歇根州、纽约州、佛蒙特州和新罕布什尔州，其余部分几乎全部在加拿大境内。西半部的印第安部落生活着阿萨巴斯卡人（Athabascan），而东半部则是阿尔贡金语族（Algonquians）的领地，以奥吉布瓦人（Ojibwa）和克里人（Cree）为主，历史上易洛魁人（Iroquoian）曾经穿过阿尔贡金人领地到达圣劳伦斯河流域。①

大多数的北部林区岩画分布在加拿大地盾（Canadian Shield）区域，加拿大地盾是北美大陆从加拿大中部延伸到北部的前寒武纪古岩盘，约产生于45亿年前—5.4亿年前，大致上围绕哈德逊湾，是非常稳定的地盘，为薄土、森林和沼泽所覆盖。在这片裸露岩层上的阿尔贡金人森林岩画作品，从东部的魁北克到西部的不列颠哥伦比亚，风格都十分一致。加拿大境内的北部林区岩画主要是红色颜料绘制，题材包括带羽翼的拟人神像、驼鹿、北美野牛、雷鸟、海龟、木舟、骑手等，也有很多抽象图形。在美国境内的佛蒙特州（Vermont）、缅因州（Maine）、新罕布什尔州（New Hampshire）、马萨诸塞州（Massachusetts）和加拿大的安大略省（Ontario），有部分凿刻岩画，共收录人面岩画11幅，有45个单体图像（图版2073—图版2083）。

四　美国夏威夷岩画②

在远离大陆的夏威夷群岛上，几乎每一个岛屿都发现有岩画，总计135个岩画点，接近25000个图像。③这些岩画根据考古学家推断主要是古夏威夷原住民于公元10世纪到17世纪之间制作的④，绝大多数都是人像、凹穴、线段和圆圈，还有独木舟和抽象符号，最显著的是一幅幅规模浩大的蹲踞式人形岩画。在如此密集的岩画之中，出现了为数不多的4个单体面像（图3-44）。这些人面像都比较抽象，没有特别一致的风格，与南太平洋海域的波利尼西亚、美拉尼西亚以及复活节岛有相似之处。

----

① Campbell Grant, *The Rock Art of the North American Indians*, London: Cambridge University Press, 1983, p. 53.

② 为叙述方便，将大洋洲美国夏威夷岩画放在此部分。

③ Halley Cox, Edward Stasack, *Hawaiian Petroglyphs*, Hawaii: Bishop Museum Press, 1970, p. 7.

④ Georgia Lee, Edward Stasack, *Spirit of Place: Petroglyphs of Hawaii*, California: Easter Island Foundation, 2005, p. 202.

a　　　　　　　　b　　　　　　　　c　　　　　　　　d

图 3 - 44　大洋洲美国夏威夷群岛人面岩画

与其他题材的岩画相比，夏威夷的人面岩画显得太过稀少，研究者普遍认为是一种偶然现象。[①] 而如今将人面岩画这一特殊题材置于整个环太平洋的视野之下，这几个"偶然"出现的人面岩画却有着不同寻常的意义。它们似乎揭示出，有着人面像信仰的史前人类并不全是通过白令海峡向北美洲迁徙，其中就有一部分选择了穿越世界上最广阔的海洋，向遥远的未知世界进发。即使在今天我们都难以想象，这些人在茫茫大洋之中探索的勇气和精神是何等的强大。

第七节　拉丁美洲区域

拉丁美洲（Latin America）通常指美国以南曾属于拉丁语系国家殖民地的美洲地区，地理范围包括北美洲墨西哥、中美洲、西印度群岛和南美洲。随着 20 世纪末许多新岩画点的发现以及逐渐深入的田野调查，人们对拉丁美洲岩画的兴趣明显增长，然而，由于拉丁美洲各国已知的岩画资料记录工作还不够完备，岩画的比较研究还比较滞后。[②] 据考古资料显示，大约在公元前 8000—公元前 1500 年之间，南美洲的西部靠近南太平洋的边缘和东南部靠近大西洋地带是狩猎者和采集者集中活动的区域，此阶段狩猎者的岩画多以各种动物为表现对象，人物造型极简单，较少详细的五官刻画；从公元前 5000 年左右开始到公元前 1000 年之间，拉丁美洲进入早期农业文明阶段，农作物种植和制陶技术开始出现；晚期狩猎者退守到一些边缘地带，热带潮湿地区以及西部的干旱与半干旱地区岩画与农业文化关系密切[③]，许多与人面图像或者面具相关的岩石刻画在这一阶段晚期得到广

---

① Georgia Lee, Edward Stasack, *Spirit of Place*: *Petroglyphs of Hawaii*, California: Easter Island Foundation, 2005, p. 165.

② 陈兆复、邢琏：《世界岩画Ⅱ·欧、美、大洋洲卷》，文物出版社 2011 年版，第 203 页。

③ Juan Schobinger, *The Ancient Americans*: *A Reference Guide to the Art*, *Culture*, *and History of Pre-Columbian North and South America*, Sharpe Reference, 1997, p. 97.

泛的传播（图 3 – 45）。

图 3 – 45　拉丁美洲人面岩画分布示意图

北美洲墨西哥以及围绕着加勒比海的中美洲和西印度群岛发现有人面岩画的地区包括古巴、巴哈马、牙买加、波多黎各、多米尼加、英属维京群岛、法属瓜德罗普岛、圣文森特和格林纳丁斯、尼加拉瓜、哥斯达黎加和巴拿马等。这些地区除了北美洲墨西哥以及中美洲的尼加拉瓜、哥斯达黎加和巴拿马与北美洲大陆相连，其余的岩画点都是在岛屿密布的西印度群岛之中，西边是加勒比海，东侧紧邻大西洋。南美洲各国和位于南太平洋的复活节岛，还有着数以百计的人面岩画。主要分布在委内瑞拉、圭亚那、苏里南、哥伦比亚、厄瓜多尔、秘鲁、巴西、玻利维亚、智利和阿根廷等国家。目前收集到文献记载的人面岩画共有 229 幅，619 个单体图像。

一 墨西哥岩画

在美国岩画学者坎贝尔·格兰特（Campbell Grant）的著作 *Rock Art of the American India* 一书中，提到墨西哥北部城市科阿韦拉的萨尔蒂（Saltillo，Coahuila）地区有 1 幅人面岩画，从这一区域文化类型的相似性考虑，估计应该会有更多信息尚未披露。其制作方法为点状敲琢，风格特征与美国西南各州的凿刻岩画基本一致。此外，位于墨西哥东南部的圣塔马利亚（Santa Maria）岩画点拥有两组巨石类型岩画，共有 150 个凿刻图像。其中的人面岩画不少于 30 个，多表现为小凹穴双目和嘴角上翘的微笑嘴形相结合的三点式无轮廓人面像，也有部分辅以圆形或方形简笔轮廓。这些人面像与几何图形、动物、手印等图像构成布满石面的圣象壁（图版 2088—图版 2093），当地学者认为这些人面像代表着逝者，而手印则是守护者的印记。[①] 附近的特拉斯卡拉（Tlaxcala）和阿格瓦斯（Ojo de Aguas）岩画点也分别记载了一幅线刻人面岩画。墨西哥的这些岩画遗址叠加现象非常普遍，年代断定仍然是一个难题（图 3 - 46）。

二 中美洲各国岩画

中美洲（Central America）狭义上指北美洲墨西哥以南、哥伦比亚以北的美洲大陆中部地区，共有包括危地马拉、伯利兹、萨尔瓦多、洪都拉斯、尼加拉瓜、哥斯达黎加和巴拿马在内的 7 个国家。这里东临加勒比海，西濒太平洋，是连接南美洲和北美洲的狭长陆地，在美洲原始先民的数次大迁徙过程中都起到了重要的中转作用，高度发达的印第安文明在不同时期以各种形式得到发展与传播，以辉煌的玛雅文明著称于世。作为热带农业地区，这里保留了地域狭小国家的基本文化特点，人们擅长制作陶器和石雕，凿刻类岩画围绕着太平洋形成链条状分布在各处。在上述国家中只有尼加拉瓜、哥斯达黎加和巴拿马三个国家发现有人面岩画遗存，经统

---

① Stefan Suszek，*The petroglyphs of Santa Maria Cuevas*，Tlaxcala/Mexico，The World of Petroglyphs CD # 4，Copyright by StoneWatch 2000.

计收录 38 幅，共 66 个单体图像（图 3 - 46）。

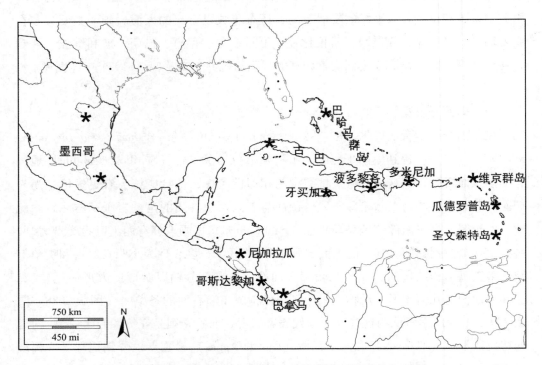

图 3 - 46　北美洲墨西哥、中美洲各国和西印度群岛各国岩画分布示意图

1. 尼加拉瓜岩画

在尼加拉瓜（Nicaragua）圣拉蒙（San Ramon）以东 1.5 公里的火山岛奥梅特佩岛（Ometepe Island）上，沿着河流分布有大量凿刻岩画，以抽象的圆圈、螺旋线、平行线、凹穴和各种几何图形为主，其中有 14 幅，30 个人面像（图版 2094—图版 2107）。① 这些人面岩画线条简练，往往与涡旋线或者几何图形并列构成画面，学者推测人面像可能代表祭司、巫师或部落首领，与中美洲地区的其他民族艺术风格相近，涉及到萨满活动和信仰。②

2. 哥斯达黎加岩画

哥斯达黎加（Costa Rica）的埃斯帕诺拉（Espanola）有 12 幅，24 个人面岩画

---

① Mallery. Garrick, *Picture-Writing of the American Indians*, New York：Dover Publications, Inc. p. 686.

② Juan Schobinger, *The Ancient Americans：A Reference Guide to the Art, Culture, and History of Pre-Columbian North and South America*, Sharpe Reference, 1997, p. 165.

（图版 2108—图版 2119），这些人面岩画造型独特①，有的是在蛇头部位表现同心圆双目，有的是在倒三角形内用三个小圆点表现面部器官，而轮廓则有的用双线勾勒，这种表现方法在尼加拉瓜和南美洲北部都有发现。

3. 巴拿马岩画

巴拿马（Panama）的凿刻岩画遍布太平洋沿岸，涡旋线、圆圈和重环都很常见，有些还带有芒线或彼此连接，这些特征与尼加拉瓜和哥斯达黎加岩画别无二致。然而，巴拿马岩画中有一些造型奇特的人面岩画独树一帜。这些人面岩画线条宽深，流畅地描绘出眉、眼和宽大的鼻头，头顶通常还饰有短芒线，大部分没有轮廓，似乎描绘的是一种萨满面具。② 同样的人面岩画在紧邻巴拿马南侧的哥伦比亚也发现了几幅。在巴拿马境内，共收集到 12 个人面单体图像（图版 2120—图版 2131）。

三 西印度群岛各国岩画

西印度群岛（West Indians）位于大西洋及其属海墨西哥湾、加勒比海之间，北隔佛罗里达海峡与北美洲的美国佛罗里达半岛相望，东南邻近南美洲委内瑞拉北岸，从西端的古巴岛到委内瑞拉北海岸的阿鲁巴岛，正处在美洲的热带范围，形成一个自西向东突出的弧形岛链，也有学者将东西走向的北半部分称为大安的列斯群岛，将南北走向的南半部分称为小安的列斯群岛。考古学家把前哥伦布时期的西印度群岛人口按年代顺序分成三期：第一期，古印第安人（公元前 5000—公元前 2000），是古巴、伊斯帕尼奥拉和特立尼达沿海地区的狩猎者兼采集者，大概源于中美洲。第二期，中印第安人（公元前 1000—公元前 500），也是狩猎者兼采集者，但有比较进步的物质文明，从南美洲分布到特立尼达和大安的列斯群岛，他们在那里的遗族被归入西沃内人（Ciboney）。第三期，新印第安人——阿拉瓦克人（Arawak）大约在公元前 300 年从南美洲进入特立尼达，并迅速分布到小安的列斯群岛和大安的列斯群岛；但在公元 1000 年之后被委内瑞拉迁来的加勒比人从小安的列斯群岛上排挤掉。

基于考古学和语言学的发现，证实了这一区域的祖先和当代人都是源于美洲大陆。岩画作品主要分为岩绘和岩刻两类，岩绘常见于多米尼加和古巴的一些洞穴，

---

① Jack Steinbring, *Rock Art Studies in the Americas*, Oxford：Oxbow books, 1995. p. 104.

② Juan Schobinger, *The Ancient Americans：A Reference Guide to the Art, Culture, and History of Pre-Columbian North and South America*, Sharpe Reference, 1997, p. 162.

岩刻则在西印度群岛的各个地区都有分布。从目前的统计来看，西印度群岛中，共在 8 个地区发现有人面岩画，分别是巴哈马、古巴、牙买加、波多黎各、多米尼加、英属维京群岛、法属瓜德罗普岛、圣文森特和格林纳丁斯，其中数量最多的岩画点都集中在小安的列斯群岛，以波多黎各和法属瓜德罗普岛最为密集。西印度群岛共统计人面岩画 89 幅，363 个单体图像。

1. 巴哈马岩画

巴哈马（Bahamas）位于西印度群岛的最北端，其周边海域属于大西洋。岛上的居民认为自己的祖先是阿拉瓦克人，他们的人面岩画造型简单，多以椭圆形轮廓内添加点线为主要表现形式，有些人面岩画添加类似头发或胡须的线条，也有的添加有耳朵。共收集到 7 幅，25 个单体图像（图版 2132—图版 2138）。

2. 古巴岩画

古巴（Cuba）的山岩主要以石灰石构成，遗存有大量的岩画作品，早在 1987 年就已经记录了 130 个岩画点，超过 60 个进行了调查研究，学者们普遍认为这些岩画都或多或少地与萨满活动有关。古巴最常见的岩画题材是简单的或复合的圆形，有些在里面添加射线；此外还有三角形、矩形、菱形、梯子形、耙（梳）子形、弧形线段、之字形、树形、叶形、手印以及程式化的鸟、鱼等动物图形。凿刻类岩画主要集中在东部，有类人形和动物，其中一些画面刻绘在洞穴中的石笋之上。古巴的人面岩画共收集到 2 个图像（图版 2139—图版 2140）。

3. 牙买加岩画

牙买加（Jamaica）位于古巴以南，波多黎各以西，公元前 5 世纪时已经是印第安人的居住地，牙买加这一名称即来源于阿拉瓦语。在牙买加主岛上共收集到 9 幅，34 个人面单体图像（图版 2141—图版 2149），其中在亚洲、北美洲和大洋洲都曾发现的"泪眼"人面岩画是一个非常突出的类型（图 3 - 47）。

　　　a　　　　　　　　b　　　　　　　　c　　　　　　　　d

图 3 - 47　拉丁美洲中西印度群岛牙买加"泪眼"风格人面岩画

4. 波多黎各岩画

波多黎各（Puerto Rico）位于古巴和巴拿马群岛以南，人面岩画最具特色，主要分为简单和复杂两种类型。简单人面像仅有眼、口、鼻以及抽象的轮廓，有时还添加有耳朵；复杂人面像有的在轮廓外添加射线、花边或者顶饰，有的添加肢体，变化繁多（图3-48）。当地学者分析认为这些集中出现的人面岩画最有可能是由阿拉瓦克人的萨满制作的，年代在公元600—1100年之间[1]。这一结果与考古学家通过放射性碳十四测定的周边陶器遗存能够相互印证。[2] 此处共收集到27幅，124个人面单体图像（图版2150—图版2176）。

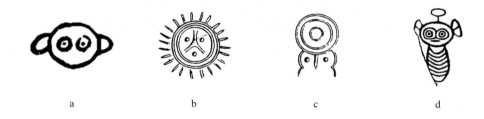

a　　　　　　　b　　　　　　　c　　　　　　　d

图3-48　拉丁美洲中西印度群岛波多黎各人面岩画

5. 多米尼加岩画

多米尼加（Dominican）与波多黎各接壤，在1978年已经记录了超过70个岩画点，以南部沿海分布最多。主要形象有抽象的几何形、程式化的自然物和张扬的动物、舞蹈的人形以及人面，人面岩画与波多黎各圣胡安岩画风格接近，共收集到2幅，4个单体图像（图版2177—图版2178）。

6. 英属维京群岛岩画

英属维京群岛（British Virgin Islands）位于波多黎各和多米尼加以东，约公元前100年左右，阿拉瓦克印第安人从南美洲迁移至此，一直居住到15世纪。此处共收集到7幅，15个单体图像（图版2179—图版2185）。

① Juan Schobinger, *The Ancient Americans: A Reference Guide to the Art, Culture, and History of Pre-Columbian North and South America*, Sharpe Reference, 1997, p. 171.

② Michele H. Hayward and Michael A. Cinquino, Rock Art and Transformed Landscapes in Puerto Rico, *A companion to rock art*, edited by Jo McDonald and Peter Veth, Wiley-Blackwell, 2012, p. 113.

图 3 - 49　拉丁美洲中西印度群岛英属维京群岛岩画

（采自：Hayward, Michele H. *Rock Art of Caribbean*）

7. 法属瓜德罗普岛岩画

法属瓜德罗普岛（Guadeloupe）位于加勒比海小安的列斯群岛中部，在英属维京群岛以南。该岛的土著居民最早是阿拉瓦克人，后来是加勒比人。法属瓜德罗普岛人面岩画的表现形式比较丰富，有 X 构图的面部结构，也有多个人面垂直叠加成条状，还有的头顶高冠，或双目凸出，大都具有程式化的特征。这里的人面岩画数量仅次于波多黎各，也是西印度群岛中最密集的区域，共收集人面像 23 幅，121 个单体图像（图版 2186—图版 2208）。

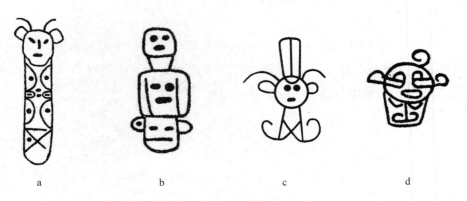

图 3 - 50　拉丁美洲中西印度群岛法属瓜德罗普岛岩画

8. 圣文森特和格林纳丁斯岩画

圣文森特和格林纳丁斯是一个岛国（圣文森特岛），南部与委内瑞拉隔海峡相望，早期居民为印第安人。该岛的人面岩画早在1889年就被美国学者布林顿·丹尼尔·加里森发现并公开发表[1]，此后又逐步有新的发现。圣文森特岛岩画的装饰性较强，往往在头面的外轮廓添加多重轮廓线或者射线、高冠等，使每一幅画面中总有一个人面像显得非常突出，似乎在彰显他的独特身份。这里共收集到12幅，38个人面像（图版2209—图版2220）。

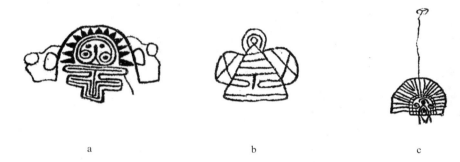

a　　　　　　　　　　b　　　　　　　　　　c

图 3-51　拉丁美洲中西印度群岛圣文森特和格林纳丁斯岩画

四　南美洲各国岩画

南美洲大部分地区属热带雨林和热带草原气候，温暖湿润，各地气温的变化不像亚洲、北美洲那样剧烈。安第斯山脉纵贯南美大陆西部，是世界上最长的山脉。南美洲水系以安第斯山为分水岭，东西分属于大西洋水系以及太平洋水系，其中，亚马孙河（Amazon River）是世界上流域面积最广、流量最大、支流最多的河流，其流域覆盖的热带雨林范围通常称为南美低地（Lowland South America），其中岩画分布最广的区域在奥里诺科河（Orinoco）、阿塔巴托河（Atabato）、里奥内格罗河（Rio Negro）、卡西奎艾尔河（Cassiquiare）等4条河流周边。安第斯山脉中段高原地带是南美大陆古文明发源地，通常被称为安第斯高地（Andean South America），印第安人是这里最早的开拓者。基于多样化的地理环境和文化特征，整个南美洲分布着众多的岩画点。通常认为，南美洲岩画与印第安人的早期活动关系密切，大多

① Daniel G. Brintond, "On a Petroglyph from the Island of St. Vincent, W. I.", *Proceedings of the Academy of Natural Sciences of Philadelphia*, Vol. 41 (1889), pp. 417-420.

是印第安萨满活动的产物，许多图形都带有某种仪式所特有的印记。考古学家认为从人类活动的早期开始就已经出现了岩画，从高地到海岸边，从峡谷到雨林，岩画不论是地域还是年代的跨度都很大。[①] 岩画往往凿刻在砂岩和石灰岩之上，网格、之字纹、波状线、圆圈、涡旋线都是南美印第安人的常用符号，有时多种形式的组合用来表示各种复杂的概念和亲属关系。

南美洲共有 15 个国家，记录有人面岩画的包括哥伦比亚、委内瑞拉、圭亚那、苏里南、巴西、秘鲁、玻利维亚、智利和阿根廷这 9 个国家（图 3 - 52）。

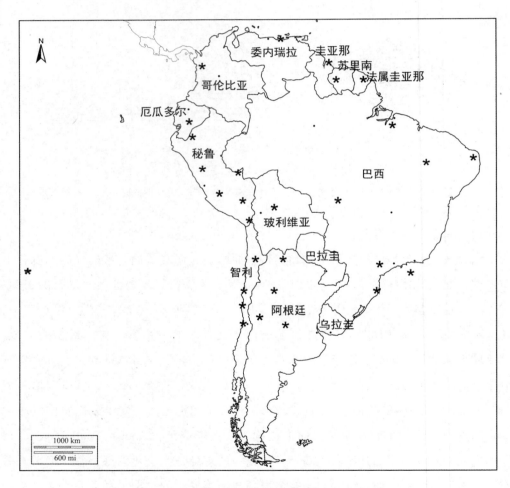

图 3 - 52　拉丁美洲中南美洲各国人面岩画分布示意图

① Mallery. Garrick, *Picture-Writing of the American Indians*, New York：Dover Publications，Inc. p. 142.

1. 哥伦比亚岩画

哥伦比亚（Colombia）位于南美洲西北部，东邻委内瑞拉和巴西，南接厄瓜多尔、秘鲁，西北与巴拿马相连，北临加勒比海，西濒太平洋，古代境内为奇布查族等印第安人的分布地区。哥伦比亚东部为亚马孙河与奥里诺科河上游支流的冲积平原，有一些早期的洞穴岩画，考古学家的年代学分析认为在公元前 1500 年到公元 1500 年之间。在一个叫做戴维镇（David）的村庄，有一块高 15 英尺、周长 50 英尺的巨大岩画石，向东的一面布满人面岩画，这些人面图像的突出特点是眉弓部分外展呈动物的角状，嘴部呈圆形或椭圆形，整体看很像是某种动物的拟人化表现（图 3-53）。[1] 通过查阅资料，在哥伦比亚共收集到 5 幅，14 个单体图像（图版 2221—图版 2225）。

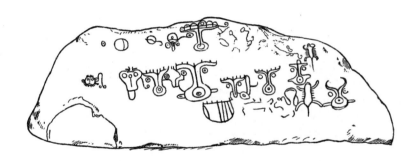

图 3-53 拉丁美洲中南美洲哥伦比亚人面岩画

（采自：Mallery. Garrick，*Picture-Writing of the American Indians*）

2. 委内瑞拉岩画

委内瑞拉（Venezuela）位于南美洲北部，原为阿拉瓦族和加勒比族印第安人的居住地。与哥伦比亚一样，委内瑞拉的制陶技术起始于公元前 2—3 世纪，但考古学家们普遍认为这里的岩画要早于制陶。人面岩画共收集 5 幅，23 个单体图像（图版 2226—图版 2230）。

3. 圭亚那岩画

圭亚那（Guyana）位于南美洲东北部，东邻苏里南，南临巴西，西邻委内瑞拉，北邻大西洋，其文化传统及历史与加勒比海诸岛的关系比较密切。共统计有 6 个单体图像（图版 2231—图版 2236）。

---

[1] Mallery. Garrick，*Picture-Writing of the American Indians*，New York：Dover Publications，Inc. p. 144.

4. 苏里南岩画

苏里南（Suriname）紧邻圭亚那，属于南美低地的东北部边缘地带，印第安人自古居住于此。共收集人面岩画 2 幅，11 个单体图像（图版 2237—图版 2238）。

5. 巴西岩画

巴西（Brazil）拥有南美洲最大的国土面积，自古即为印第安人的居住地。早在 1871 年，美国皮博迪科学院（Peabody Academy of Science）专家就进行了详细的人面岩画调查并发表了文章，但长久以来并不为外界所知。当时，哈特教授（Prof. Ch. Fred Hartt）在《美国博物学家》（*American Naturalist*）发表署名文章，图文并茂地介绍了巴西境内的上百个凿刻岩画①，共有 33 幅，36 个单体图像（图 3 - 54）（图版 2239—图版 2271）。

图 3 - 54　拉丁美洲中南美洲巴西岩画

（采自：Mallery. Garrick，*Picture-Writing of the American Indians*）

6. 秘鲁岩画

秘鲁（Peru）是沿太平洋呈纵向走势的国家，虽然长度不及智利的海岸线，但在南美洲国家中秘鲁的岩画却是最具影响力的。给人印象最为深刻的莫过于从飞机上才能看清全貌的地画奇观——纳斯卡帕鲁帕地画，巨大的蜂鸟、几何图形、猴子、蜘蛛等图形让人叹为观止。秘鲁的早期岩画主要是彩绘，放射性碳十四测定的时间在距今 10000 年左右。人面岩画目前已知的有多处。秘鲁岩画研究所的高力·杜米（Gori Tumi Echevarría López）提供了其中位于首都利马附近名叫柴达（Checta）岩

---

① Ch. Fred Hartt, Brazilian Rock Inscriptions, *The American Naturalist*, Vol. 5, May, 1871, No. 3. pp. 138 - 157.

画点的清晰图片，其在 2011 年发表于国际岩画组织联合会（IFRAO）会刊的论文对这处岩画的断代为公元前 1800 年左右（图 3 – 55）。① 综合多个资料，共收集到 15幅，20 个单体图像（图版 2272—图版 2286）。

图 3 – 55　拉丁美洲中南美洲秘鲁人面岩画（Gori Tumi Echevarría López 摄）

7. 阿根廷岩画

阿根廷（Argentina）岩画主要分布在西北部，包括有彩绘的动物、几何图形以及手印等，最早的作品经碳十四测定为距今 10000 年左右。研究者的兴趣主要集中在早期狩猎者的彩绘岩画和手印岩画，而对数量不多的人面岩画介绍不多。目前共收集到阿根廷的人面岩画 2 个单体图像（图版 2287—图版 2288）。

8. 玻利维亚岩画

玻利维亚（Bolivia）是南美洲为数不多的内陆国家之一，从西北部进入的安第斯山将整个国家托举在平均海拔 3000 米的高原之上。玻利维亚的岩画点主要集中在北部和东部，北部的凿刻岩画大都沿着河岸分布，形象有程式化的人物、巨蟒和猴子等其他动物，有一些是神人同形的形象。当地的印第安人曾在岩画点表演过宗教祭祀的舞蹈，直到殖民时期之后甚至是当代仍然有岩画的制作。② 经统计共收录人

① E. L. Gori Tumi, A Tentative Sequence and Chronology for Checta, Peru, *Rock Art Research*, Vo. 28, No. 2, November 2011, pp. 211 – 224.

② James D. Keyser, Relative Dating Methods, *Handbook of Rock Art Research*. Altamira Press, 2001. p. 728.

面岩画 1 幅，含 6 个单体图像（图版 2289）。

9. 智利岩画

智利（Chile）位于南美洲西南部，安第斯山脉西麓。东同阿根廷为邻，北与秘鲁、玻利维亚接壤，西临太平洋，南与南极洲隔海相望，是世界上地形最狭长的国家。智利原有居民是印第安人，16 世纪处于从母系氏族向父系氏族过渡阶段。其中，北部的乌鲁人、孔萨人和中部的阿劳坎人主要从事农业生产，兼营渔业，有的已能制造铜器和金银器；南部的奥纳人、雅甘人等靠渔猎为生。复活节岛位于南太平洋中心而远离南美大陆，虽然岛上的岩画与大洋洲中心岛屿的人面岩画风格更为接近，但在行政区划上归属智利，在此一并统计。共收集到 27 幅，42 个单体图像（图版 2290—图版 2316）。

第八节　大洋洲区域

大洋洲的澳大利亚大陆以及波利尼西亚和美拉尼西亚等岛屿，还发现有少量的人面岩画。亚洲最南端的印度尼西亚卡伊岛岩画与大洋洲北部海岛岩画的地理位置以及风格类型更为接近，因此归入大洋洲系统（图 3-56）。

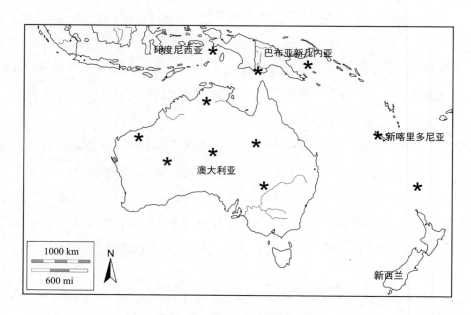

图 3-56　大洋洲人面岩画分布图

大洋洲拥有极其广阔的陆地和海洋，相继定居于此的移民来自世界各地，但与东南亚的文化联系尤为密切。大洋洲最古老的岩画在 20000 年以上，一直到近现代仍然有新的创作产生。学者们普遍认为，岩画艺术的传播通过东南亚和印度尼西亚向南，很多重要的岩画点集中在澳大利亚，少数的岩画点分散于星罗棋布的岛屿之上。在印度尼西亚的卡伊岛、波利尼西亚的马奎萨斯、美拉尼西亚的新喀里多尼亚等岛屿上都有人面岩画的发现。

一　印度尼西亚岩画

印度尼西亚（Indonesia）一个叫做卡伊岛（Kei Islands）的小岛上发现了几个人面岩画图像。这个小岛是由海底的火山喷发形成，岛上布满了珊瑚和贝壳。这些贝壳在岛上形成厚厚的一层遮盖面，岩画就刻制在这样的贝壳层之上，随着岁月侵蚀，大多数图形都损坏严重，难以辨认了。岛上共发现有 6 幅人面岩画（图版 2317—图版 2322），传说这些形象表现的是一场可怕的战争，许多人在战斗中死去，只剩下胜利者生还，而这些人面岩画是用来祭奠死难者的灵魂。[1]

二　波利尼西亚岩画

位于南太平洋中部的波利尼西亚（Polynesia）是一个群岛国家，其中的马奎萨斯群岛（Marquesas Islands）是火山岛，拥有各种凿刻岩画，图像包括蹲式人形、狗、鱼、人面、几何图形等。这里的岩画类型除了人面岩画之外，与夏威夷岛的其他类型如出一辙，而人面岩画则同南太平洋的复活节岛相似，因此学者们判断夏威夷岩画和复活节岛岩画均是经由波利尼西亚传播所至。[2] 马奎萨斯岩画中共有人面像 6 个（图版 2323—图版 2328）。

三　美拉尼西亚岩画

位于美拉尼西亚（Melanesia）的新喀里多尼亚（New Caledonia）是欧洲学者确定的西太平洋第一个岩画点，通过两个多世纪的调查研究，学者们判断这里的岩画

---

① 　Mallery. Garrick, *Picture-Writing of the American Indians*, New York：Dover Publications, Inc. p. 167.

② 　Georgia Lee and Edward Stasack, *Spirit of place*：*The Petroglyphs of Hawaii*, California：Easter Island Foundation, Los Osos, 2005, p. 164.

作品是南部美拉尼西亚卡纳克人（Kanak）的创作。新喀里多尼亚岩画主要集中在主岛，岛上布满了石灰石，岩画均靠近水源，不论是淡水还是海水。凿刻的图像为密集的螺旋线、圆弧线、单独或连续的十字交叉线、同心椭圆、车轮、凹穴、星形等。① 在岛的中部发现有为数不多的对称图形，带有人形面具的特点，这些人面岩画的表现手法与岛上的其他图形都有相同或相似的造型特征。例如，在1929年公布的一个卡纳克人制作的门楣雕刻图案上，围绕着星形图案的外缘全部都是与岩画手法相同的人面像（图3-57）。民族学证据显示，新喀里多尼亚直至目前仍然还有一些岩画在绘制，岩画的制作周期持续时间长达3000年左右。类似人面岩画的图像收集到18幅，共20个单体图像（图版2329—图版2346）。

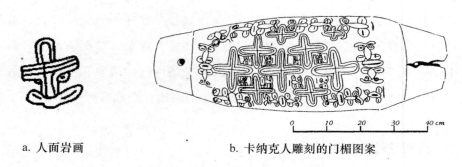

a. 人面岩画　　　　　　　　b. 卡纳克人雕刻的门楣图案

图3-57　大洋洲新喀里多尼亚人面岩画与民间艺术

四　澳大利亚岩画

早在18世纪末考古学家就已经发现，澳大利亚拥有世界上最重要的旧石器时代艺术遗址，其中岩画占据了非常重要的地位，最早的岩画遗迹距今不少于20000年。澳大利亚的人面岩画最早发现于北领地的克勒莱德山（Cleland Hills），此山是位于西部沙漠之中的一片绿洲，1941年，探险家迈克尔·特里（Michael Terry）在一个叫做托马斯水库（Thomas reservoir）的天然岩洞中发现了许多凿刻岩画，以动物足迹和圆圈为主，其中有几个形态相似的人面岩画。② 后来经学者鲍勃·爱德华兹（Bob Edwards）考察，共找到16幅人面岩画，每一个有10—20厘米宽、30厘米高。

---

① Christophe Sand, Southern Melanesian Rock Art: The New Caledonian Case, *A companion to rock art*, edited by Jo McDonald and Peter Veth, Wiley-Blackwell, 2012, p. 160.

② Flood. Josephine, Rock Art of the Dreamtime-Images of Ancient Australia, Angus & Robertson, 1997. p. 189.

这些人面像采用排列紧密的圆点、圆圈和同心圆来表现人面的眼睛，外轮廓基本呈"心形"（Heart-shaped），有个别的像猫头鹰（Owl）或者像鸸鹋（Emu，产于澳洲的一种体型大而不会飞的鸟）。在人面岩画周边，还凿刻有大量的鸸鹋足迹，当地学者认为这与向东 80 公里外的一个部落（Tukulnga）的鸸鹋神话故事有关。与此类似的非常程式化的表现手法也经常在沙漠地带的澳洲土著民族艺术中使用，有人解释为神灵、祖先或远古的英雄。其中几个人面岩画的嘴部弯曲呈微笑状，有人称这些人面像为"欢乐的人面（Happy face）"[①]，而事实上这种称呼并不全面，因为这些人面像中欢乐的表情固然很突出，同时也有一些表现悲伤的表情。后来，在西澳大利亚的坎宁斯托克（Canning Stock Route）、皮尔巴拉（Pilbara）、新南威尔士的西南部、北领地艾萨山的卡宾溪（Carbine Creek）以及维多利亚河地区先后发现了 20 余个凿刻类人面岩画，其中不乏带有泪痕的表现形式，与其他大洲发现的同类岩画具有共同的精神内涵。从风化的程度和学者的考古学分析研究，推测这些人面岩画的制作时间大约在距今 4000 年左右。由于资料所限，澳大利亚的人面岩画只收集到15 个图像（图版 2347—图版 2361）。

第九节　环太平洋人面岩画的分布特点

将整个环太平洋区域内的人面岩画在数量、分布地点、载体类型、制作工艺等方面的数据按照岩画区分别统计，会发现一些直观上难以捕捉的规律，有助于在纷繁复杂的材料中提取典型性区域进行深入研究。

一　数量的分布特点

目前的数量统计都是基于研究过程中所能收集到的亚洲、美洲和大洋洲人面岩画的全部资料，由于各个国家和地区调查材料的语言差异造成了检索的困难，致使俄罗斯西伯利亚和韩国等地方的相关俄文、韩文文献较难获得；另外笔者在资料收集过程中也会有诸多疏漏。因此，本书中的数据只是近几年来逐渐积累而成，实际数据会随着各地材料的进一步公开而产生变化。但是因为人面岩画遗存占绝对多数

---

① 陈兆复、邢莲：《世界岩画 Ⅱ·欧、美、大洋洲卷》，文物出版社 2011 年版，第 268—292 页。

的中国和加拿大、美国都已经有比较完善的报告，调查结果都已经非常接近真实的数据，特别是美国和加拿大的调查研究都已经有上百年的历史，中国近几十年来也因为有三次大规模的文物普查而基本完成了境内绝大多数的岩画调查，所以，在个别地区偶尔的新发现，对于数千个图像而言应该不会产生重大的影响。

此处数量统计所使用的单位是"单体图像"的个数，初步核算出亚洲、北美洲、拉丁美洲和大洋洲共有人面岩画5231个。亚洲为3026个，占总数的57.85%；北美洲数量约为亚洲的一半，有1539个，占总数的29.42%；拉丁美洲数量为619个，占总数的11.83%；大洋洲最少，只有47个，占总数的0.9%。按照有、无轮廓这种传统的分类方式，其中，亚洲有轮廓人面为2627个，无轮廓人面399个，有、无轮廓的比例约为6.6∶1，无轮廓人面在中国将军崖岩画点比例较高（表3-3）；北美洲有轮廓人面1057个，无轮廓人面482个，二者的比例约为2.2∶1，无轮廓人面主要集中在西北部的美国阿拉斯加和加拿大西北海岸地区，美国西南及大平原、东部等地区以有轮廓为主（表3-4）；拉丁美洲有轮廓的504个，无轮廓115个，比例约为4.4∶1（表3-5）；大洋洲有轮廓的33个，无轮廓的14个，二者比例约为2.4∶1（表3-6）。

表3-3　　　　　　　　　　亚洲人面岩画数量统计表　　　　　　　　（单位：个）

洲	岩画区域	主要岩画地区	有轮廓	比例	无轮廓	比例
亚洲	亚洲东部沿海	中国东南沿海	26	100%	0	0%
		中国将军崖	42	35.29%	77	64.71%
		韩国	46	100%	0	0%
		俄罗斯远东地区阿穆尔河流域	62	86.11%	10	13.89%
	亚洲内陆	中国西辽河流域	178	62.90%	105	37.10%
		中国锡林郭勒草原	3	60%	2	40%
		蒙古	25	80.65%	6	19.35%
		中国阴山	475	75.40%	155	24.60%
		中国桌子山	232	98.72%	3	1.28%
		中国贺兰山与北山	1102	97.18%	32	28.22%
		中国曼德拉山	121	97.58%	3	2.42%
		俄罗斯西伯利亚	315	98.13%	6	1.87%
	小计		2627	86.81%	399	13.19%

表 3 - 4　　　　　　　　　　　北美洲人面岩画数量统计表　　　　　　　　　　（单位：个）

洲	岩画区域	主要岩画地区	有轮廓	比例	无轮廓	比例
北美洲	北极沿海	美国阿拉斯加州	17	13.93%	105	86.07%
		加拿大夸加它里克	180	100%	0	0%
	西北海岸	美国、加拿大兰格尔岛—普吉特	311	47.77%	340	52.23%
		美国哥伦比亚河—达尔斯	21	63.64%	12	36.36%
	西南内陆	美国科罗拉多州	5	100%	0	0%
		美国犹他州	46	86.79%	7	13.21%
		美国亚利桑那州	114	98.28%	2	1.72%
		美国新墨西哥州	291	96.68%	10	3.32%
	其他	加拿大哥伦比亚—弗雷泽高原	0	0%	4	100%
		美国大平原	25	100%	0	0%
		美国、加拿大北部林区	45	100%	0	0%
		大洋洲美国夏威夷①	2	50%	2	50%
	小计		1057	68.68%	482	31.32%

表 3 - 5　　　　　　　　　　　拉丁美洲人面岩画数量统计表　　　　　　　　　（单位：个）

洲	岩画区域	主要岩画地区	有轮廓	比例	无轮廓	比例
拉丁美洲	墨西哥	墨西哥	5	16.67%	25	83.33%
	中美洲	尼加拉瓜	29	96.67%	1	3.33%
		哥斯达黎加	24	100%	0	0%
		巴拿马	5	41.67%	7	58.33%
	西印度群岛	巴哈马	25	100%	0	0%
		古巴	2	100%	0	0%
		牙买加	20	58.82%	14	41.18%
		波多黎各	113	91.13%	11	8.87%
		多米尼加	3	75%	1	25%
		英属维京群岛	5	33.33%	10	66.67%
		法属瓜德罗普岛	113	93.39%	8	6.61%
		圣文森特和格林纳丁斯	37	97.37%	1	2.63%
	南美洲	哥伦比亚	6	42.86%	8	57.14%
		委内瑞拉	22	95.65%	1	4.35%
		圭亚那	6	100%	0	0%
		苏里南	11	100%	0	0%
		巴西	24	66.67%	12	33.33%
		秘鲁	20	100%	0	0%
		阿根廷	2	100%	0	0%
		玻利维亚	6	100%	0	0%
		智利	26	61.90%	16	38.10%
	小计		504	81.42%	115	18.58%

① 为叙述方便，暂放在北美洲。

表 3 - 6　　　　　　　　　大洋洲人面岩画数量统计表　　　　　　　（单位：幅）

洲	岩画区域	主要岩画地区	有轮廓	比例	无轮廓	比例
大洋洲	印度尼西亚	卡伊岛	6	100%	0	0%
	波利尼西亚	马奎萨斯群岛	0	0%	6	100%
	美拉尼西亚	新喀里多尼亚	16	80%	4	20%
	澳大利亚	澳大利亚	11	73.33%	4	26.67%
	小计		33	70.21%	14	29.79%

依据以上 4 个表，笔者生成以下总表（表 3 - 7、表 3 - 8）。

表 3 - 7　　　　　　　　环太平洋人面岩画数量统计总表　　　　　　　（单位：个）

洲	人面岩画主要地区数量合计	人面岩画数量合计
亚洲	12	3026
北美洲	12	1539
拉丁美洲	21	619
大洋洲	4	47
总计	49	5231

表 3 - 8　　　　　　　环太平洋人面岩画数量统计柱状图表　　　　　　（单位：个）

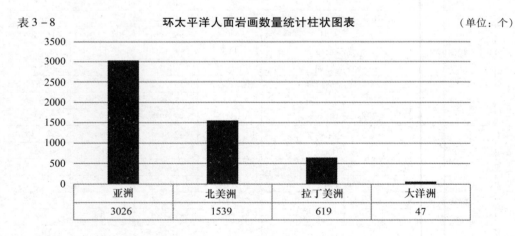

	亚洲	北美洲	拉丁美洲	大洋洲
	3026	1539	619	47

亚洲 91.31% 的人面岩画在内陆区域，仅中国境内阴山—桌子山—贺兰山地带的人面岩画就占到整个亚洲的 66.06%，是绝对的中心；其次是俄罗斯西伯利亚腹地，占 10.61%；中国西辽河流域也以 9.35% 的比例占有非常重要的位置；沿海地带的多处岩画点只占到 8.69%，而且主要集中在偏北方的中国将军崖和俄罗斯远东

地区阿穆尔河流域，东南沿海的零星发现不是主流。北美洲沿海区域的人面岩画大部分出现在西北部的美国阿拉斯加州至西北海岸的区域，约占北美洲总数的52.34%；西南内陆地区以及其他分布地点的人面岩画是晚近的作品，与西北海岸年代相差极大，虽然数量较多，但明显不是一个系统；个别出现在其他地区的人面岩画数量少且过于分散，不具有典型性。拉丁美洲有3/4集中在中美洲和西印度群岛的环加勒比海区域，而整个南美大陆的总数只占到1/4，渔猎采集文化在拉丁美洲人面岩画传播过程中表现出突出地位。大洋洲的零星发现，显示出人面岩画的信仰习俗在南太平洋的广大范围具有延续性，但是并不十分突出。

二 地域的分布特点

根据以上的数据显示，亚洲的人面岩画分布范围处在北纬22.3°—60°，东经60°—140°之间的广大范围内；但主要集中在中国境内西辽河—阴山—贺兰山一线的东西向分布带上，纬度坐标在北纬37.5°—44.5°之内。中国西辽河流域岩画位于红山文化区域的中心位置，这一地带的史前考古是中国考古学区系类型的重要地区，近几十年来受到考古界极大的关注，并不断有新的成果出现，对于岩画的跨学科研究而言，具有非常良好的材料基础作为支撑。而其余区域大多处于六大区系类型的边缘地带或者外围，以往考古学的关注不多——虽然边地考古也逐渐受到重视，但与主要区系相比基础尚显薄弱。阿穆尔河流域和西伯利亚的人面岩画点基本都在俄罗斯境内，纬度虽高，考古学发展却比较早，特别是阿穆尔河流域的萨卡奇—阿连岩画已经于2003年进入联合国教科文组织的世界文化遗产名录，对相关领域的研究具有丰硕的成果。从地缘关系上来看，俄罗斯远东地区的阿穆尔河流域和中国西辽河流域自古以来就有民族和文化上的交流与融合，新石器时代的文化发展脉络也有着比较密切的关系。这两处地点考古学材料的丰富基础和比较清晰的年代序列，能够提供比较多的论证材料来支撑人面岩画进行专题研究。

北美洲人面岩画的分布范围在北纬25°—61.2°、西经71.3°—155°之间。与中国不同，北美洲与亚洲约略同时的早期岩画只分布在北纬48°—60°、西经123°—138°之间的南北向狭长海岸线上。这一区域因为几千年来海平面上升，给滨海地区的考古带来很大难度。

拉丁美洲和大洋洲人面岩画的分布纬度跨度较大，从赤道以北与北美洲相连的分布区域纵向一直到南纬36°，横向从东经115°—西经43°之间。在如此广阔的大陆和海洋岛屿之上，具有分布区域广、数量少、过于分散等特点。而最为集中的区域都是在洋流缓和的北纬 10°—20°、西经 60°—90°之间的加勒比海区域。

从宏观来看，在北美洲到拉丁美洲的人面岩画狭长分布带上，正是历次亚洲移民向美洲迁徙的沿海大通道，民族成分复杂，文化交替频繁，且没有历史文献的记录，因此史前的考古学年代较难找到准确的坐标。

综合上述因素，人面岩画的专题研究，可以尝试以亚洲考古区系类型较为明确的典型区域为参照系，与整个环太平洋范围的人面岩画进行横向的比较。例如爱斯基摩人创造的北美洲加拿大夸加它里克岩画点是纬度最高、最靠北美洲东部的一个非常独立的地点，但是却与北美洲西部的阿拉斯加甚至亚洲的西伯利亚具有某些线索上的联系，并且因为国际学者关注较早，考古学断代非常清楚，因此具有典型意义。至于北美洲西南地区、美国大平原、美国、加拿大北部林区，以及拉丁美洲的中美洲、西印度群岛、南美洲，还有大洋洲澳大利亚等地的人面岩画，都比较确定是相对晚期的作品，具有印第安民族和南岛语族的独特风格，但与亚洲的直接可比性不强，似乎处于传播区域的末端，亦或是一些相对独立的个例。

三　风格特征的分布特点

将几个地区的人面岩画按照从沿海到内陆的方向摆放在一起比较，在亚洲有一个比较清晰的变化脉络：越靠近海洋，对面部器官的表现越具体、写实，即使经过变形处理，也是对面部器官各部分结构比较客观的反映；越远离海洋走向内陆，则五官的表达越概括、抽象，具有象征意味的抽象符号以及具有特定内涵的结构特征明显增多（表 3 - 9）。尽管艺术史学界还在争论写实风格和抽象风格的先后问题，但是在人面岩画的时间关系上是比较明确的：即从对人面结构的刻画这个角度看，写实风格的出现时间明显早于抽象风格。这一点在制作方法、刻凿痕迹、叠压关系等方面均有实例证明。在美洲，早期岩画也有一个比较明显的趋势，即从东北向西南方向，人面岩画的表现逐渐概括、简约，从早期相对客观的表现，最后发展到与印第安民族丰富的符号语言相结合，展现出更多不同内涵的象征性符号和结构类型。

有轮廓人面岩画在每一处密集地区都有自己独特的符号类型和风格特征，表现更多的是地域的差异性，说明每一个分布地区都在发展中形成了自己的独立系统。而在历史上，人类特别是狩猎和游牧民族的迁徙、交流、融合是发展的主流，因此，体现在人面岩画上，我们能看到许多相似之处，甚至有些相隔数千公里的人面岩画会惊人的相似（表 3 - 9）。

表 3-9　　　　　　　　　　　人面岩画从沿海到内陆的风格特征比较

海洋							内陆
	亚洲中国将军崖	亚洲俄罗斯阿穆尔河	亚洲中国西辽河	亚洲中国阴山	亚洲中国贺兰山	亚洲俄罗斯西伯利亚	
	北美洲美国阿拉斯加	北美洲加拿大夸加它里克	北美洲西北海岸	北美洲美国亚利桑那州	北美洲美国新墨西哥州	北美洲美国大平原	

　　以往人们对人面岩画的研究，更多的是关注轮廓的有无、外在特征的类型划分，强调眼睛作为心灵之窗的作用。然而，仅仅关注眼睛的研究角度无法解决年代问题，因为对同心圆、重环、凹穴等常规眼睛类型的描绘在人面岩画发展的每一个阶段都大致相同，没有产生明显的变化，在亚洲、美洲和大洋洲，圆形和涡旋、凹穴也都是各地岩画中普遍存在的装饰或者象征符号。但是当我们将观察的角度放在面部器官的构成方式上之后，就会有不同的发现，这种观察角度不能只关注眼睛而忽略其他的面部器官，更主要的是，不论五官和轮廓的组合是否齐全，关键是要观察人面岩画的各个器官在构成方式上的区别，眼眉（眉弓）、鼻子、嘴巴的形态和组合构成都非常重要。而每一个发展阶段除了延续下来的风格特征之外，都能够找到一些新出现的变化，这种变化的规律一旦与考古学材料相对应，通过"组合结构"的共性与差异性分析研究而不是仅靠眼睛、轮廓这种常规的方式，可能会对人面岩画的分期研究有更大的帮助。去除轮廓的干扰，更便于对面部结构变化的观察。通过综合比较，人面岩画在面部核心结构的组合构成方式上远比我们想象的丰富，而眼睛虽然是一个主要器官，但并不总是处于支配地位。能够决定风格特征的，有时是眼眉，有时是鼻梁，有时是面部装饰物或纹面，虽然看似杂乱，却也有一些规律可循。更重要的是，结构分析通常都能够与考古发现中各种载体上的人面图像一一对应，这也是本书后续的研究重点。

通过数据统计，提取单体图像数量较多较密集的主要人面岩画分布地点（单体图像超过100个），将有轮廓人面岩画的比例放到亚洲与美洲的地图之中，能够看到一个简单的规律：亚洲以中国将军崖的"有轮廓"人面岩画的比例最低，北部的中国西辽河流域逐渐增多，再折向西部内陆的中国阴山、中国贺兰山、俄罗斯西伯利亚呈现逐渐增多的趋势；北美洲的"有轮廓"人面在科迪亚克岛最少，经西北海岸向东南内陆以及拉丁美洲有逐渐增多的趋势（图3-58）。综合来看，亚洲的中国西辽河以及北美洲的西北海岸在轮廓有、无的比例关系上比较均衡，具有较强的包容性和代表性。

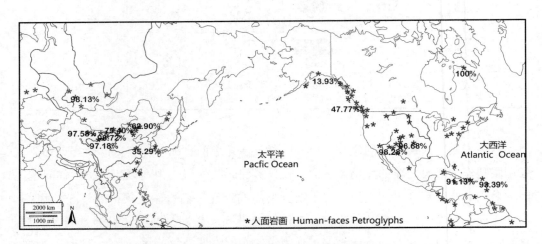

图3-58　有轮廓人面岩画在亚洲与美洲的比例变化

四　载体类型的分布特点

在数据统计的基础上，整理出亚洲和美洲人面岩画数量相对密集地点的载体类型，列表如下（表3-10）：

表3-10　　　　　　　　　　　　　　　　人面岩画的载体类型

地点	亚洲中国将军崖	朝鲜半岛	亚洲俄罗斯阿穆尔河	亚洲中国西辽河	亚洲中国阴山	亚洲中国桌子山	亚洲中国贺兰山	亚洲俄罗斯西伯利亚	北美洲美国阿拉斯加	北美洲加拿大夸加它里克	北美洲西北海岸	北美洲美国哥伦比亚河	北美洲西南地区	拉丁美洲西印度群岛
缓坡类	●				●	●			●	●	●			●
巨石类	●		●		●	●	●				●	●	●	●
崖壁类		●	●	●		●	●	●				●		●

　　从上表中可以看出，亚洲普遍选择崖壁作为人面岩画的载体类型，而美洲更多选择缓坡或巨石类型。亚洲中国将军崖、北美洲美国阿拉斯加、北美洲加拿大夸加它里克和北美洲西北海岸都以缓坡类和巨石类为主，它们在地理方位上也具有相同点，都是面向太平洋的沿海地带。而以崖壁类为主的岩画点，大多位于内陆地区。不难想象，在垂直或接近垂直的陡峭石壁上凿磨岩画，工艺手段的局限性要远远大于比较低平且靠近水源的缓坡和巨石。然而对于作画载体的选择似乎更多的体现了因地制宜的原则，尚不能表现出岩画创作的阶段性特征。

五　制作方法的分布特点

　　制作方法能够从一定程度上反映一个岩画点创作岩画的持续周期，采用方法越多，表明当地岩画作者使用的生产工具变化越大，进一步反映出社会生产生活方式的变化也就越大。统计显示，亚洲中国西辽河、北美洲西北海岸制作工艺最全面，其次是亚洲中国的阴山—桌子山—贺兰山和北美洲的西南地区。在亚洲中国将军崖、亚洲朝鲜半岛、北美洲美国阿拉斯加、北美洲加拿大夸加它里克和拉丁美洲西印度群岛等地，制作方法相对单一，表示这些地方至少在人面岩画的制作传统方面更倾向于比较固定的原始信仰，延续时间可能也相对较短（表3-11）。

表3-11　　　　　　　　　　　　　人面岩画的制作方法

制作方法	亚洲中国将军崖	亚洲朝鲜半岛	亚洲俄罗斯阿穆尔河	亚洲中国西辽河	亚洲中国阴山	亚洲中国桌子山	亚洲中国贺兰山	亚洲俄罗斯西伯利亚	北美洲美国阿拉斯加	北美洲加拿大夸加它里克	北美洲西北海岸	北美洲西南地区	拉丁美洲西印度群岛
深凿磨	●	●	●	●	●	●	●	●	●		●		●
点状敲琢		●	●	●	●	●	●				●	●	●
划刻				●									
浅磨划			●		●	●	●				●	●	

六　生计方式的分布特点

　　人面岩画作者所采取的生计方式，一定与他们的生存环境和气候条件紧密相关。通过分布概况的介绍，可以看出人面岩画主要分布地点的史前生计方式具有一定的规律性（表3-12）：沿海地带、江河之畔的原始部落，大多以渔猎采集为主，气候温暖的区域兼有农耕，纬度越高生计方式越趋于单一；山脉、峡谷、草原之中的原始部落，生计方式大多为前期狩猎采集，后期发展农耕和游牧的复合经济；在沿海与内陆的过渡地带如亚洲中国的西辽河以及北美洲美国的哥伦比亚河流域，生计方式就比较综合，狩猎、渔猎、游牧、采集、农耕相结合，岩画也表现出周期长、种类多、方法全、风格多样的特点；在北美洲的西南地区和南美洲的安第斯山周边，人面岩画属于"复合经济族群"的产物，更早的"早期狩猎者"和"进化了的狩猎者"中均没有出现人面岩画。

表 3 - 12　　　　　　　　人面岩画主要分布地点的史前生计方式

生计方式	亚洲中国将军崖	亚洲朝鲜半岛	亚洲俄罗斯阿穆尔河	亚洲中国西辽河	亚洲中国阴山	亚洲中国桌子山	亚洲中国贺兰山	亚洲俄罗斯西伯利亚	北美洲美国阿拉斯加	北美洲加拿大夸加它里克	北美洲西北海岸	北美洲西南地区
渔猎采集	●	●	●								●	●
狩猎采集			●		●	●	●	●	●		●	●
游/畜牧			●		●	●	●				●	●
农耕	●	●		●			●				●	●

宋耀良认为，中国的人面形器物和人面岩画都是农业文化的产物。这种论断的依据是绝大多数的人面形器物出土地点都在农业文化区（图 3 - 59），而人面岩画也主要是分布在中国阴山山脉以南的区域，他认为人面岩画体现的不是狩猎文化、游牧文化，而是农业文化或农牧文化。[①] 然而，将中国史前农作物的出土地点分布图（图 3 - 60）与人面形器物出土地点和人面岩画遗址分布图并置起来比较，不难看出，人面岩画的密集区与史前农作物的出土地点之间几乎没有太多的交集。人面岩画的密集区沿着中国北方的山脉和峡谷分布，而史前农作物以及人面形器物的出土地点主要集中在北纬 40°以南的黄土高原和黄河、长江的中下游平原。从史前农业的考古遗存可见，中国北方人面岩画的密集区其史前农业的发展并未达到很高的水平，那里原有的经济模式在人面岩画产生的早期阶段应该还是主流，后期人面岩画的发展经历了漫长的历史过程，农耕文化和猎牧文化的交替影响都在它的风格类型的变化上有着明显的印迹。

再从宋耀良的中国人面形器物出土地点与人面岩画遗址的分布图来看，在中国，新石器时代人面形器物首要出现在以仰韶文化为代表的中原区系，其次是以红山文化为代表的北方区系，主要在燕山以北的西辽河流域，在以大汶口文化为中心的东

---

① 宋耀良：《中国史前神格人面岩画》，生活·读书·新知三联书店 1992 年版，第 205 页。

方区系和以良渚文化为中心的东南区系也都有分布。然而在上述区系之中，唯有东北方的西辽河流域以及东方的将军崖发现了年代较古老的人面岩画，其他地方都没有发现。

中国将军崖所在的大汶口文化区较早地发展了农业文化，沿海地带兼有更为古老的渔猎文化作为辅助；中国西辽河流域新石器时代的社会产业结构，经历了由渔猎为主向农耕为主的长期转变过程，直到红山文化前期仍是渔猎为主；红山文化晚期至小河沿文化期间的铜石并用时代，是渔猎与农业并重阶段；夏家店下层文化的早期青铜时代才开始发展到以农业为主的阶段。[①]

图 3 - 59　亚洲中国新石器时代人面形器物出土地点与人面岩画遗址分布示意图

（采自：宋耀良：《中国史前神格人面岩画》）

---

① 田广林：《中国北方西辽河地区的文明起源》，博士学位论文，东北师范大学，2003 年，第 211 页。

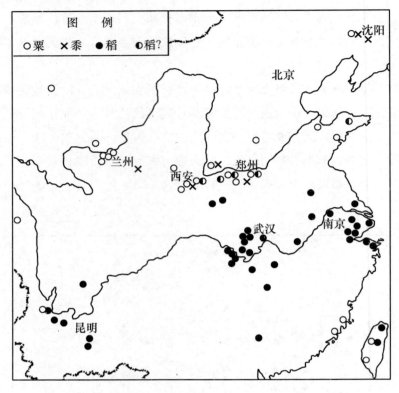

图3-60 亚洲中国史前农作物出土地点分布图

（采自：安志敏：《东亚考古论集》）

再将眼光放到俄罗斯远东地区人面岩画比较密集的阿穆尔河流域以及北美洲的西北海岸地区，在相当于中国的新石器时代直到青铜时代之间，这里都始终是以渔猎、狩猎、采集经济为主，几乎没有发展出原始农业，北美洲西南地区直到公元前300年左右才开始进入早期农业阶段，从世界范围来看，农耕经济并不是人面岩画产生的唯一决定性因素。

根据多数研究者的判断，较早的人面岩画发生在新石器时代应该是没有太多的疑问，这期间恰巧与中国早期原始农业文化的发生、发展相吻合，因此才使得一些学者认为人面岩画是农业文化的产物。然而，在中国，以仰韶文化为代表的农耕文明并没有直接促成当地人面岩画的产生，反而是集中出现在渔猎文化为主的中国西辽河流域以及猎牧经济突出的阴山—贺兰山一带。在俄罗斯远东地区阿穆尔河—乌苏里江流域，贯穿新石器时代的渔猎定居文化也产生了较丰富的人面岩画。从时间上来看，人面岩画没有出现在旧石器时代的狩猎采集文化区间，初步排除与狩猎文化的直接关系。中国西辽河流域在受到农业文化影响之前，也没有形成人面信仰的文化传统，因此可以确定，人面岩画也不是猎采经济的产物。

从以上的分析来看，定居的生活方式应该是人面岩画产生的必要条件，俄罗斯远东地区阿穆尔河流域独特的渔猎定居文化中产生的人面岩画即说明了这一点；而亚洲中国的将军崖、西辽河、阴山、贺兰山、桌子山等人面岩画密集区在新石器时代都不是单一的社会产业结构。排除了每一种单一的社会产业结构，只剩下一种可能，就是随着定居的农耕经济在猎采经济区的初步发展，人们的生活方式发生显著转变，促成了将人面形象凿刻在固定岩石上的人面岩画的产生，与新石器时代早期或中期通过陶塑、小型石雕、骨雕等方式形成的人面信仰得到共同的发展。

总体而言，人面岩画的密集地区都处在猎采经济或游（畜）牧、农耕相混合的复合经济区，并始终在猎牧经济区得以传承。因此可以初步判断，渔猎、狩猎、采集的经济方式与定居（农业）文化的碰撞、交融是人面岩画产生的物质基础，而形成人面信仰的猎采民族通过不断的迁徙，将凿刻人面岩画的习俗向四周传播开来。

通过上述分布特点的综合比较、分析可以看出，亚洲北部尤其是中国北方西辽河流域是人面岩画较早产生的地区，也是重要的转折点或交汇之处。不论是数量、风格类型、制作方法还是生计方式，都具有综合性和代表性。同时，亚洲中国西辽河流域在考古学文化区系中是所有人面岩画分布地点中最发达、最成熟的区域。基于此，将亚洲中国北方的西辽河流域作为参照系首先进行初步的纵向分期研究，再结合环太平洋区域内的其他人面岩画地点进行每一阶段的横向比较，是比较理想的选择。

第四章 亚洲中国北方西辽河流域人面岩画的分期与主要类型

通过以上分布特点的数据和图表对比，可以看出中国北方西辽河流域岩画具有生态环境复杂、类型齐全、延续周期长、影响范围广等特点；亚洲与北美洲其他一些主要的分布地点与中国北方西辽河的几期岩画存在相同或相近的类型特征。因此，适合将中国北方西辽河流域作为参照系进行比较研究。

如前所述，在目前的科技手段和考古学知识框架之下，岩画的准确年代判断还是一个尚未突破的难题。虽然中国北方西辽河流域有个别考古挖掘的人面岩画可以作为例证，但是只能得到地层关系的下限而仍然无法准确测定人面岩画的具体制作年代。因此，这里的时期界定只是为了便于对图像类型更深入地理解和把握而进行的粗略划分。划分的依据是，把具有准确年代的考古学遗存作为首要的参照对象，论证人面岩画图像类型与周围考古学文化的关联性；再结合制作工艺、叠压关系、痕迹判断、风格特征等综合因素，建立起基本的关联序列，得出几个大体的分期。方便起见，先将考古学界对中国北方西辽河流域全新世以来的考古学诸文化及其文化性质的概括转引如下（表4-1）。

表4-1　　　　　　　　　　西辽河流域全新世以来考古学文化性质

文化类型	时段（距今）	文化性质
小河西文化	10000—8150	采集、渔猎
兴隆洼文化	8150—7350	采集、渔猎、原始农业并存；定居文化
赵宝沟文化	7150—6150	进入耜耕农业阶段，驯化—渔猎—采集占重要地位，社会分工开始；定居文化
红山文化	6660—4870	发达的耜耕农业，采集、渔猎成为补充，进一步社会分工；定居文化
小河沿文化	4600—4100	渔猎农业并重，农业较红山时期明显衰退

续表

文化类型	时段（距今）	文化性质
夏家店下层文化	4100—3300	史前农业发达，渔猎成为补充，家畜饲养盛行；定居文化，聚落有功能分化
夏家店上层文化	3200—2200	畜牧业占主体，晚期出现农业文化，青铜器发达；聚落遗址发现少

（采自：席永杰等《西辽河流域早期青铜文明》）

进入全新世以后，中国北方西辽河流域史前文化的兴隆洼文化、红山文化和夏家店下层文化阶段，原始农业不断发展壮大，主要是人类自身进步的结果，也与全新世大暖期比较适宜的气候环境相关。而红山文化在极盛时期的突然中断，以及夏家店下层发达的农业文化被上层的畜牧业文化所取代等文化断层事件，主要归因于气候的恶化。[①]　总体来看，中国北方西辽河流域的人面岩画能够与考古学文化的几个明显的发展阶段相对应，笔者将其归纳为史前的三个阶段和历史时期的一个阶段。每个阶段各有其相对独特的风格特征与形成条件，在图像构成特征上具有一些明显的演进过程。

第一节　兴隆洼—赵宝沟文化时期

全新世早期的气温升高，造成了西辽河流域长时间的温湿气候，广泛分布的落叶阔叶林景观，为人类的发展创造了良好的自然条件，适宜原始采集渔猎文化的发展，在此基础上形成了小河西文化。继小河西文化之后的兴隆洼文化，是典型的渔猎、采集和原始农业并存的混合经济。其后的赵宝沟文化阶段，正值全新世大暖期的鼎盛阶段，稳定的暖湿气候有利于农业的发展，为红山文化的农业兴起奠定了基础。[②]

在中国北部西辽河流域北部林西县的兴隆洼文化白音长汗遗址，出土有一个石雕人像（图4-1），面部造型手法极其简练，双眼仅以两个椭圆形凹穴构成。此外，还出土有一个蚌壳人面、一个镶嵌蚌饰的石人面和一个东寨类型双石人面。蚌壳人面（图4-2，a）为同心圆双目，无眉和鼻，在眉心上方有两个圆点装饰；口部张开，有竖线表示牙齿；口下方有一个椭圆点装饰。嵌蚌石人面（图4-2，b）眼睛为两条上弯的连弧线，无鼻，口部突出尖锐的上下槽牙。双石人面（图4-2，c）

---

① 席永杰、王惠德，孙永刚：《西辽河流域早期青铜文明》，内蒙古人民出版社2007年版，第25页。

② 同上书，第32页。

的眼睛和嘴巴为三个圆凹，眼眉和鼻梁连起来构成一体化的"连眉纵鼻"结构。1982 年，在敖汉旗赵宝沟一号遗址出土了一个陶塑人头（图 4 - 2，d），五官兼具，风格简练、写实，无过多装饰。这时的陶器装饰以几何纹饰为主，对人面图像还没有产生显著的影响。这些人像和人面的发现，表明在距今 8000—6000 年前的兴隆洼和赵宝沟文化阶段，中国北部西辽河流域已经有制作人面的传统。从图像构成的角度来看，此时的人面雕刻品和塑像对于面部轮廓的形态处理比较随意，总体上以写实的卵圆形为主，眼睛已经具备圆凹、同心圆和扁目三种基本形态，眉弓部分偏重"连弧眉"的写实结构，也有与鼻梁连成一体化的"连眉纵鼻"结构，口部有圆凹、张口露齿和槽线三种形式。

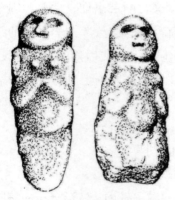

图 4 - 1　亚洲中国北部白音长汗出土
兴隆洼文化人像

（采自：王刚：《从兴隆洼石雕人像看原始崇拜》）

a. 白音长汗蚌人面　　　b. 白音长汗嵌蚌石人面

c. 东寨石人面

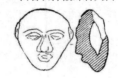
d. 赵宝沟陶塑人头

图 4 - 2　亚洲中国北部兴隆洼、赵宝沟文化人面像

（采自：索秀芬：《燕山南北地区新石器时代文化研究》等）

　　与图 4 - 2 的 a 蚌壳人面具有相同结构特征的人面岩画，在整个中国北部西辽河流域仅发现 7 例，其中 6 例在翁牛特旗白庙子山和箭眼山两处集中出现，这类人面岩画的体量均大于其他人面像，明显处于统治地位（图 4 - 3，a - f）。它们都采取"同心圆双目"和"张口露齿"这两个基本的表现形式相组合，构成面部的结构特征。人面岩画的造型风格单纯、古拙，制作方法均为磨刻，痕迹十分古老，早已与岩石表面的色调一致，但是沟槽普遍很深，侧光条件下尚能辨认。这些人面岩画与白音长汗遗址的距离最近的不足 100 公里，在考古学范畴中属于同一个新石器时代中期文化系统。[①] 图像特征的一致性、空间位置上的一体性以及区域内五官构成方式的唯一性，表明这

① 田广林：《中国北方西辽河地区的文明起源》，博士学位论文，东北师范大学，2003 年，第 38 页。

些人面岩画的创作时间与这些出土的雕刻人面像很可能属于同一时期，是中国北部西辽河流域最早期的作品。最远的一例出现在阴河流域的康家湾（图4-3，g），凿刻在一块密布有70个图像的巨石之上，周围人面的装饰性特征明显，已经是相对较晚的作品。这种现象表明，早期的图像特征具有一定范围的延续性和传播性。

a. 白庙子山　b. 白庙子山　c. 白庙子山　d. 白庙子山　e. 白庙子山　　f. 箭眼山　　g. 康家湾

图4-3　张口露齿+同心圆双目结构人面岩画

位于中国中原、中国北方和中国山东三大文化区中间地带的河北易县北福地一期遗址中，出土了10多件以直腹盆腹片雕刻而成的陶刻面具（图4-4），年代与兴隆洼文化相当，造型风格写实，考古人员根据出土数量和摆放位置推测可能是用于祭祀或巫术驱疫时的辅助神器，用来装扮神祇或祖先。① 赵宝沟文化晚期的后洼遗址出土了许多滑石雕刻的人面像（图4-5），形态特征基本上延续了兴隆洼文化的特点，仍然是比较单纯的客观写实性表现，甚至图4-5的a图的张口露齿形态几乎

图4-4　亚洲中国北部北福地陶刻面具

（采自：段宏振：《河北易县北福地史前遗址的发掘》）

图4-5　亚洲中国北部赵宝沟文化后洼遗址滑石石雕人面像

（赵辉提供）

①　段宏振：《河北易县北福地史前遗址的发掘》，《考古》2005年第7期。

与人面岩画的口部形态无异。唯独图4-5的d的面部有几道较深的刻槽,很可能是一种纹面的早期形式,在白庙子山巨薯石的最底部转角处,有一个人面像在脸颊部位具有相同的刻线。

这些在中国北部燕山南北同时出现的大量人面像遗存,都是中国目前所见年代较早、保存较为完整的作品,说明在中国北部燕山以及西辽河流域很早就发展出了崇尚人面的文化习俗。

在中国北部翁牛特旗北部那些眼口兼具的人面岩画周围,还有一些其他形态的人面岩画,它们造型各异,但是以同心圆双目的表现最为突出,单圆环和重环双目略少,也有写实的扁目,个别的以圆穴代表眼睛(图4-6)。

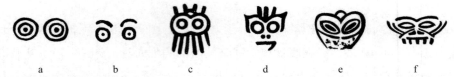

a　　　　b　　　　c　　　　d　　　　e　　　　f

图4-6　亚洲中国北部翁牛特旗北部人面岩画

总体上,这一时期的人面岩画形象突出双眼,轮廓的有无和形状没有一定之规,连弧眉和连眉纵鼻一体化的造型结构已经开始形成,点状和线状的纹面装饰开始出现。虽然这些特征都或多或少地采用了夸张、变形的处理手法,但是在五官搭配的关系上还都是遵循着比较写实的规律,表现的是一种相对单纯客观的视觉形态。

第二节　红山文化时期

红山文化时期,在兴隆洼一赵宝沟文化的基础上,发展出比较发达的耜耕农业,渔猎和采集经济成为补充。社会逐渐进入新石器晚期和铜石并用时代,但是仍以石器为最主要的生产工具。[1] 牛河梁遗址女神庙、积石冢群和祭祀广场的发现,表明红山文化已经具有较高级的社会组织形式和发达的宗教信仰体系。岩画分布的主要地点,也随着红山文化重心的改变逐渐向南部转移到英金河一阴河流域。

在中国北部巴林右旗查干诺尔苏木洪格力图墓葬遗址中,发掘出两个陶制人面像(图4-7,a),共同特点是椭圆形轮廓,有沟槽很深的连弧形眼眉,眼睛和鼻子均以圆凹表现,嘴巴为一条直槽,比较有特点的是在外眼角下方和鼻翼两侧都有两

---

① 席永杰、王惠德、孙永刚:《西辽河流域早期青铜文明》,内蒙古人民出版社2007年版,第34页。

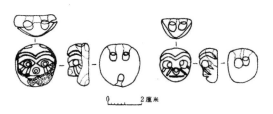

a. 洪格力图红山文化陶塑人面像

（采自：苏布德：《洪格力图红山文化墓葬》）

b. 牛河梁女神头像

（采自：辽宁省文物考古研究所：《牛河梁遗址》）

图4－7　中国北部红山文化考古遗存中的人面像

条向外侧延伸的斜线，很像是划过脸颊的泪痕；两者唯一的不同是略大的一个眼睛外轮廓为核形扁目，这种写实性的扁目也同样出现在牛河梁遗址的女神像上。郭大顺曾指出，白音长汗、牛河梁等地的人像姿态相仿，人面部分的处理手法相近，都是与祭司有关的姿态①，看来这些人面头像以及人面岩画的制作都是出于原始宗教的需要具有明显的神圣性。

　　在克什克腾旗苇塘河有一幅地层中出土的人面岩画（图4－8，a），连弧眉、三角鼻和口部的形态与洪格力图陶塑人面像的面部构成方式十分相似，是当地农民取黄土时，在距离地表3—4米的黄土层中发现的，通过与相关的考古报告相对照，岩画以南2公里处的一个夏家店下层文化遗址文化层厚度最深不超过1.5米。②

a. 苇塘河　　　　b. 半支箭　　　　c. 半支箭　　　　d. 康家湾

图4－8　中国北部西辽河流域连眉环目类型人面岩画

　　此外，巴林右旗博物馆收藏的两个红山文化玉人面纹饰件也都具有三角鼻的特征③（图4－9，a－b），因此可以判断其时代下限早于夏家店下层文化，应是红山时代的作品。这种连弧眉结构＋三角鼻的人面形象还出现在托克托县出土的一个没有实用功能的大石铲上面（图4－9，c），相似的人面岩画在阴河流域以及翁牛特旗也有分布。

---

①　郭大顺：《红山文化"玉巫人"的发现与"萨满式文明"的有关问题》，《文物》2008年第10期。

②　盖山林、盖志浩：《内蒙古岩画的文化解读》，北京图书馆出版社2002年版，第277页。

③　乌力吉：《巴林右旗博物馆收藏的玉人面纹饰件》，《北方文物》2000年第1期。

a

b

巴林右旗玉人面

c. 托克托县大石铲

（采自：席永杰：《红山文化玉器造型的审美情韵》）　　（采自：陈星灿《内蒙古托县发现的几件磨制石器》）

图 4-9　中国北部红山文化人面遗物

　　自 20 世纪 70 年代以来，在红山文化的几个考古遗存之中出土有一种勾云形玉器①（图 4-10），其中有几款的纹饰造型独特，以两个对称外旋的涡旋纹表示眼睛，这种造型方法在更早的兴隆洼和赵宝沟文化时期尚未出现。在牛河梁红山文化遗址中出土的陶器上，也出现了这种涡旋纹饰的风格（图 4-11）。有学者认为，这种涡旋纹饰风格大量出现在庙底沟文化遗存中，红山文化中期与之大体相当。而红山文化的涡旋纹陶器主要出现在第四期，考古年代为公元前 3500 至公元前 3000 年之间。② 红山文化之前，中国北部西辽河流域的陶器纹饰都以之字纹为主体。此时彩陶中流行的黑彩弧线纹、涡旋纹和弧边三角纹图案，可能是受到庙底沟文化影响的结果。③ 而在东北方的黑龙江流域，同时期也流行着这种涡旋纹风格并在岩画和其他考古遗存中大量出现，其流行程度远超西辽河流域，因此，也有可能存在东北亚涡旋风格与中国北部西辽河红山文化交互影响的可能。总之，多种载体之上出现的涡旋纹风格在距今 5500—5000 年左右成为红山文化中期的典型风格之一。

图 4-10　亚洲中国北部红山文化勾云形玉器

（采自：刘国祥：《红山文化勾云形玉器研究》）

图 4-11　亚洲中国北部牛河梁出土陶器纹饰

（采自：索秀芬：《红山文化研究》等）

①　刘国祥：《红山文化勾云形玉器研究》，《考古》1998 年第 5 期。
②　索秀芬、李少兵：《红山文化研究》，《考古学报》2011 年第 3 期。
③　田广林：《中国北方西辽河地区的文明起源》，博士学位论文，东北师范大学，2003 年，第 39 页。

在中国北部英金河—阴河流域，有两幅与勾云形玉器的眼睛表现风格相似的人面岩画，出土于夏家店下层文化的三座店石城遗址中。据内蒙古文物考古研究所报道，其中一幅为"双漩涡纹，局部压在夏家店下层文化建筑的石墙之下"；另一幅为"双漩涡纹和折线条组成的颜面纹，刻在通道中央的一块基岩上"（图4-12，a）。与之同时出土的还有一幅凹穴岩画。这3幅岩画系发掘出土，正如考古人员所说的："依据它们在遗址中的埋藏层位，可以确认这些岩画的作画时间至少应与夏家店下层文化同时或更早。"① 这种人面岩画与考古文化比较明确的地层对应关系在国内还极其罕见，对判定人面岩画的年代提供了可供参考的科学依据。另据考古材料显示，英金河—阴河流域孤山子的一个涡旋纹图像被压在厚达6米的夏家店下层文化堆积层之下②，与三座店人面岩画互相印证，更确定这种类型岩画早于夏家店下层文化的事实。

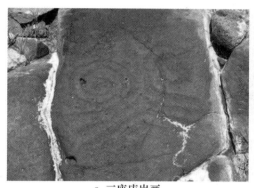 

a. 三座店岩画　　　　　　　　　　　　　b. 红山岩画

图4-12　亚洲中国北部阴河—英金河流域的涡旋眼人面岩画

（朱利峰摄）

三座店这幅涡旋纹和折线纹组合的人面结构，在赤峰红山上的红山文化遗址一处险要的崖壁上也发现了一个（图4-12，b），两者的形态特征几乎完全一致，区别只是三座人面店岩画的制作方法为深凿磨，红山人面岩画则为点状敲琢而成。从制作难度上看，红山人面岩画位于陡峭的山顶崖壁之上，落脚处极窄，难以借力，能够敲琢出完整的图形已属十分不易；三座店的人面岩画石处于石城的缓坡之上，

① 郭治中、胡春柏：《赤峰三座店夏家店下层文化石城址发掘全面结束》，《中国文物报》2006年12月13日第二版。

② 盖山林、盖志浩：《内蒙古岩画的文化解读》，北京图书馆出版社2002年版，第280页。

且靠近水源，以深凿磨工艺制作相对容易得多。这些以涡旋纹为主要表现特征的人面岩画同处于英金河—阴河流域，应为同一阶段的作品。

在贺兰山插旗口发现一幅有轮廓的人面岩画，其面部结构与这两个涡旋纹双目＋折线纹的表现手法基本一致，只是这个人面岩画除了有一个近方形的轮廓之外，折线的数量也比较多，更富于装饰性（图4－12，c）。

图4－12，c 亚洲中国北部贺兰山插旗口涡旋眼人面岩画

从制作方法和痕迹判断来看，与涡旋纹属于同一时期的英金河—阴河流域岩画开始出现一些新的造型特征和结构类型（图4－13）。主要包括：四角偏圆的方形轮廓（图4－13，a－c），额头的多重连弧皱纹装饰（图4－13，d），椭圆形轮廓与芒线的组合（图4－13，e－f），无轮廓人面的"连弧眉"结构已经模式化（图4－13，g－k）等。

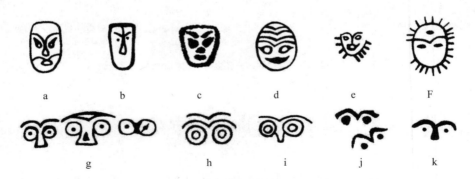

图4－13 亚洲中国北部阴河流域红山文化时期人面岩画

总体来看，红山文化时期的人面岩画，眼睛虽然仍是必不可少的要素，但是同心圆双目的突出作用已经明显削弱，扁目、圆点双目增多；眼睛完成了从圆形、同心圆、重环向涡旋纹的转变；涡旋纹双目、有芒轮廓和连眉双目的模式化是新的表现特征；额头开始出现多重皱纹，面部增加泪痕等各种隐喻性更强的装饰性元素；

人面各要素的构成形式趋于模式化、规范化、符号化。

第三节　小河沿—夏家店下层文化时期

继红山文化之后的小河沿文化，是向夏家店下层文化过渡的一个阶段，中原地区的文化北上影响日趋显著，约为铜石并用时期。这一时期与距今 5000—4000年左右的全新世暖期中的降温事件重合，科尔沁沙地第一次扩展，繁荣的红山农业文化衰退，遗址减少，渔猎文化重新占据了重要的地位。距今 4000 年前后，河流下切形成现在的二级阶地和新的河漫滩，为夏家店文化时期提供了更加安全和适合农作物的场所。① 人面岩画的分布范围在此期间进一步向四周扩张，达到最繁盛阶段。

翁牛特旗南部的毛瑙海山和大黑山岩画点有许多带有耳饰和头饰的人面像，是环太平洋范围内所发现的人面岩画中风格非常独特的一种岩画类型。这些人面岩画有明确的五官和轮廓，对菱形或核形面庞的偏好似乎代表着某一族群的独特标记；轮廓外各个装饰部位的造型特征也十分明显，主要是十字星形和鱼鳍、鱼尾的具象表现，这种人面与鱼纹相结合的手法在中国新石器时代仰韶文化的彩陶纹中已有先例，两者都有耳饰、腮饰和三角形的尖顶，题材也都是人面纹和鱼纹的组合。但是这里的人面岩画构成方式不像是半坡彩陶器物上人面和鱼纹简单的挨在一起，而是将鱼的身体幻化为人的面庞（图 4－14）。

a. 半坡彩陶图案　　　b. 大黑山鱼纹人面岩画　　　c.毛瑙海山鱼纹人面岩画

图 4－14　鱼纹人面遗存

---

① 席永杰、王惠德、孙永刚：《西辽河流域早期青铜文明》，内蒙古人民出版社 2007 年版，第 36—49 页。

　　图4-14的b是大黑山现存最为完整、精细的一幅人面像，突出表现"鱼鳍""十字星形"以及大三角折线纹，直观上可称之为"鱼纹人面像"。具体的构成方式是在菱形人面的上半部装饰繁密的大三角折线纹，下颌处加上鱼尾，在腮部加上鱼鳍，使鱼纹和人面像合二为一。这种构成方式与翁牛特旗北部的早期人面像差异较大，年代跨度明显，其基本特征为多种造型元素的复合构成，虽沿袭自红山文化时期的"连弧眉+三角鼻"样式，但造型严谨，讲究固定的模式，更添加了耳部和顶部的装饰物。此类岩画在黑褐色的玄武岩上的凿痕颜色比岩石表面的深色调略浅，但已经非常接近，年代也相当久远。制作方法主要为点状敲琢，凿点细密，直径约为1—2毫米。部分线条经敲击之后又磨划加工，宽度多在5—8毫米之间，深度在2毫米之内。在这种宽度范围内进行加工，使用新石器时期的石质凿磨器具是比较难以实现的，很可能已经动用了金属工具。

　　整个人面图像的每一个细节均使用极其规范、严谨的装饰化手法。对鱼纹细节的形象刻画可能与当时人们以鱼类为主的生计方式有关。十字星形的装饰，使画面增加了几分神秘。这些星形很容易让人产生光的联想，似乎表达出当时人们对于温暖的渴望。

　　小河沿文化时期的考古遗存没有发现与鱼纹人面相对应的材料，但是在石棚山等遗址出土的许多大三角折线纹陶器，能够看到与鱼纹人面顶部相同的装饰手法，共同之处除了形式一致之外，两者都追求精细、匀称的构图效果（图4-15）。

图4-15　亚洲中国北部小河沿文化石棚山遗址陶器纹饰

（采自：索秀芬：《小河沿文化分期初探》）

　　对光明的向往以及改善生存环境的渴望心态，与距今4800年左右中国北部西辽河流域开始长达600年的降温事件不谋而合[1]，这一期间气候恶化，人口减少，土地由于长期的粗放型农垦活动沙化严重[2]，很有可能在夏家店下层文化兴起之前，

---

　　[1]　席永杰、王惠德、孙永刚：《西辽河流域早期青铜文明》，内蒙古人民出版社2007年版，第34—40页。

　　[2]　宋豫秦等：《中国文明起源的人地关系简论》，科学出版社2002年版，第53页。

这一区域有一个以渔猎采集为主要生计方式的族群，在气候变冷、农业衰退的情况下没有选择向南方温暖的地带迁徙，而是留在又干又冷的贫瘠的生态环境中勇敢地面对困难。从大黑山和毛瑙海山这两个岩画点的直线距离来看，这一支族群的活动范围不大，仅仅在比较小的范围内遗留下了鱼纹人面像。[①]

与鱼纹人面同一时期的还有一些枓形或椭圆形人面，同样带有十字星形或鱼鳍形的耳饰（图4-16）。此期岩画的面部核心图像以连弧眉、圆目、三角鼻、椭圆口为基本构成规范。这种固定结构在中国北部英金河—阴河流域和白岔河流域都有发现，但均不带有十字星形或鱼鳍的附加装饰，很可能属于略早于小河沿文化的红山文化晚期类型。

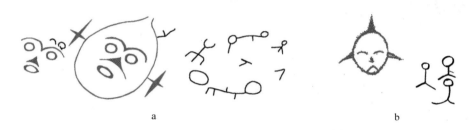

a　　　　　　　　　　　　　　　　　b

图4-16　亚洲中国北部翁牛特旗大黑山岩画

这批较早的人面岩画之上，又叠压了大量的符号岩画（图4-17）。这些符号痕迹较新，制作粗糙，年代显然要晚于鱼纹人面。线条为点状敲击或浅磨划而成，多见有明显的金属利器刮削痕迹，有些像是随意而为，缺乏刻意的修饰。这类符号岩画显然已经失去了神圣的意义，更像一种记事性质的符号，体现的是人类的作迹本能。造型多以简单的圆圈和"人"字形相连接构成奔跑状的类人形，另有一些构成类似星象的符号。

这些由圆圈和连线构成的符号岩画中，也有非常少的人面表现，在翁牛特岩画中是最晚期的作品。这一期间的伴生图像出现了以驯鹿为主的动物，有的动物颈部还系有绳索，透露了这时的生计方式显然是畜牧经济，因此岩画制作的时间上限不会早于距今3000年左右畜牧业兴起的夏家店上层文化。这期间气候变干变冷的趋势明显，旱作农业逐渐被能够适应冷干气候的畜牧业取代，岩画由游牧民族制作的可

① Zhu Lifeng, "Rock Art in Ongniud Banner and Its Creators", Directed by Emmanuel Anati: *Art As a Source of History*, XXV Valcamonica Symposium, 2013, Italy: Centro Camuno di Studi Preistorici, pp. 145 - 154.

能性很大。比较大黑山和毛瑙海山相叠压的两期岩画内容，因风格内容明显不同，制作手法也有别，因此其作者很可能不属于同一族群的延续。

a. 大黑山叠压关系原图　　　　　　　　　b. 大黑山叠压关系描图

图 4 - 17　亚洲中国北部大黑山岩画叠压关系

　　在中国北部英金河—阴河流域的半支箭、康家湾等岩画点，有许多方形轮廓人面以及无轮廓的眉、眼、鼻组合结构风格接近，这些组合中"连弧眉"和"三角鼻"的使用比较普遍，风格化明显。同样的形象在中国北部扎鲁特旗大里山和围场县潘家店岩画点也都有发现，应为同一阶段的作品。特别值得一提的是康家湾的一块巨石岩画，因为修建三座店水库而迁移到赤峰的石博园中保存。在一面 20 平方米见方的石壁上，密密匝匝布满了 70 个形态各异的图像，绝大多数是人面像。从 U 形沟槽的痕迹判断，应是石器制作，黄赭色花岗岩上的磨痕颜色已经与石面统一，但痕迹较浅，远看根本不会知道这竟然是古人视为神祇的圣像壁。除了上述特征之外，这里的人面轮廓还有很多以波曲纹和铰链纹构成，出现了三角形和梯形等更随意的形状，充满了装饰意味，与处于相同时代的中国南部的良渚文化以及石家河文化玉器上的人面风格极其神似，甚至与中国东部的山东益都苏埠屯商墓出土的兽面纹大钺图像基本一样，很有可能是受到了环太湖文化和海岱文化北上的影响。相似的人面图像，在中原地区一直到西周都有发现，可见此类风格的持续时间跨越了一千余年。中国北部小河沿—夏家店下层文化时期，已经进入铜石并用和青铜时代，彩陶、玉器、青铜器上出现了繁缛的纹饰，这种风格影响到人面岩画的造型，在康家湾人面岩画上就是具体的表现（图 4 -18）。

a.良渚文化玉版饰　　　b.山东益都兽面纹大钺　　　c.康家湾岩画　　　d.康家湾岩画

图4-18　富有装饰风格的考古遗存与人面岩画

（采自：张光直：《中国文明的形成》）

中国北部巴林右旗床金沟的人面岩画主要是由连弧眉及同心圆双目、圆环双目相组合的无轮廓形式呈现，个别图像有突出尖锐的牙齿，造型风格整体一致。磨划的痕迹较浅，与翁牛特旗毛瑙海山的许多图像新旧程度一致，应是同一时期的作品。

树葬曾是中国古代北方许多民族流行的原始葬法，从林木茂盛的大兴安岭走出来的蒙古始祖室韦部、契丹人、女真人，都有树葬的习俗，反映了这些民族"亡灵回归森林"的萨满教观念。如北朝时期的室韦人，"父母死，男女众哭三年，尸则置于林树之上"[1]；至唐代室韦人仍保留此习俗；契丹人"父母死而悲哭者，以为不壮。但以其尸置于山树之上，经三年后，乃收其骨而焚之"[2]；辽中期以后树葬已很少见[3]。这种反映树葬习俗的岩画在中国的北方草原具有明显的分布轨迹，从西辽河一直到阿拉善的东西向分布带上都有发现，而且数量众多（图4-19）。

a　　　　b　　　　c　　　　d　　　　e

图4-19　亚洲中国北部西辽河流域与植物相结合的人面岩画

概括来看，小河沿—夏家店下层文化时期的人面岩画，各种不同的图像元素之间开始广泛融合，制作方法中开始夹杂金属工具的使用，精细化程度明显提高——具体的表现是细节刻画的增加，轮廓的几何化、装饰化以及面部器官组合的程式化愈加明显，相应的随着装饰的增加，制作工具不论是石器还是金属，沟槽的深度反

① （唐）李延寿：《北史》（第十册，卷九十四·室韦传），中华书局1974年版，第3129页。
② （唐）李延寿：《北史》（第十册，卷九十四·契丹传），中华书局1974年版，第3128页。
③ 宋德金、史金波：《中国风俗通史》（辽金西夏卷），上海文艺出版社2001年版，第124页。

而比前两个时期浅了很多。

第四节　历史文化时期

在中国北方，距今 3300 年左右，全新世大暖期结束，畜牧业文化兴起，夏家店下层文化被夏家店上层文化所取代。中国北部西辽河流域随着气候的再一次变干变冷，文化发生了转型，夏家店下层的农业衰退，开始了畜牧业的第一次繁荣。[①] 反映畜牧经济的岩画在西辽河流域显著增加，并且发展的中心向白岔河流域移动。作画者的注意力更多地转移到人们赖以生存的动物身上，人面岩画不再是最主要的表现对象，多是夹杂在动物岩画之间的零星出现。

中国北部克什克腾旗白岔河阁老营子村有一幅吐长舌的人面形象（图 4 - 20，a），这种形象在岩画中仅此一例，但多见于战国中期湖南、湖北和河南等地的镇墓兽，年代大约在公元前 4 至公元前 3 世纪左右，其他年代没有这一题材的作品[②]，很可能是中原地区的文化因素在西辽河流域的个别影响。

a.　阁老营子岩画　　　　　　　　　b.　湖南古墓大理石头像

图 4 - 20　亚洲中国北部岩画与考古遗存中的吐舌形象

据张松柏和刘志一的调查报告，中国北部白岔河流域山前村的一块残石上刻有两幅线条细密的椭圆形有轮廓人面岩画和两幅无轮廓人面岩画。两幅无轮廓人面岩画是程式化的连弧眉加重环双目，最有特点的是一大一小两个纹面人面像。五官部分的造型特点有小河沿时期的遗风，连弧眉、同心圆双目、三角鼻、张口露齿等要素皆备，脸颊上有折线纹的刻线，轮廓上布满连弧线装饰（图 4 - 21，a）。两个形

---

① 席永杰、王惠德、孙永刚：《西辽河流域早期青铜文明》，内蒙古人民出版社 2007 年版，第 38 页。

② 盖山林、盖志浩：《内蒙古岩画的文化解读》，北京图书馆出版社 2002 年版，第 278 页。

象似乎具有阴阳或性别的属性，连弧形的轮廓装饰一个在内一个在外，具有扩张和内敛的两极表现。同心圆眼睛上带有芒线的很可能是女性，这一幅脸庞较大，也符合萨满教以女性为主的身份地位。这些人面岩画线条刻划精细，使用石器工具无法完成，应是晚于夏家店下层文化的青铜时代作品。相同风格的岩画在邻近的永兴岩画中也发现了几例，表现出浓厚的装饰意味（图4-21）。

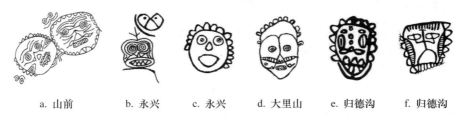

a. 山前　　b. 永兴　　c. 永兴　　d. 大里山　　e. 归德沟　　f. 归德沟

图4-21　鲜卑风格人面岩画

　　这种线条繁密的装饰手法以及连弧形的轮廓边饰，与中国北部扎鲁特旗大里山的一幅巨幅人面岩画风格一致，在桌子山的苦菜沟、贺兰山的归德沟都有分布，更多见于鄂尔多斯风格和鲜卑风格的金质牌饰。在科左中旗出土的人面形金饰牌（图4-22），是鲜卑贵族用以护身的饰物[1]，其椭圆形头部边缘就是连弧纹装饰。连弧纹在中国的使用，主要流行于战国至汉代的铜镜纹饰，与金饰牌和岩画的时间大体相当。1988年，巴林右旗村民在挖水渠时发现一件汉代铜镜[2]（图4-23），表明这种在中原地区广为流传的装饰风格已经影响到中国北部西辽河地区。

　　这种手法在之前的中国北部夏家店下层和上层文化中未曾发现，因此与之风格一致的人面岩画应是鲜卑政权活跃于中国北部西辽河流域的公元2—6世纪之间的作品。在吉林的帽儿山墓地曾发现一个青铜镀金面具（图4-24），考古学家推测可能是与鲜卑大致同时的扶余古国的面具[3]，其头顶的铜泡装饰和嘴部张开的处理手法，与大里山人面岩画基本一致，表明中国北部西辽河流域与东北沿海地带的史前文化始终保持着交流和联系。

①　徐英：《中国北方游牧民族造型艺术》，内蒙古大学出版社2006年版，第99页。
②　苗润华：《内蒙古巴林右旗发现一件汉代铜镜》，《文物》1989年第3期。
③　郭淑云：《北方丧葬面具与萨满教灵魂观念》，《北方文物》2005年第2期。

图 4-22 科左中旗鲜卑金饰牌 　　　图 4-23 巴林右旗汉代铜镜 　　　图 4-24 帽儿山青铜面具

（采自：徐英：《中国北方游牧民 　　（采自：苗润华：《内蒙古巴林右 　　（采自：郭淑云：《北方丧葬面

族造型艺术》） 　　　　　　　　　旗发现一件汉代铜镜》） 　　　　　具与萨满教灵魂观念》）

　　中国北部西辽河地区在夏家店文化上层的红山后遗址中出土有一个人面铜牌（图 4-25，a）表明人面形象的面具陪葬习俗至少在 3000 年前就已经开始；而奈曼旗青龙山镇陈国公主墓覆面的金面具（图 4-25，b）根据墓志的准确纪年为 1018 年①，平房和王家营子有数个人面岩画的头部特征与此风格相近，应为同一时期作品（图 4-26）。有学者认为，在信仰萨满教的北方民族中，这种覆面习俗有着特定的表现形式和意义，作为一种陪葬法器，是萨满教灵魂观念的产物。② 因此，人面岩画晚期作品的持续时间可能长达 2000 年左右，约为夏家店上层文化到辽代之间。

a. 红山后人面铜牌 　　b. 陈国公主金面具 　　　　　a 　　　　b 　　　　c

图 4-25 金属人面具 　　　　　　　　　图 4-26 阴河王家营子面具型人面岩画

（采自：刘冰：《试论辽代葬俗中的金属面具及

相关问题》

　　中国北部阴河流域的半支箭、王家营子等岩画点中有一种头顶无发但刻画出弧形发际线的人面岩画（图 4-27），似与一种契丹流行的"髡发"形式相关。这种髡发的形象与辽墓壁画契丹人的发式类似。其整体形象也酷似契丹墓出土的铜质或金、银面具。此类人面岩画很可能是晚到辽代或之前契丹人的作品，具有写实性和世俗化的特点。

---

① 孙建华：《辽陈国公主驸马合葬墓发掘简报》，《文物》1987 年第 11 期。

② 郭淑云：《北方丧葬面具与萨满教灵魂观念》，《北方文物》2005 年第 2 期。

a. 半支箭　　　b. 王家营子　　　c. 王家营子　　　　d. 辽代契丹髡发样式①

图4-27　亚洲中国北部人面岩画和契丹墓室壁画中的髡发习俗

在克什克腾旗西拉木伦河中游的河沿村，有几幅造型写实的人面岩画，每个人面的顶部三分之一处都划分出形似平顶帽一样的区域，顶上带髻，其中两个帽檐的正中还镶嵌有圆形装饰物，显得非常精美。面部的表现则相对简单，并不强调眼睛的刻画，有两个人面像甚至将眼睛直接省略（图4-28，a）。蒙元和辽金墓葬壁画中常见有相似的帽型，帽檐镶嵌有装饰物的看上去具有较高的社会地位（图4-28，b）。契丹男女都有佩戴耳饰和项饰的习俗②，人面岩画颈部出现的圆圈状装饰很可能与此习俗有关，判断应为历史时期契丹人的作品。

a. 克什克腾旗河沿岩画　　　　　　b. 宣化辽墓墓室壁画

图4-28　岩画和墓室壁画中的辽代帽式

（采自：河北省文化物研究所：《宣化辽墓》）

通过上述对中国北部西辽河流域考古学文化以及人面岩画的比较，笔者提出了该地区人面岩画的四个发展阶段。在距今约8000—6500年前的兴隆洼、赵宝沟文化阶段，人面岩画具有了强调同心圆双目的典型式样，在较小的范围发展起来，神性的表达单纯而严肃，纹面开始出现，是西辽河流域人面岩画的第一个阶段。在距今约6500—5000年左右的红山文化时期，人面岩画得到进一步发展，覆盖区域扩

① 李薇：《略论辽代契丹髡发的样式》，《考古与文物》2011年第1期。
② 宋德金、史金波：《中国风俗通史》（辽金西夏卷），上海文艺出版社2001年版，第61页。

大，并演化出连弧眉、涡旋纹双目、有芒轮廓、多重皱纹等几种比较固定化的造型范式，开始强调多神的原始宗教属性，是该地区人面岩画发展的第二个阶段。到距今约5000—3300年之间的小河沿文化和夏家店下层文化期间，人面岩画的中心开始向南偏移并向更大的范围扩散开来，出现鱼纹人面、星形耳饰、三角鼻、树冠、方形轮廓、波曲线轮廓等模式化的造型特征，与原始宗教、风俗信仰的关系愈加紧密，不论是数量还是覆盖范围都达到了全盛时期，是该地区人面岩画发展的第三个阶段。在距今约3300—1000年之间，中国中原地区进入了历史文化时期，中国北部西辽河流域的岩画随着畜牧业的发展转为以表现动物为主，人面岩画在东、西方和中原文化的影响下，继续产生了一些新的变化——如轮廓上的连弧纹、精细的纹面、髭发样式、帽饰等，装饰化的意图明显增强，表现出世俗化的倾向；但是数量已经明显减少，直至被其他艺术形式所取代而退出历史舞台，是发展的第四个阶段（表4-2）。

表4-2　　　　　　　　　　　　中国北部西辽河流域人面岩画分期表

分期	时间	考古学文化	分布区域	主要类型
一	距今约8000—6500年	兴隆洼文化 赵宝沟文化	翁牛特旗北部	A. 同心圆双目＋张口露齿 B. 简单纹面
二	距今约6500—5000年	红山文化	翁牛特旗北部 苇塘河 白岔河 英金河—阴河	A. 连弧眉 B. 涡旋纹双目 C. 有芒轮廓 D. 多重皱纹
三	距今约5000—3300年	小河沿文化 夏家店下层文化	翁牛特旗南部 阴河 巴林右旗 扎鲁特旗 围场县	A. 鱼纹人面 B. 星形耳饰 C. 连弧眉＋三角鼻 E. 树冠 F. 方形轮廓 G. 波曲线轮廓
四	距今约3300—1000年	历史文化	翁牛特旗南部 白岔河 西拉木伦河 阴河 扎鲁特旗	A. 轮廓＋连弧纹 B. 精细纹面 C. 髭发风格 D. 帽饰

　　在前两个发展阶段，人面岩画的出现和兴起恰与西辽河流域全新世暖期的盛期相重合，原始农业文化伴随着渔猎采集和狩猎经济开始在适宜的生态环境中得以发展，并在小河沿和夏家店下层文化时期达到高峰。① 种种迹象表明，定居农业在复

_____

① 席永杰、王惠德、孙永刚：《西辽河流域早期青铜文明》，内蒙古人民出版社2007年版，第28—34页。

合经济区域的发展是促成人面岩画在中国北部西辽河流域产生并达到繁荣的基础，人面岩画的发展、兴盛过程虽然不一定与农业文化的进退、兴衰完全一致，但却是推动人面岩画走向多样化风格的催化剂。综合以上分析，现中国北部将西辽河流域人面岩画的粗略分期和主要类型归纳总结如图（图4—29）。

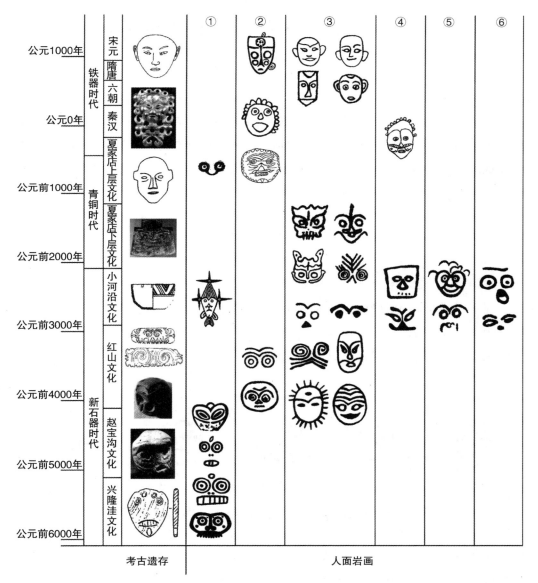

①翁牛特旗 ②克什克腾旗 ③英金河—阴河 ④扎鲁特旗 ⑤巴林右旗 ⑥围场县

图4－29 中国北部西辽河流域人面岩画与考古学文化的对应关系

第五章 环太平洋地区各时期
人面岩画的主要类型

基于中国北方西辽河流域人面岩画的纵向分期，笔者将其各期出现的类型放到环太平洋的范围内相互对照，发现其他地区的人面岩画具有与亚洲中国西辽河相同或相似的特点（也具有很多地方性的差异）。因为类型多有不同，序号的编排方式不与亚洲中国西辽河的类型相对应，也不代表时间的先后。

第一节 一期

一 A型：同心圆双目（+连弧眉）

亚洲中国的阴山山脉西段、贺兰山和亚洲俄罗斯远东地区阿穆尔河流域有少量以表现同心圆或重环双目为主的人面岩画，制作方法、U型沟槽的凿磨痕迹都很古老，根据当地的考古地层学分析，新石器时代早期甚至旧石器时代以来这些地方都有人类活动的迹象（图5-1）。

a.阴山 　　 b.阴山 　　 c.大麦地 　　 d.贺兰山 　　 e.贺兰山

图5-1　亚洲中国阴山—桌子山—贺兰山一带人面岩画

亚洲俄罗斯远东地区阿穆尔河流域岩画创作的持续时间很长，最古老的岩画大约创作于10000年前。学者断代的依据，是这些岩画中有风格写实的冰川期动物图像。在大约10000年前地球进入全新世暖期时，这些动物因为气候变暖而在该地区绝迹。很显然，这些犀牛和北美野牛画像的创作出现在气候变化和这些动物灭绝之前。在岩画遗址的地层中也发现了属于石器时代的工具，这些工具可以追溯到大约10000年前。①

　　自从人面岩画发现以来，俄罗斯学者就试图努力探索这些岩画的制作年代。1972年，以奥克拉德尼科夫为首的考察队在阿穆尔河岸边发掘出大量的陶器②，其中有一块在康当村（Kondon）发现的小小的陶杯残片内缘塑有一个骷髅形头部浮雕（图5-2，e）。圆睁的双眼、圆点状的鼻孔、张开的嘴唇以及骷髅状的轮廓，与人面岩画中的形态几乎完全一样（人面岩画表现的更加具体，眼睛中的瞳孔都被强调出来，双眼之上也有和亚洲中国西辽河一样的连弧眉的表现）。陶杯外侧的之字纹装饰，与兴隆洼—赵宝沟文化时期的大体一致。附近的尤科斯基还发现一个浅褐色玄武岩的雕刻头像，也以相同的形态呈现。奥克拉德尼科夫确定这些至少是6000年前的作品，若与亚洲中国西辽河流域的早期作品年代相同，则可能会更早一些（图5-2）。

a.黑龙江　　　b.黑龙江　　　c.黑龙江　　　d.黑龙江　　e.康当村陶人面　f.尤科斯基雕刻

图5-2　亚洲俄罗斯远东地区阿穆尔河流域的人面岩画与考古遗存

　　这些早期形象中对骷髅形的模仿很有代表性，可见在亚洲俄罗斯远东地区阿穆尔河流域最早的造型艺术中，除了对同心圆的突出表现，骷髅形也是一个重要的主题。

二　B型：骷髅形

　　骷髅形的人面岩画在亚洲俄罗斯远东地区阿穆尔河—乌苏里江流域的3个主要岩画点均有发现，在中国的阴山、桌子山和阿拉善岩画中也都有分布，是一个范围较广的类型。只是这些岩画在具体的表现形式上存在一些区别。亚洲俄罗斯远东地区阿穆尔河流域的骷髅形只是轮廓上的相似，因为大多具备瞳孔，带有生命力的表现；而亚洲中国北方阴山等骷髅形的眼窝里面则没有瞳孔，更像是一具真正的骷髅（图5-3）。

---

　　①　［俄］安德烈·巴甫洛维奇·扎比亚科：《阿穆尔河上游地区的岩画与通古斯—满语族民间文学的关系》，《黑龙江社会科学》2012年第4期。

　　②　［俄］阿·奥克拉德尼科夫：《黑龙江沿岸的古代艺术》，音戈译，《艺圃》（吉林艺术学院学报）1985年第2期。

a. 阴山　　　b. 桌子山　　　c. 阿拉善　　　d. 阿穆尔河　　　e. 阿穆尔河　　　f. 骷髅模型

图5-3　各地骷髅形人面岩画

一些民族学资料显示，从远古时期到现代的一些原始部落，人们普遍相信骷髅是死者灵魂的居所，因此以骷髅头骨象征人的灵性并赋予其超自然的力量，在活人遇到困难需要帮助的时候，可以向死者的头骨祈祷寻求支持，从而产生了头骨信仰的观念。澳大利亚人还有描画尸骨的习俗，他们用红色或黄色的铁矿石把骨头或头骨画下来作为崇敬之标记加以保存。德国学者利普斯（J. E. Lipps）在论述灵魂观念时认为："死者灵魂的主要座位时常是在头部，头部获得重要的意义，成为巫术力量的中心，头骨是专心致志崇拜的对象，特别是在农业文化的最早时期。"① 人们相信头骨是神秘力量的宝座，因此被作为宗教上敬畏的对象。亚洲俄罗斯远东地区阿穆尔河流域流行骷髅形人面的原因，还可能与其神话传说中的创世祖先崇拜有关。

与亚洲中国西辽河流域相似，分布在环太平洋其他地区的最早期人面岩画类型较少，数量也不多，亚洲俄罗斯远东地区阿穆尔河流域算是相对比较集中的地区（表5-1）。

表5-1　　　　　　　　　　　　环太平洋人面岩画一期主要类型

类型	类型描述	分布区域
A	同心圆双目（＋连弧眉）	亚洲俄罗斯远东地区阿穆尔河流域，亚洲中国阴山、贺兰山
B	骷髅形	亚洲俄罗斯远东地区阿穆尔河流域，亚洲中国阴山、桌子山、阿拉善

第二节　二期

在亚洲中国西辽河流域以外的环太平洋人面岩画分布地区，二期人面岩画表现出与亚洲中国西辽河流域相似或相近的一些发展趋势，程式化和象征性的符号开始出现，构成方式趋于多样化。许多地方出现一些比较成熟的基础样式，对后期的发展、兴盛产生长期持续的影响。

---

① ［德］利普斯：《事物的起源》，汪宁生译，四川民族出版社1982年版，第391页。

一　A 型：曲线纹面风格

在亚洲俄罗斯远东地区阿穆尔河流域的人面岩画中，带有纹面风格的作品占有最大比重，在所统计的 72 个单体图像中，纹面岩画就有 39 幅，超过一半的数量。

纹面是世界上许多原始部族中广为流行的一种文化习俗，直到今天还被一些南岛语族作为一种装饰手段或认同方式。亚洲俄罗斯西伯利亚的居民也有纹身和纹面的传统，与之一海之隔的北美阿拉斯加土著女性也多在脸上刺出花纹[①]；亚洲中国台湾的泰雅族、赛德克族，亚洲新西兰的毛利族，都长期奉行着纹面或刺面的习俗。有的民族纹面代表成年及其成就的标记，也有观点认为，人的皮肤上画上图案，是作为一种"心理武器"，希望能引起敌人的恐怖。[②]

亚洲俄罗斯阿穆尔河流域人面岩画的样式或繁或简，最常见的是密布额头的多重曲线，或者在脸颊、额头等处描画曲线、大折线皱纹、圆点、小涡旋纹等装饰，而最为显著的，则是涡旋风格的出现（图 5-4）。

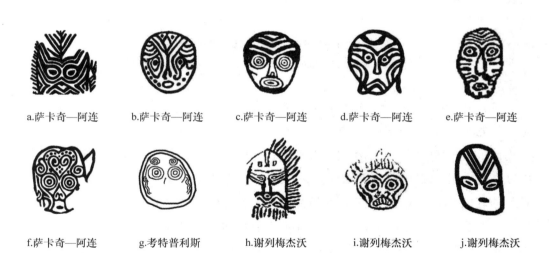

a.萨卡奇—阿连　　b.萨卡奇—阿连　　c.萨卡奇—阿连　　d.萨卡奇—阿连　　e.萨卡奇—阿连

f.萨卡奇—阿连　　g.考特普利斯　　h.谢列梅杰沃　　i.谢列梅杰沃　　j.谢列梅杰沃

图 5-4　亚洲俄罗斯远东地区阿穆尔河流域纹面岩画

二　B 型：涡旋风格

在距今 6000—5000 年的亚洲俄罗斯阿穆尔河流域新石器文化地层中，许多陶

[①]　祁庆富：《文身与黥面》，《中国民族》1984 年第 6 期。

[②]　［德］利普斯：《事物的起源》，汪宁生译，四川民族出版社 1982 年版，第 44 页。

器和粘土器物上都将涡旋纹作为主体纹样进行刻画（图5-5），比亚洲中国西辽河流域的偶然发现有过之而无不及，已经是一种标志性的风格。① 亚洲中国西辽河的涡旋纹风格在岩画中仅影响到对双眼的描绘，而亚洲俄罗斯阿穆尔河流域在岩画中的影响见于鹿和人面像的整体表现，虽然通体涡旋的例子不多，较完整的人面只有图5-4的f一例，却是最为引人注目，其精美的装饰效果在人面岩画的整个发展历程中都是无与伦比的。亚洲中国西辽河流域玉器、陶器以及岩画中的涡旋纹风格与亚洲俄罗斯阿穆尔河流域的涡旋纹风格处在同一时期，造型艺术的高度相似性、生计方式的趋同性以及空间距离的接近表明它们之间可能产生过比较深入的交流。

a. 陶器残片　　　　b. 陶器残片　　　　c. 陶器残片　　　　d. 粘土圆球

图5-5　亚洲俄罗斯阿穆尔河流域涡旋风格器物

（采自：Non-Profit "*Amur Region Historical Heritage Fund*"）

在北美洲的西北海岸，也有涡旋风格的人面岩画，主要表现在眼睛。独特之处是，北美洲西北海岸的创作者喜欢把一些人面的左、右眼区别对待。涡旋眼只放在一侧，而另一侧以同心圆或者圆环来表现。这种表现方法是这一地区普遍存在的涡旋风格与"阴阳眼"风格相结合的一种变体（图5-6）。有学者猜测这是一种"盲眼"的表现手法，代表着拥有无穷智慧的祖先。这种手法常出现在印第安某些民族的"灵魂之舟"仪式上，在仪式过程中有人要扮演一只眼洞察万物的超自然能力之神；还有与中国的传统观念相仿的味道，认为一阴一阳的同时出现代表着某种时空和宇宙观念。② 总之，涡旋风格在北美洲的进一步演化，总是与精神世界的神秘力量联系在一起，这也许就是涡旋纹在许多地方流行的原因之一。

　　① ［俄］阿·奥克拉德尼科夫：《黑龙江沿岸的古代艺术》，音戈译，《艺圃（吉林艺术学院学报）》1985年第2期。

　　② Beth and Ray Hill, *Indian Petroglyphs of the Pacific Northwest*, Canada. Hancock House Publishers, 1974, p. 275.

a. 回转海峡　　　b. 回转海峡　　　c. 索尔森溪　　　d. 坎贝尔河　　　e. 卡洛琳娜岛

图 5-6　北美洲西北海岸涡旋风格和阴阳眼风格人面岩画

　　奥克拉德尼科夫提到亚洲俄罗斯阿穆尔河流域人面岩画的涡旋风格与日本列岛上发现的粘土塑像非常相似，都有螺旋形装饰，这些日本塑像确定的年代是新石器时期绳纹文化晚期，很可能是亚洲俄罗斯阿穆尔河流域的曲线艺术风格在这一时期进入日本列岛造成的。[①] 这种装饰风格一直延续到近现代的赫哲族，诸如生活中的日用品装饰、萨满法袍上面的图案以及鱼皮衣的纹饰等等，涡旋装饰风格仍是他们的显著标志（图 5-7）。

a. 储物盒　　　　　　b. 萨满法袍局部　　　　　　c. 鱼皮衣纹饰

图 5-7　亚洲俄罗斯阿穆尔河流域 19—20 世纪赫哲族涡旋风格饰品

（采自：Non-Profit，"Amur Region Historical Heritage Fund"）

三　C 型：有芒轮廓

　　在亚洲俄罗斯阿穆尔河流域，亚洲中国西辽河流域，亚洲韩国，亚洲中国桌子山、阴山、将军崖，北美洲西北海岸等地，都分布有年代非常古老的有芒轮廓人面岩画（Head with Rays）。这些密布在轮廓之外的芒线也称为射线，它们多数都附着于圆形轮廓的人面像外侧，与世界各地表现太阳神的形态一致。不论是从形式感上还是名称上来看，这类人面岩画都能让人感受到与光芒或太阳的关联，是原始宗教中将太阳的神

---

① A. P. Okladnikov, "The petroglyphs of Siberia", *Scientific American*, 1969.

力人格化的一种常见表现形式，因此人们普遍称之为"太阳神"人面岩画。

太阳崇拜曾经是一个世界性的文化现象，旧石器时代不多见，自新石器时代以来在非洲、欧洲、亚洲、美洲等人类活动区域都普遍、长期的存在着。[①] 在岩画这种视觉艺术形式中，尤以亚洲的中亚、东亚地区和美洲的加利福尼亚、西南地区以及大洋洲的美拉尼西亚表现的最为直接和形象（图5-8）。

　a. 美国加利福尼亚　　b. 印度尼西亚　　c. 中国内蒙古阴山　　d. 吉尔吉斯斯坦　　e. 哈萨克斯坦

图5-8　世界各地表现太阳崇拜的凿刻岩画

朱狄指出："太阳的光芒是一样的"。[②] 大多学者认同这个观点，即头形轮廓外布满类似太阳光芒的射线，这种岩画与萨满教中的天神或太阳神有着密切的关系[③]，显然是对太阳神的崇拜，因为阳光可以使种子生长发芽，也可以使牧草枯萎死亡，太阳照耀着大地的每一个角落，支配着原始人类的全部生活。[④] 在原始宗教意识的支配下，将太阳的光芒与人的面部形象相结合，就出现了太阳神人面像，亚洲中国内蒙古桌子山、亚洲俄罗斯阿穆尔河流域岩画中大部分人面岩画都是神人同形的形象。中亚的研究者将太阳的形象与祖先、造物主联系在一起，也认为岩画中的射线就是太阳神的象征，是萨满文化的重要标志。[⑤] 从中外学者对芒线这一母题的共识来看，人面岩画中的这种芒线题材，表现的是太阳射线无疑，因此可以确定此类岩画为"太阳神"人面岩画。

亚洲中国内蒙古的桌子山素以太阳神人面岩画而闻名，在桌子山所有沟口的人面岩画之中，轮廓外布满放射状芒线、光芒四射的太阳神人面岩画是绝对的主角。不论轮廓的变化多么丰富，面部的五官刻画是写实还是抽象，加上芒线之后的人面像都充满了张力，给人以精神的力量（图5-9）。在北美洲西北海岸，人们通常都

①　高福进：《太阳崇拜与太阳神话》，《云南社会科学》1993年第4期。

②　朱狄：《信仰时代的文明：中西文化的趋同与差异》，中国青年出版社1999年版，第315页。

③　盖山林、盖志浩：《丝绸之路岩画研究》，新疆人民出版社2010年版，第54页。

④　陈兆复：《中国的人面像岩画》，《寻根》1994年第2期。

⑤　Andrzej Rozwadowski, *Symbols through Time: Interpreting the Rock Art of Central Asia*, Poznan: Institute of Eastern Studies Adam Mickiewicz University, 2004, p. 64.

将有芒的人面岩画视为萨满的形象。①

a. 召烧沟　　　　　　　　b. 苦菜沟　　　　　　　　c. 毛尔沟

图5-9　亚洲中国内蒙古桌子山"太阳神"人面岩画

　　这些岩画不论面部的轮廓、器官的形态表现有多大的差异，但是都以芒线作为基本要素。从芒线的装饰位置看，有的布满轮廓四周，表征太阳的意味明显；有的在头顶像头发一样根根竖起，因为与人的头发生长方向一致，更具有人格化的写实特点，但是夸张的长度和挺拔的线条，仍会让人感受到创作者对太阳光芒的膜拜（图5-10）。

图5-10　环太平洋的"太阳神"人面岩画

---

① Beth and Ray Hill, *Indian Petroglyphs of the Pacific Northwest*, Canada. Hancock House Publishers, 1974, p. 266.

亚洲北方对于太阳的崇拜由来已久。在中国，郭沫若考证殷墟卜辞的材料，证明殷商时代人们已经有拜日的习俗："殷人于日之出入均有祭……盖朝夕礼拜之。"[1]《史记·匈奴列传》记载："单于朝出营拜日始生，夕拜月。"契丹人最重要的信仰就是拜日，《新五代史》卷七十二《四夷附录》载，"契丹好鬼而贵日，每月朔旦，东向而拜日"，因此在五代末年被称为"太阳契丹"。[2] 在亚洲中国阴山新石器时代的岩画中，有跪在地上向着太阳双手合十祈祷礼拜的岩画（图 5 - 8，c），表明在北方游牧民族中这种拜日习俗可能更为久远。

在世界范围内，有芒轮廓的人面岩画与太阳崇拜岩画一样，主要分布在亚洲和北美洲。亚洲俄罗斯阿穆尔河流域，中国西辽河流域、阴山、桌子山、贺兰山以及韩国南部沿海等地区痕迹都非常古老，均为较深的 U 型沟槽，属于新石器时代晚期作品；在北美洲同一时间只集中在北美洲西北海岸，其他地区当时尚未产生人面岩画。与其他岩画题材比较而言，亚洲俄罗斯阿穆尔河流域、亚洲中国内蒙古的桌子山和亚洲韩国南部沿海的"太阳神"人面岩画尤为集中，占比最高。这几个地点的集中现象，表明了生活在这里的史前民族将太阳作为自己的首要崇拜物，是对自然神灵崇拜的一种特殊选择。一方面，人们把太阳作为神圣的图腾加以膜拜，这种需求只需要对太阳进行基本的模仿和描绘即可；另一方面，人们更多地则是将太阳的特征加诸于人的形象之上，使人自身具有同太阳一般的神奇力量。这种情况通常与萨满教的巫术仪式相结合，人面岩画在此时体现的功能就是面具的作用。因此，太阳神人面岩画的符号化表现，从图腾崇拜的角度看代表着日神的人格化，而从萨满教拜日仪式的角度看，则是人面像模仿太阳面具的神格化过程。

图 5 - 11　太阳神人面岩画与人的转换关系

这种太阳神人面岩画在新石器时代晚期大量的集中出现，除了明显具有太阳崇拜的意味，似乎还与人们开始进入农业社会的生产、生活结构变化有关。随着农业

① 郭沫若：《殷契粹编》，科学出版社 1965 年版，第 355 页。
② 宋德金、史金波：《中国风俗通史》（辽金西夏卷），上海文艺出版社 2001 年版，第 166 页。

的发展，原来采取狩猎采集经济的社会生活方式发生转变，随着定居农业比重的增加，他们的原始宗教信仰就由动物逐渐转向太阳和植物等自然物。

四　D 型：心形

在亚洲俄罗斯阿穆尔河流域、西伯利亚，亚洲中国将军崖、西辽河流域、阴山、桌子山，北美洲西北海岸、澳大利亚等地还分布有一些"桃心形"人面岩画（图5－12）。这些造型在每一个地方的出现都看似非常偶然，也难以判断制作的年代。但是在亚洲俄罗斯阿穆尔河流域的考古发现中却找到了曾经流行一时的桃心形装饰风格。在沃兹涅先斯克村附近（Voznesenskoye）出土的一些公元前3000年左右的陶器上，绘有色彩鲜艳的各式桃心形人面像（图5－13），至少能够证明5000年前这种风格的造型已经在亚洲俄罗斯阿穆尔河地区开始出现。

a.亚洲俄罗斯　b.亚洲俄罗斯　c.亚洲中国　d.亚洲中国
　阿穆尔河　　阿穆尔河　　将军崖　　西辽河

e.亚洲中国　f.亚洲中国　g.亚洲俄罗斯　h.大洋洲澳大
　阴山　　桌子山　　托木河　　利亚北领地

a　　　　　　b

图5－12　各地出现的桃心形人面岩画　　图5－13　亚洲俄罗斯阿穆尔河流域出土陶器残片

这种桃心形现在常被人们简称为所谓的"心形"（Heart Shape），成为对"♡"这一常见形状约定俗成的称呼。实际上，它与人和动物的心脏都没有任何直接的关联，也并不全是对桃子这一种果实的直接描绘，应该算是造型艺术领域中比较典型的一种象征性图案。"心形"的名称大约开始于中世纪末期的13世纪左右，15世纪开始在欧洲得以发展并用来代表"爱"，16世纪成为流行纹样。① 从图像形式演变的角度分析，心形图案在地中海地区可能是对某些植物叶子轮廓的描绘，在亚洲俄罗斯阿穆尔河流域的大量出现则可能与涡旋纹的对称变化有关。亚洲俄罗斯阿穆尔

① 维基百科：http://en.wikipedia.org/wiki/Heart_（symbol），2014年3月7日。

河流域史前陶器中不断重复的涡旋纹饰中就隐含着心形结构；在地中海地区的装饰中，心形通常是由两组纵向连续的涡旋纹对称组合而构成，是古埃及新王国时期底比斯的涅克罗波利斯墓葬装饰以及古希腊陶瓶装饰的经典题材。[①] 还有学者认为把心形反过来看，认为是对美丽的女性臀部的程式化概括。美国弗吉尼亚州罗亚诺克学院的心理学教授加尔迪诺图·普兰扎罗恩（Dr. Galdino F. Pranzarone）指出，心形符号不仅形状和心脏器官不同，而且颜色也不一致。相比之下，典型的心形符号两个圆形突出，与女性臀部从后面看时的形状非常相似。他认为希腊神话中的爱与美之女神阿佛洛狄忒（Aphrodite，即维纳斯Venus）全身都很美，但她的臀部格外美丽。她的两个半圆形臀部的曲线是如此完美，以至于希腊人特地为此修建了一座神庙Aphrodite Kallipygos（从构词法上可以直译为"爱神美臀"），这可能是世界上唯一因崇拜臀部而建立的宗教性建筑。[②]

无论如何，心形代表爱心的观念绝不是数千年前人面岩画所要表达的真正意图，根据上述分析，对女性肢体美感以及生殖崇拜的观念进行概念式表达的解释可能更具有合理性。

五 E型："连眉纵鼻+双目"结构

1965年，奥克拉德尼科夫在亚洲俄罗斯阿穆尔河流域的一个聚落遗址发掘出一件陶制的女神胸像和几个陶塑人面像（图5-14），断代为公元前4000—公元前3000年之间。尼夫赫人、赫哲人和乌尔奇人将这种无臂的女神称为"赛旺"（Sevons），是一种禳灾祛病的幽灵，在神秘的宗教仪式中充当萨满的助手。[③] 在萨卡奇—阿连的岩画中恰好也有一幅无臂人面像，而这种无臂的"赛旺"，在现代赫哲人的木雕形象中是很常见的。至今仍然流传于鄂伦春、赫哲等民族中的萨满教，还多以女性为萨满。[④]

这里需要特别注意的是，"赛旺"的面部核心结构表现为略夸张的连弧形眉弓和纵向鼻梁一体化的结构特征，眼睛的外眼角呈现向上斜挑形态。这显然是对居住

---

① 阿洛瓦·里格尔：《风格问题：装饰艺术史的基础》，刘景联、李薇蔓译，湖南科学技术出版社2000年版，第40—80页。

② G. F. Pranzarone, "Female Bum Behind Valentine Symbol?" By Jennifer Viegas, *Discovery News*, Wednesday, 15 February 2006. http：//kobochan16. tripod. com/Mydays/index. blog? start = 1143774881, 2014/3/7.

③ William W. Fitzhugh and Aron Crowell, *Crossroads of Continents：Cultures of Siberia and Alaska*, United States：Smithsonian Institution Press, 1988. p. 120.

④ 王宏刚：《萨满初论》，《长春师院学报》1993年第1期。

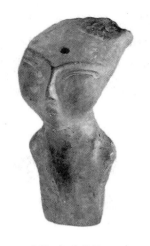

a.　女神"赛旺"胸像　　　　　　　　　　　b.　人面像

图 5 - 14　亚洲俄罗斯阿穆尔河流域陶制人像、人面像

（采自：William W. Fitzhugh, *Crossroads of Continents.*）

在东北亚的蒙古利亚人种的写实性刻画。据奥克拉德尼科夫描述，他于 1972 年在亚洲俄罗斯阿穆尔河流域再次进行调查时，当地赫哲族女孩的面容特征与这些距今6000—5000 年的雕像完全一样。[①]

　　这种结构形式，在亚洲俄罗斯阿穆尔河流域萨卡奇—阿连、亚洲中国西辽河以及将军崖的人面岩画上都得以体现，特点是"连眉纵鼻一体化"的核心结构再加上各式各样的眼睛（图 5 - 15，a - d）。亚洲中国西辽河流域的连眉纵鼻结构比较自由随意，尚未形成特别固定的风格；而亚洲中国将军崖的这一结构类型已经完全程式化，并发展出自己独特的"田字形"鼻头风格（图 5 - 15，f），以无轮廓较多。显然，亚洲中国西辽河在这种结构类型的形成过程中，处于一个过渡的位置。

a.亚洲俄罗斯　　b.亚洲俄罗斯　　c.亚洲中国　　　d.亚洲中国　　　e.亚洲中国　　　f.亚洲中国
阿穆尔河　　　阿穆尔河　　　西辽河　　　　将军崖　　　　将军崖　　　　将军崖

图 5 - 15　亚洲"连眉纵鼻 + 双目"结构人面岩画

---

　　① ［俄］阿·奥克拉德尼科夫：《黑龙江沿岸的古代艺术》，音戈译，《艺圃（吉林艺术学院学报）》1985 年第 2 期。

在北美洲西北海岸，流行的是"连眉纵鼻＋环目"的结构组合（图 5 - 16），基本结构与亚洲相似，以无轮廓为主，突出同心圆或圆环双目，多数还在鼻下加上一个椭圆形的嘴，或在额头、脸颊等部位用圆凹做简单装饰，此外没有更多的修饰之处。这种类型的岩画散见于北美洲西北海岸的多个岛屿和海峡，是北美洲最早期的一类人面岩画。

a.兰格尔岛　　　b.兰格尔岛　　　c.埃涅托伊　　　d.维克多　　　e.维克多　　　f.回转海峡

图 5 - 16　北美洲西北海岸"连眉纵鼻＋双目"结构人面岩画

关于这一地区人面岩画年代的推断，始终没有确切的结论。100 多年前初次发现北美洲西北海岸人面岩画的学者乔治·T·埃蒙斯（George T. Emmons）提到，这些人面岩画的线条痕迹已经被完全风化不易辨认，表明岁月十分久远，而另一个时期的则非常晚近。[①] 贝斯·希尔根据过去 6000 年海平面缓慢上升 6 米的现象，推断某些低于海平面的人面岩画制作时间有可能在海平面上升之前[②]；但也不能排除是人们刻意在退潮时凿刻这些岩画，用来向海底的神灵传达讯息，以便吸引海洋生物随着海潮来到岸边，达到利于渔民捕获猎物的宗教巫术意图。因此，北美洲西北海岸人面岩画的创作，有可能随着东北亚早期人类的进入在 6000 年前就已经开始，并随着数次大规模迁徙的浪潮持续了相当长的时间。

北美洲阿拉斯加科迪亚克岛向东，有一个连接着北美洲与亚洲东北部的岛链——阿留申群岛（Aleutian Islands）。自 1962 年以来，在群岛中间位置的由那克岛（Umnak Island）西南角一个具有祭祀功能的房屋遗址中，发掘出许多史前雕刻物，绝大多数是距今 5000—4000 年之间的作品，多是由外来石料制成的长条状小型可携带艺术品，其长度一般在 4.2—19.5 厘米，宽度在 1.1—9 厘米，厚度不超过 0.6—3.3 厘米（图 5 - 17）。这些雕刻艺术品上都刻有各种纹饰，包括直线、折线、网格、羽毛等常见题材，尤以在一端刻制人面像最具表现性。这些人面风格写实，有线刻的眼睛、眼眉、嘴巴和脸颊，鼻子通常用浅浮雕的方法表现，与俄罗斯阿穆尔

① George T. Emmons, "Petroglyphs in Southeastern Alaska", *American Anthropologist*, New Series, Vol. 10, No. 2（Apr. -Jun. , 1908）, p. 221.

② Beth Hill, *Guide to indian Rock Carvings of the Pacific Northwest Coast*, Canada. Hancock House Publishers, 1975, p. 19.

河流域发现的陶塑人面像有很多相似之处。这种形式的人面还同样出现在骨制品上，被认为是人们的护身符，年代测定为公元前3000—前2500年之间。后来的持续发掘找到更多的考古遗存，证实小岛上这种雕刻品的创作高峰长达3500年之久，直到公元550—1000年左右。甚至在最深的地层中，还发现了一个距今8400年之前的刻有人面像的鹅卵石。① 这些雕刻品的发现让我们了解到，至少自10000年前开始，就已经持续有人通过阿留申群岛中的岛屿向北美洲进发，并将东北亚制作人面岩画的习俗沿途传播开来。

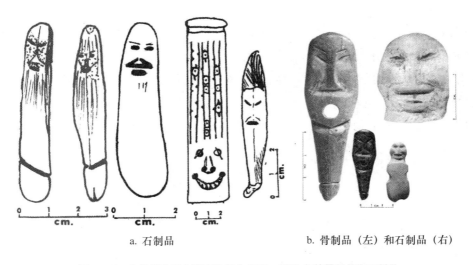

a. 石制品　　　　　　　　　b. 骨制品（左）和石制品（右）

图5-17　北美洲美国由那克岛距今4500—6000年的骨制品和石制品

在亚洲中国江苏金坛三星村的新石器时代遗址中，出土有一件嵌套于石钺柄端的"牙质镦"（套帽），其正反两面的纹饰结构与北美洲西北海岸的埃涅托伊的连眉纵鼻加环目结构人面形象几乎一模一样（图5-18），年代确定在距今6500—5500年之间②，正与本期岩画相当。关于此类人面，学术界通常有一种固定的称谓——"鸮面"。鸮是亚洲中国古代对猫头鹰类的统称，有弯曲呈钩状的喙，两眼不像别的鸟类一样生在头部两侧，而是与人面相似位于正前方。③ 鸮的面部结构特征是"连眉尖喙＋环目"的基本样式，与"连眉纵鼻＋环目"的人面结构基本相似，因此，

① Jean S. Aigner, "Carved and incised stone from Chaluka and Anangula", *Anthropological Papers of the University of Alaska*, Volume 15, Number 2, 1972, pp. 38 – 51.

② 王根富：《江苏金坛三星村新石器时代遗址》，《文物》2004年第2期。

③ 辞海编辑委员会编：《辞海》，上海辞书出版社1989年版，第4642页。

图 5 – 18　亚洲中国江苏金坛三星村石斧及套帽

（采自：王根富：《江苏金坛三星村新石器时代遗址》）

大多数学者都将这种结构的面孔形象化地称为"鸮面"。

猫头鹰自古以来被视为死亡的预言者，古埃及象形文字中就用猫头鹰表示死亡；其眼睛擅长夜视的能力以及突出的同心圆形象，被认为具有某种神力，常被作为再生之神而加以描绘。从旧石器时代开始，这种鸮面的形象就常出现在具有萨满教性质的装饰器物或者雕刻作品之上。① 图 5 – 19 的 a – b 两个石雕都是比较客观的鸮形刻画。

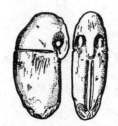

a.　叙利亚石雕（公元前8000年）　　　　b.　西班牙石碑（公元前4000~3000 年）

图 5 – 19　欧洲新石器时代鸮面装饰

（采自：汤惠生：《青海岩画》）

客观来讲，人面和鸮面在造型结构上是具有本质区别的，很容易加以区分。鸮面的两眼大而圆，连弧眉和上大下小的尖喙连为一体，喙即口，因此不需要再表现嘴部；而人面除了眼睛和鼻梁的样式变化多端之外，通常还会在纵鼻之下加一张口。因此，绝大多数以前被判断为鸮面的人面岩画，其实是带有口的人面，还有的人面

---

① 汤惠生、张文华：《青海岩画：史前艺术中二元对立思维及其观念的研究》，科学出版社 2001 年版，第 218—219 页。

岩画虽然没有口,但是鼻梁下宽上窄,仍然是人的特征而非鸟类。目前在环太平洋区域所发现的人面岩画中,严格意义上的鸮面形象,只有亚洲中国西辽河流域的半支箭、康家湾较多,大概十余例;北美洲西北海岸的埃涅托伊和亚洲中国的将军崖第1组岩画中各出现过一例,大洋洲澳大利亚北领地也出现过一幅。

鸮面岩画在亚州东部和东北部的集中出现,可能与亚洲中国先商民族的神鸟崇拜有关。古史传说商族是东夷集团的一支,其祖先少昊氏奉鸟为图腾。晋代小说《拾遗记》载:"帝子与皇娥泛于海上,以桂枝为表,结熏茅为旌,刻玉为鸠,置于表端,言鸠知四时之候……及皇娥生少昊,号曰穷桑氏,亦曰桑丘氏……时有五凤,随方之色,集于帝庭,因曰凤鸟氏。"[1] 描写的是皇娥与太白金星同游并生下少昊的传说。当两人泛舟海上之时,就用玉刻了一只叫"鸠"的鸟置于桅顶以辨气候变化;少昊即位之时,也有五色凤鸟飞落在院中,于是少昊也称凤鸟氏。《左传·昭公十七年》载:"我高祖少皞挚之立也,凤鸟适至,故纪于鸟,为鸟师而鸟名。"也是强调少昊氏族以鸟为图腾。[2] 一个民族的图腾崇拜不会像传说中所描述的一样突然形成,必然经历过一个缓慢发展的过程,因此,鸮鸟之类的崇拜观念很可能要早于少昊传说的年代——即亚洲中国先商或东夷集团形成之前的很长时期之内。有学者认为,亚洲中国大汶口文化即少昊氏文化,一直延续到山东龙山文化时期。[3] 经学者考证,最早的"商"在古漳水流域,即今河北磁县境内[4],紧邻安阳殷墟,处于海岱文化之西北,与西辽河流域仅有燕山之隔。在亚洲中国西辽河以及将军崖人面岩画上所体现的这种神鸟崇拜因素,很可能是先商少昊文化集团向东北方向影响的结果,也是亚洲中国中原农业文化北上的反映。

六 F型:"三点式"结构

与连眉环目结构经常同时出现的,还有一种呈倒三角形排列的"三点式"结构类型,在亚洲中国的将军崖和北美洲西北海岸集中出现,在亚洲中国阴山、桌子山、贺兰山也有零星发现,拉丁美洲的墨西哥、西印度群岛也夹杂着许多"三点式"凹穴构图。这种结构常以圆穴、圆环、重环或同心圆组成上面两只眼睛、下面一张嘴巴的倒三角形式,在具体描绘的时候,作者会有不同程度的发挥,在形状上并不一

---

① (晋)王嘉撰,(梁)萧绮录,齐治平校注:《拾遗记》,中华书局1981年版,第13页。
② 王守谦等译注:《左传全译》,贵州人民出版社1990年版,第1270页。
③ 王青:《从大汶口到龙山:少昊氏迁移与发展的考古学探索》,《东岳论丛》2006年第3期。
④ 王震中:《先商的文化与年代》,《中原文物》2005年第1期。

定拘泥于严格的几何结构。

　　事实上，在整个人面岩画系统中，三点式的面部器官组合作为最简单、最抽象的基本样式，在很多地区都或多或少的分布着。然而通过比较分析我们能够看到，这种表现方式通常都是基于具象图形的省略或简化而构成，并不是最古老的人面岩画表现形式（图5-20）。

图5-20　"三点式"结构人面岩画

七　G型：泪眼风格

　　通过对整个环太平洋人面岩画的分布统计，发现有一种强调"泪眼（Sweeping Eye）"的独特人面像风格类型，总数不算很多，但是分布范围极广（图5-21）。

图5-21　世界各地的"泪眼"人面岩画

　　"泪眼"人面岩画主要是在亚洲中国的阴山—桌子山—贺兰山一带以及北美洲西北海岸从科迪亚克岛到达尔斯地区的狭长海岸线上集中出现；此外，北美洲内陆、拉丁美洲西印度群岛以及大洋洲澳大利亚等地均发现这种题材，但是年代上有早有晚，所代表的文化内涵也不尽相同。"泪眼"的主要表现形式，是在双眼的下方有一条或多条线段延伸开来，就像人哭泣之后泪水划过的痕迹，因此，这种眼睛下方的线段常被称为泪痕、泪线。亚洲中国阴山—桌子山—贺兰山以及北美洲西北海岸的泪眼人面像都是伴随着二期岩画开始出现的，痕迹非常古老。

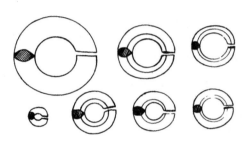

图5-22　亚洲中国洪格力图红山文化玉玦

（采自：苏布德：《洪格力图红山文化墓葬》）

图5-23　亚洲中国牛河梁积石塚出土玉猪龙

（采自：朝阳市文化局：《牛河梁遗址》）

　　在亚洲中国的考古遗存中，人面上带有泪痕的刻画，最早见于西辽河流域洪格力图红山文化遗址的小型陶塑人面像（图4-7，a）。值得注意的是，与这两个人面像同时出土的，最多的是大小不一的玉玦（图5-22）。玦一般为玉料制成，圆环形状，环上有一缺口。《白虎通义》载："玦，环之不周也。"《广雅》载："玦如环，缺而不连。"都是对玦的形状描述。在使用功能上玦是一种玉佩，《说文解字》有"玦，玉佩也"的解释，有学者认为是古代巫师的一种耳饰。玉玦是红山文化时期非常流行的一种陪葬品，在亚洲中国西辽河流域牛河梁遗址发现的玉猪龙也是玦的一种变体（图5-23）。这种玦的缺口与中空的圆环所构成的结构，恰如人面岩画中的"泪眼"结构，而玉玦与带有泪眼的人面像埋藏在同一个墓葬之中，似乎具有相同的象征意义。

　　亚洲中国的传统文化中有"天圆地方"的宇宙观念认知，常将圆形轮廓比作天。在墓葬和祭祀遗址出土的带有缺口的圆环，很可能具有与天沟通的原始宗教观念。在欧洲英格兰新石器晚期的岩画中，有一种由凹穴和多重圆环组成的同心圆岩画（Cups and Rings）①，其同心圆结构常被一条沟槽线打破，由外及内直达位于中心的凹穴（图 5-24）。学者们认为重环表达"多重天"的概念，而像"长尾（Tails）"一样的沟槽线则可能代表着通往天界的道路②。

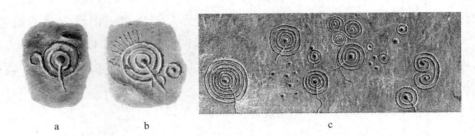

a　　　　　　b　　　　　　　　　　　　　　c

图 5-24　欧洲英格兰基尔马丁（Kilmartin）凹穴—同心圆岩画

（采自：Chris Mansell, *Ancient British Rock Art*）

由此可见，在新石器时代晚期，人们都通过相似的视觉形式表达与天界沟通的愿望，或将这种形象用于沟通天地的祭祀活动。

北美洲对于"泪眼"风格的岩画存在不同的解释。在北美洲西北海岸的温哥华岛库里特湾，有一幅内容复杂的人面岩画，被称为"雨神"（Rain God）岩画。当地的海达印第安人认为，画面中眼睛外侧带有泪痕的无轮廓人面（图 5-21，b）是用来呼唤降雨的神灵。鲑鱼在返回内陆淡水河产卵的季节，往往成群地贴近海面，等待着暴雨的降临给它们带来更高的水位，以便实现产卵之前的跳跃。作为最重要的食物来源，印第安人每年总是盼望着鲑鱼能够按时来到岸边，以便供给他们日常所需的食物。帮助鲑鱼呼唤暴雨的"雨神"，是印第安人等待鲑鱼返回的间歇创造的重要神灵。③ 这种信仰的表现方式在北美洲西南地区印第安人中的运用进一步扩大，将眼睛下面延伸出的线条看作雨或水的符号，大量出现在彩绘和凿刻的人像岩画之中（图 5-21，d-e），仍然带有向天空祈求雨水的原始宗教意味。④ 处于拉丁美洲西印度群岛的牙买加也有一些同类人面像（图 5-21，f），断代为公元 1000 年左右，传说描绘的是泰诺（Taino）印第安人的雨神"玻伊娜耶"

①　Chris Mansell, *Ancient British Rock Art*: *A Guide to Indigenous Stone Carvings*, Somerset: Wooden Books, 2007.

②　汤惠生：《玦、阙、凹穴以及蹄印岩画》，《民族艺术》2011 年第 3 期。

③　Beth and Ray Hill, *Indian Petroglyphs of the Pacific Northwest*, Canada. Hancock House Publishers, 1974, p. 96.

④　Alex Patterson, *A Field Guide to Rock Art Symbols of the Greater Southwest*, Colorado: Johnson Books, 1992, p. 210.

（Boínayel），象征着能够带来雨水的云层。泰诺人相信，只要来到岩画点向玻伊娜耶祷告，就会达成降雨的愿望。[①]

还有学者认为，哭泣是人们获得精神力量不可或缺的过程。[②] 在大洋洲西澳大利亚发现的几幅人面岩画，脸上也有划过脸颊的泪痕（图 5 - 21，g），制作年代超过了 4000 年。[③] 这些广泛分布于世界各地的泪眼题材，看来都具有沟通天地、人神的作用。

总之，此期人面岩画的分布范围空前扩大，并具有许多成熟类型，特别是许多亚洲类型在北美洲西北海岸地区的重现，昭示着两大洲文化的交流与传播在此期间得到快速的发展（表 5 - 2）。

表 5 - 2　　　　　　　　　　　　环太平洋人面岩画二期主要类型

类型	类型描述	分布区域
A	曲线纹面风格	亚洲俄罗斯阿穆尔河、亚洲中国阴山
B	涡旋风格	亚洲俄罗斯阿穆尔河、亚洲中国西辽河、北美洲西北海岸
C	有芒轮廓	亚洲俄罗斯阿穆尔河、亚洲中国西辽河、亚洲韩国、亚洲中国桌子山、亚洲中国阴山、亚洲中国将军崖、北美洲西北海岸
D	心形	亚洲俄罗斯阿穆尔河、亚洲中国将军崖、亚洲中国西辽河、亚洲中国阴山、亚洲中国桌子山、亚洲俄罗斯西伯利亚、北美洲西北海岸
E	"连眉纵鼻 + 双目" 结构	亚洲俄罗斯阿穆尔河、亚洲中国西辽河、亚洲中国将军崖、北美洲西北海岸、亚洲中国阴山、亚洲中国桌子山、亚洲中国贺兰山
F	"三点式" 结构	亚洲中国将军崖、北美洲西北海岸、亚洲中国阴山、亚洲中国桌子山、亚洲中国贺兰山
G	泪眼风格	亚洲中国阴山、亚洲中国桌子山、亚洲中国贺兰山、亚洲中国阿拉善、北美洲西北海岸

第三节　三期

此阶段人面岩画在猎牧经济区得到更加快速的发展，分布地点也明显向适于游牧和渔猎的地带转移，产生了许多新的结构类型和具有象征意义的抽象符号。

---

① Michele H. Hayward, Lesley-Gail Atkinson, and Michael A. Cinquino, *Rock Art of Caribbean*, Tuscaloosa: The University of Alabama Press, 2009, pp. 46, 55 - 56.

② Daniel Leen, *A Gallery of Northwest Petroglyphs*: *Shamanic Art of the Pacific Northwest*, 2013. http://daniel-leen. org/petroglyphs. html.

③ Josephine Flood, *Rock Art of the Dreamtime*, Australia: Angus & Robertson, 1997, p. 193.

一　A 型：几何纹面风格

亚洲中国将军崖岩画第 1 组一共有 35 个人面像，其中 18 个带有纹面的迹象，这种纹面风格在整个环太平洋人面岩画系统中独树一帜，呈现出与俄罗斯阿穆尔河流域曲线风格迥异的独特面貌。这一组的图像中以面部纵横交错的直线、网格或均匀分布的几何图形为主要特色，并在几个较大的人面下方有一根导线与禾苗状的抽象符号相连。这类纹面岩画有两种表现形式，第一种为椭圆形和方形轮廓，刻画有同心圆的双眼，上半部饰以芒线、网格或菱形符号，下半部的脸颊部分线条交错呈左右对称分布，总体上比较具象（图 5－25，a－h）；第二种外轮廓为倒三角形，面部没有明确的五官刻画，而是以交错的直线条构成，是对人面的抽象表现（图 5－25，i－j）。关于两种人面岩画具象与抽象的变化关系在第二章中已有论证，此处不再赘述。

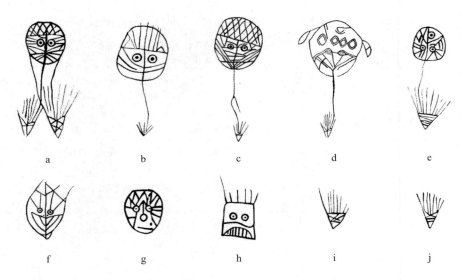

图 5－25　亚洲中国将军崖直线风格纹面岩画

许多学者以此处出现的大量禾苗状植物题材为据，论证人面岩画与早期农业文化具有密不可分的关系。李洪甫就认为，顶部饰有多条芒线的倒三角形抽象人面是一种稻穗的变体，是亚洲中国将军崖先民稻作生产的真实写照。[①] 盖山林的观点完

---

① 李洪甫：《太平洋岩画：人类最古老的民俗文化遗迹》，上海文化出版社 1997 年版，第 125 页。

全不同，他认为抽象人面顶部的芒线代表太阳的射线，因此是太阳神而不是农作物，表现的是原始社会的天道观念。① 通过对考古资料的分析，在距离亚洲中国将军崖人面岩画40公里左右的藤花落龙山文化遗址中，发现水稻田并出土了数百粒炭化水稻，表明稻作农业已经比较发达。这里虽属沿海地带，但是出土遗存中却没有贝类等海洋生物遗骸，鱼骨也不多见，与亚洲中国山东龙山文化的沿海遗址有明显的区别。这也从另一个侧面证明，亚洲中国将军崖所在的连云港地区在龙山文化时期是一个以稻作为主的农业地区。② 在亚洲中国将军崖岩画中也发现了几个鱼形图像③，但是为数极少，看来在岩画创作之时，原始的海洋渔猎文化已经衰退。因此，这些人面像面部的对称性几何结构很可能是从禾苗以及稻穗的形象经抽象演化而来。

在这组岩画中间，还夹杂着太阳符号，旁边的第2组岩画更是以太阳、月亮甚至星云满天的银河系为主要内容（图版25）。这种对天象的集中描绘表明当时人们对天体的崇拜，也是农业文化发展到一定程度时在岩画中的一种反映。因为植物的栽培和收获以及收成的好坏，都与自然条件的变化紧密相关，而太阳、月亮、星辰的运行规律能够反映出这些自然条件的变化。人面岩画从面部中心向下贯穿直通到禾苗的沟槽线，应该具有和欧洲凹穴与同心圆岩画中的沟槽线相似的功能，既可以表示农作物向上生长延伸的根茎，也代表人与农神沟通的通道。从这个角度来看，亚洲中国将军崖岩画中的这种几何风格纹面岩画更可能是反映农业文化的一种原始宗教表现形式。至于这些几何风格的图形所代表的文化内涵，可能是稻穗结构的抽象表现，有待进一步的深入研究。

二　B型：羊头符号

在亚洲中国贺兰山和阴山西段，有一种造型独特的"羊头"形抽象符号，一直延续到晚期作品。这种对羊头长期崇拜的现象，很可能与亚洲中国西北早期游牧民族特别是党项羌人民族的形成过程有关。羊群和羊头的形象，在亚洲中国贺兰山的贺兰口游牧时期的岩画中随处可见，表明其在原始先民的社会生活和思想意识中处于极其重要的位置。直到今天我们还能够看到，在羌族的萨满领袖"释比"的法器上，中心位置就是一个羊头形象（图5-26）。④

① 盖山林：《连云港将军崖岩画题材刍议》，《徐州师范大学学报（哲学社会科学版）》1983年第4期。
② 孙亮：《江苏连云港藤花落遗址考古发掘纪要》，《东南文化》2001年第1期。
③ 石永红、曹文军：《鱼形岩画现身将军崖》，《中国矿业报》2003年5月27日。
④ 李华林：《图腾崇拜在羌族服饰图案中的体现》，《美与时代》（上）2013年第1期。

图 5 - 26　亚洲中国羌族"释比"的法器

（采自：李华林：《图腾崇拜在羌族服饰图案
中的体现》）

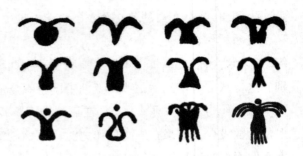

图 5 - 27　亚洲中国贺兰口岩画中各式各样的羊头符号

（采自：贺吉德：《贺兰山岩画研究》）

　　亚洲中国贺兰山的贺兰口岩画中的羊头形象都已经符号化，极少以具象的形式出现。这种符号提取了羊头最典型的羊角向两边弯曲展开的状态作为标准范式，虽有多种变化，但能够让人一眼就分辨得出来。将羊头抽象化、符号化的过程，就是把羊这种实体性动物幻化成表现性符号的过程，完成了这个过程，羊头符号就具有了图腾的意义。图 5 - 27 中的各式羊头符号，最初以简单的对角样式代表整个羊头，后来将羊角下的头骨变化成三角形，就开始具有了人格化的鼻子形态，羊角也因此成了人面图像的连弧眉；最后加上羊的双耳，就代表了人面图像的眼睛，山羊特有的胡须也就成为人面图像鼻底的胡须。史前岩画的创作者提炼出的这个人格化的抽象符号，成为贺兰山乃至阴山附近一些游牧民族的标志，一代一代传承了数千年（图 5 - 28）。

图 5 - 28　亚洲中国贺兰口"羊头"符号人面岩画

（采自：贺吉德：《贺兰山岩画研究》）

三　C 型：核形轮廓

有一种"核形"人面岩画极其特殊，在亚洲中国贺兰山的贺兰口共发现 39 幅，在亚洲中国阴山和阿拉善的贺兰山西麓也有分布，它们的主要特点是人面的轮廓中间圆鼓，上下变尖；或者是头顶变尖而下颌圆润的水滴形（图 5 - 29）。一些学者将这类岩画归为生殖崇拜类岩画。他们认为，由于早期人类尚未认识到男性在生殖活动中的作用，直观地看到女性是人口繁衍的主体，遂产生了女阴崇拜的观念；这种核形、橄榄形、水滴形或菱形的人面像，是女性外阴、子宫的直观表现，是生育繁殖的象征，属于生殖图腾岩画。[1]

图 5 - 29　亚洲中国贺兰口"核型轮廓"人面岩画

（采自：贺吉德：《贺兰山岩画研究》）

观察这些所谓的核形（女阴形）生殖崇拜岩画，上半部的额头位置大多由两个高耸的上圆弧组成，就像北方民族冬天戴的兽皮帽或毡帽。在一些少数民族服饰文献中记载，在亚洲中国甘肃肃南地区，属于阿尔泰语系突厥语族的裕固族妇女帽子是尖顶，用白色绵羊羔毛擀制而成，帽檐后部卷起，宽沿上镶一道黑边，内嵌狗牙花纹。同一地区蒙古语族的帽子为大圆顶，用草秆和羊毛编制而成，形似礼帽，但是顶部比一般礼帽细高。[2] 从这个角度来看，如果将这种人面像上半部的圆弧当成白色毡帽上面的狗牙花纹，则此类造型也有可能是当地古代民族一种标准帽饰的写照。

---

[1]　贺吉德：《贺兰山岩画研究》，宁夏人民出版社 2012 年版，第 139 页。

[2]　杨昌国：《符号与象征：中国少数民族服饰文化》，北京出版社 2000 年版，第 37 页。

四　D型：X形构图

在亚洲中国贺兰山还有一种造型非常独特的人面岩画，轮廓有方有圆，数量很多，在贺兰口一处就发现 59 幅。其程式化的基本结构是：在方形或者圆形的轮廓内，上、下、左、右各刻画一条向内弯曲的弧线，中心的空白处构成一个 X 形，从形象化的角度，可以将这种结构的人面像命名为"X 形构图"。一些学者认为这也是一种女阴崇拜的形象。持这种观点的研究者认为，四个圆弧线分别象征上下的大小阴蒂和左右阴唇，在相应的位置加上眼睛、鼻子等基本器官，就构成了一具人面图像（图 5－30）。[①]

a.亚洲中国　　b.亚洲中国　　c.亚洲中国　　d.亚洲中国　　e.亚洲中国　　f.亚洲蒙古
　贺兰口　　　　贺兰口　　　　贺兰口　　　　贺兰口　　　　阴山

图 5－30　X 形构图人面岩画之一

这种形式的符号在摩梭人原始宗教达巴教的卜书中也出现过，其中意为女性生殖器的图画文字就写为"⊗"，与贺兰口的这类人面岩画基本结构如出一辙，读音"尼直"。但是不同文献对同一符号的描述不同。达巴文的历书中对初一的描述中也包括这个符号，其外轮廓为菱形"◈"，发音为"逆至"，指的是男人的性具，也代表星星。[②] 从发音和形状的相似性来看，卜书与历书的图画文字可能是因为在手抄过程中产生的误差，只是所表示的性别不同。看来，这类符号所指的文化内涵在摩梭人中应与生殖崇拜有关，但性别尚不能轻易下结论。

将这种 X 形构图的中间空白处反相填实成"⊗"状，其主体结构与亚洲中国贺兰山、阴山和亚洲蒙古岩画中所发现的一些人面像结构一致，甚至远到拉丁美洲的西印度群岛也很常见，其生殖图腾的寓意应该大本相当（图 5－31）。

①　贺吉德：《贺兰山岩画研究》，宁夏人民出版社 2012 年版，第 140 页。
②　宋兆麟：《摩梭人的象形文字》，《东南文化》2003 年第 4 期。

a.亚洲中国　　b.亚洲中国　　c.亚洲中国　　d.亚洲中国　　e.亚洲蒙古　　f.拉丁美洲法属
贺兰口　　　　贺兰口　　　　贺兰口　　　　阴山　　　　　　　　　　　瓜德罗普岛

图 5 - 31　X 形构图人面岩画之二

五　E 型：凹穴符号组合

在亚洲中国阿拉善左旗贺兰山西麓的双鹤山、敖包图山早期人面岩画中间夹杂着许多圆穴，有些轮廓内的面部器官也简化成几个圆穴与线段的排列组合。这种凹穴和线段等抽象符号的人面像组合构图在亚洲中国阴山、贺兰山以及巴丹吉林沙漠中的比重逐渐增多，表现出从东向西越来越抽象化的特点（图 5 - 32）。

a.亚洲中国　　b.亚洲中国　　c.亚洲中国　　d.亚洲中国莫　　e.亚洲中国莫　　f.亚洲中国莫
双鹤山　　　　双鹤山　　　　敖包图山　　　勒赫图沟　　　　勒赫图沟　　　　勒赫图沟

图 5 - 32　凹穴符号组合类型的抽象人面岩画

凹穴是凿刻类岩画中的一个常见类型，在世界各地都有分布，是以研磨法制作于岩石表面的坑状杯形（Cups）图案，大小不同，深浅各异，直径大多在 2—6 厘米之间，其剖面结构为半圆形，英语称为"Cupules"（凹穴）或"Cup-and-Ring Marks"（杯—环印），在中国将圆形杯状穴统称"凹穴"。[①] 亚洲中国的凹穴岩画一般成群分布，多出现在东部沿海岩画系统，近年来在亚洲中国河南和辽宁也有大量发现。北方草原地带，只有人面岩画分布的地点才发现有凹穴，基本上可以确认这些凹穴都是作为人面图像的伴生图案而出现的。凹穴因为其形式的单纯性以及组合方式的多样性，是表意内容中最难以解释的一种岩画。各方面的解释主要涉及"游戏说""生殖崇拜说""天文星象说""文字起源说"等，其中生殖崇拜和天文星象

---

① 汤惠生：《凹穴岩画的分期与断代——中国史前艺术研究之一》，《考古与文物》2004 年第 6 期。

的观点比较普及。多数观点认为，凹穴表现的是天体中的星宿或星座①，这些星座拱卫着的人面岩画则代表天神；而由凹穴充实在轮廓内的各式岩画，是星神的形象②。文化解释不是本书的研究重点，仅从图像的类型来看，凹穴符号与线段相组合的类型，与"三点式"结构的人面符号略有不同，大多需要靠外轮廓的辅助才能判断为人面岩画。

六　F型：树冠结构

带有树冠的岩画在亚洲中国西辽河流域就已经是一个常见的类型，是北方森林走出的民族中一种丧葬习俗的体现。在亚洲中国阴山和贺兰山的岩画中，继续保持了这种习俗，从阴山东端的推喇嘛庙、沙很岩画点就开始发现，在阴山的格尔敖包沟尤为常见，并向南扩展到贺兰山一带（图5-33）。

a. 推喇嘛庙　　b. 格尔敖包沟　　c. 格尔敖包沟　　d. 莫勒赫图沟　　e. 格尔敖包沟　　f. 贺兰口

图5-33　亚洲中国阴山、贺兰山树冠构图人面岩画

七　G型：角冠结构

在俄罗斯西伯利亚境内的穆古尔·苏古尔岩画点，头顶饰有兽角装饰的人面岩画多达200余幅，很像鄂伦春族狩猎麋鹿时头戴的鹿角冠。这种岩画数量虽多，式样却相对单一，表明在制作周期上延续时间不长，很可能是较短时期之内的作品。具体的样式主要是椭圆形轮廓内饰以直挺的鼻梁和双眼等面部器官，兽角在头顶两侧展开，通常还缀有垂穗；大多数岩画在一对兽角之间的头顶还要装饰一个天线状的触角，个别的仅有双角或仅有触角（图5-34）。

俄罗斯学者根据考古调查和比较研究，普遍认为这些标准程式的人面岩画是青铜时代的作品，上面叠压着后来属铁器时代的斯基泰时期（Scythian-era）岩画。这些戴角冠的人面都被认为是一种萨满面具，因为在同期的岩画中，就有萨满手持同

①　宋耀良：《中国史前神格人面岩画》，生活·读书·新知三联书店1992年版，第103页。
②　盖山林、盖志浩：《内蒙古岩画的文化解读》，北京图书馆出版社2002年版，第350页。

a.亚洲俄罗斯穆古尔·苏古尔　　b.亚洲俄罗斯穆古尔·苏古尔　　c.亚洲俄罗斯穆古尔·苏古尔　　d.亚洲俄罗斯穆古尔·苏古尔　　e.亚洲俄罗斯穆古尔·苏古尔

f.亚洲俄罗斯穆古尔·苏古尔　　g.亚洲俄罗斯托木河　　h.亚洲蒙古　　b.亚洲中国贺兰口　　j.亚洲中国韭菜沟

k.拉丁美洲尼加拉瓜　　l.拉丁美洲哥斯达黎加　　m.拉丁美洲波多黎各　　n.拉丁美洲法属瓜德罗普岛　　o.拉丁美洲法属瓜德罗普岛

图 5 - 34　角冠构图人面岩画

样面具的形象出现（图 5 - 35，a）。直到近代，亚洲俄罗斯西伯利亚萨满的装束与头饰仍保留着岩画中萨满的特点（图 5 - 35，b）。在亚洲俄罗斯岩画点附近的青铜时代早期奥库尼沃文化（Okunevo）墓葬中，发现一些涂有条纹的头骨，与人面岩画上的条纹一致。因此，研究者确信这些人面岩画是伴随丧葬习俗出现的萨满面具。[①] 在拉丁美洲的尼加拉瓜、哥斯达黎加以及西印度群岛的波多黎各、法属瓜德罗普岛等地，还有大量头顶装饰有角羽、兽耳、顶冠的人面岩画，应该也是古老的印第安民族对萨满面具的不同表现形式。

　　饰有触角的人面分布范围略广，还涉及到亚洲蒙古和亚洲中国贺兰山、阴山等地，年代比较接近。

　　值得注意的是，亚洲俄罗斯西伯利亚托木河流域有一幅画面，一个头顶有两个触角的人面图像位于几个精心打扮的鸟（兽）面人中间，鸟（兽）面人明显是头戴面具、身着萨满服饰的巫师形象，而巫师的头顶也有和人面一样的触角（图 5 - 35，c）。亚洲俄罗斯西伯利亚托木河流域附近的安加拉河以及米努辛斯克盆地人面岩画

　　① Marianna Artashirovna Devlet, "Petroglyphs on the Bottom of the Sayan Sea (Mount Aldy-Mozaga)". *Anthropology & Archeology of Eurasia*, vol. 40, no. 1 (Summer 2001), p. 12.

的触角类型都具有一致性（图版1428—图版1430），与穆谷尔·苏古尔的青铜时代人面岩画虽不完全一样，但是触角相似，几处岩画点的距离也很接近，很可能是同一时代不同部落的作品。

a.岩画中手持面具的萨满　　b.近代手持法器的萨满　　　　c.托木河岩画中的萨满

图5-35　亚洲俄罗斯西伯利亚的萨满形象

八　H型：纵鼻+双目结构

在亚洲俄罗斯西伯利亚的穆古尔·苏古尔和亚洲中国的将军崖，以纵向的长鼻梁加上双目作为核心图形的人面岩画，构成一种形似"小"字的左右对称结构图形（图5-36）。在图像世界里，因为许多构成元素基本结构的相似性，靠图形的直观判断就会出现很多不同的解释，像人面岩画中这种纵鼻+双目的"小"字形结构，就是一个很典型的例子。

a.亚洲俄罗斯　　b.亚洲俄罗斯　　c.亚洲俄罗斯　　d.亚洲中国　　e.亚洲中国　　f.亚洲中国
西伯利亚　　　　西伯利亚　　　　西伯利亚　　　　将军崖　　　　将军崖　　　　阴山

图5-36　纵鼻+双目结构人面岩画

通常人们看到这种形象，大多会从直觉上将其判断为对男性的生殖崇拜，将中间的粗竖线视为男性的阴茎，左右两个圆点视为阴囊或睾丸。

在亚洲中国将军崖和亚洲俄罗斯西伯利亚的穆古尔·苏古尔这两处岩画点，因纬度不同，气候差别很大，生态环境也不一样，生计方式具有明显的区别。亚洲中国将军崖所在的海岱地区在新石器时代晚期就已经进入了发达的农业文化阶段，而亚洲俄罗斯西伯利亚直到青铜时代尚属于狩猎采集经济，两者共同出现的相似人面结构，也许具有不同的文化内涵。此外，前面提到的象征神鸟的鸮面通过简化之后也具有相同的结构表现。但是通过与有轮廓人面的比较分析（因为在人面岩画的鼻梁之下都添加了嘴），基本可以排除是鸮面的可能。

亚洲中国阴山的格尔敖包沟也发现有与之相似的图形，夹杂在人面岩画中间，应作为简化人面（图5-36，f）。这个图形更加接近男性生殖器的客观形态，作为人面岩画的核心图形，视觉表现力非常突出，很有可能是史前生殖崇拜的一种符号化表现。

总体来看，这种核心结构突出粗大的纵鼻和点状双目的表现，目前除了男性生殖崇拜尚没有更好的解释，这还有待于进一步的深入探究（图5-37）。

  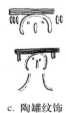

a. 西班牙石碑　　　　　b. 西班牙石碑　　　　　c. 陶罐纹饰

（公元前4000~前3000年）　（公元前4000~前3000年）　（公元前1800~前1500年）

图5-37　欧洲鸮面装饰

（采自：汤惠生、张文华：《青海岩画》）

九　其他类型

北美洲西北海岸有些比较有趣的人面图形，因为是与动物岩画相结合才显其趣味性和宗教性，暂不列入具体的分类，只在此做简单介绍。

北美洲加拿大温哥华岛上的纳奈莫岩画公园（Nanaimo Petroglyph Park）中，有些动物表现为超自然的形态，其中有一种类似龙形的怪兽，口中含着一个人面像。这与亚洲中国商周青铜器上巫师用来沟通天地的虎食人卣中的"巫蹻"形象十分相似①（图5-38，b），在其他青铜器上也有所表现。岩画的具体年代尚难确定，很可能是印第安人传承自东方的一种特有的表现形式。

总之，第三期的人面岩画，主要是在亚洲的发展兴盛，各地区都在人面结构中出现具有象征意义的符号，并进行程式化的组合，主要表现在亚洲中国阴山的树冠

① 张光直、徐苹芳等：《中国文明的形成》，新世界出版社2004年版，第161页。

a.北美洲加拿大纳奈莫岩画　　　　　　b.亚洲中国商代晚期斯虎食人卣

（采自：张光直：《中国文明的形成》）

图5-38　怪兽食人岩画

结构、亚洲中国阴山及贺兰山的羊头符号、"核形"轮廓、X形构图、亚洲俄罗斯西伯利亚的角冠结构以及纵鼻+双目结构的核心图形等，这些图式类型在不同的地域范围表现出不同的造型特点及文化内涵。而广泛分布于亚洲中国贺兰山、阴山的羊头符号，是数量最多的一种，尤其在贺兰山更是占据了统治地位，并持续流行到历史时期，是生命力最为旺盛的一种符号类型（表5-3）。

表5-3　　　　　　　　　　　　环太平洋人面岩画三期主要类型

类型	类型描述	分布区域
A	几何纹面风格	亚洲中国将军崖
B	羊头符号	亚洲中国贺兰山、阴山
C	核形轮廓	亚洲中国贺兰山、阴山、桌子山、阿拉善
D	X形构图	亚洲中国贺兰山、阴山、亚洲蒙古、亚洲俄罗斯西伯利亚
E	凹穴符号组合	亚洲中国阴山、贺兰山、阿拉善
F	树冠	亚洲中国阴山、西辽河、贺兰山
G	角冠	亚洲俄罗斯西伯利亚、亚洲蒙古、亚洲中国贺兰山、阴山
H	纵鼻+双目结构	亚洲中国将军崖、亚洲俄罗斯西伯利亚、亚洲中国阴山

第四节　四期

与亚洲中国西辽河流域人面岩画第四期大致相当的年代，属于亚洲中国中原地带的历史时期，人面岩画经历了最后的发展阶段走向衰退。在最后的1000年之中，人面岩画在亚洲已经衰落、消失，而在北美洲和拉丁美洲则进入全新的发展阶段，是多样化表现在另一洲际时空的延续。

一　A型：劐面+树冠

在亚洲中国阴山和贺兰山，除了有树冠结构人面的表现形式，还有从另一种丧葬习俗的符号"劐面"发展出的新形式——"劐面+树冠"。亚洲中国阴山西段的托林沟有很多方形轮廓岩画，与贺兰口的方形人面一致，面部都以羊头符号表示连弧眉和三角鼻，嘴部几何化为矩形，其中以几道竖线表示牙齿。最具特点之处是额头正中多有三道斜线，似为北方少数民族的劐面习俗（图5–39）。

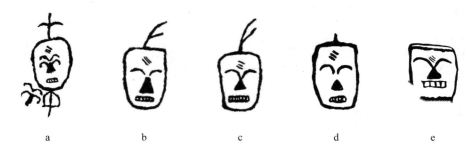

图5–39　亚洲中国阴山托林沟反映树葬和劐面习俗的人面岩画

劐面是一种血祭形式，流行于公元前3世纪到公元前4世纪的匈奴人中，且直到公元13世纪的突厥、鲜卑、蒙古、女真等民族中。在葬礼或其他的重大场合中，人们通过这种让自己流血的仪式，向亡灵或神灵表达愿望。它是斯基泰人的文化习俗，也是游牧人的一种特殊的灵魂观，即血液＝灵魂。游牧人的生活轴心是家畜，他们在屠宰家畜的过程中，观察到动物的死亡与丧失血液有联系，认为血液离开肉体，灵魂也随即离开，所以产生了灵魂栖于血液这一观念。这种观念最初产生在西亚地区，斯基泰人的劐面习俗便源于此。在葬礼上劐面流血的目的，是想让自己的灵魂去陪伴死者的灵魂，匈奴人在与斯基泰人交往的过程中接受了这种丧葬习俗，并逐渐在东渐的过程中被阿尔泰语系的民族所传承。[1] 出现在亚洲中国阴山岩画人面像额头的三道斜线，应是这种习俗的直接反映。

后来的蒙古族既有劐面习俗又有树葬仪式，这两种葬仪观念的同时出现，是狩

---

① 那顺布和：《论斯基泰劐面习俗的东传及其意义》，《北方文物》1992年第1期，总第32期。

猎经济下的灵魂观向游牧经济灵魂观的过渡，也是北方草原东部民族与西部民族融合的见证。据此推断，这类劈面和树冠人面岩画的上限很可能在匈奴政权统治北方草原的亚洲中国的两汉之间，一直延续到蒙元时期。

二　B型：秃发风格

"秃发"是西夏党项人普遍推行的一项风俗制度，沿袭自鲜卑的秃发习俗。秃发的常见样式与髡发相同，都是剃去顶发而留边发，即将头顶及后脑的头发剃去，仅留前发，如刘海垂在额前，两鬓各有一绺头发于耳旁。[①] 这种发式在亚洲中国贺兰山岩画中为数可观，尤其在几处圣像壁中大量出现（图5-40）。

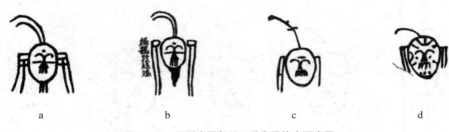

　　　　a　　　　　　　　b　　　　　　　　c　　　　　　　　d

图5-40　亚洲中国贺兰口秃发风格人面岩画

据亚洲中国学者考证，党项民族本来就属鲜卑系统，西迁之后与羌人混居逐渐羌化。元昊建立西夏之后，为了唤醒党项人的民族自尊，加强内部凝聚力，便号召恢复鲜卑旧俗，这其中就包括秃发风俗。[②] 西夏的考古材料显示秃发共有六种类型，其中有头顶蓄发一撮束成尖锥髻，耳侧各有一撮垂于肩部的样式，年龄越长者蓄发越长。[③] 亚洲中国贺兰山岩画中这些头顶秃发束髻、耳鬓垂发的造型，普遍蓄发较长，从面相上看也更像是描绘的年长者，可能是一种祖先崇拜的符号化表现。秃发风格的人面岩画都出现在西夏统治的核心范围之内，显然是鲜卑党项人的作品，约与亚洲中国中原的汉至两宋年代相当。有些西夏文字叠压在人面像之上，可以确定人面岩画是在11—13世纪的西夏政权期间或之前所做。

三　C型：花瓣轮廓风格

在亚洲中国贺兰山的归德沟、贺兰口等沟口，有许多人面像与西辽河的大里山

①　宋德金、史金波：《中国风俗通史》（辽金西夏卷），上海文艺出版社2001年版，第501页。
②　汤开建：《西夏秃发考》，《西北民族研究》2003年第2期。
③　朱存世：《西夏秃发的类型》，《北方文物》2002年第2期。

连弧纹轮廓人面有相似的表现。但是这里的连弧纹显得更加自由随意，有些地方已经并不连续，更像是花瓣的装饰效果，可以称之为花瓣轮廓风格。在前几期岩画中这种繁缛的装饰均未出现，显然应该与鄂尔多斯风格或鲜卑风格装饰繁复的青铜、金银饰品年代大体相当（图 5 – 41）。

a. 归德沟　　b. 归德沟　　c. 归德沟　　d. 归德沟　　e. 贺兰口　　回回沟

图 5 – 41　亚洲中国贺兰山花瓣装饰风格人面岩画

四　D 型："拉布雷斯"风格

1947 年，美国考古学家罗伯特·F. 海泽（Robert F. Heizer）发布了详细的调查报告，全面描述了北美洲西北海岸美国科迪亚克岛上的无轮廓人面岩画。这些岩画最显著的特征是具有眼睛、眼眉（眉弓）、鼻子和嘴巴这些基本要素而没有轮廓，所有器官都以最简练的单线条构成。与亚洲中国贺兰山、阴山的"羊头形"抽象人面相似，这里的人面符号中不一定要有眼睛，而眉弓和鼻梁则是必备的要素，组合成"T 字形"或"Y 字形"的基本结构（图 5 – 42）。

图 5 – 42　北美洲西北海岸美国科迪亚克岛无轮廓人面岩画的基本结构

海泽特别注意到那些嘴角下面有圆点的岩画，认为那可能是代表印第安装饰品"拉布雷斯（Labrets）"（图 5 – 43）。①

"拉布雷斯"是指一种北美洲印第安人、爱斯基摩人和中非一些部族的嘴唇装饰品，形如塞子、大头钉或各种形状的钮状物，在进入青春期阶段开始佩戴。做法是在嘴唇周边皮肤较薄的部位穿孔，以木、石、骨、牙、玻璃、金属等制成的各式

① Robert F. Heizer，"Petroglyphs from Southwestern Kodiak Island，Alaska"，*Proceedings of the American Philosophical Society*，Vol. 91，No. 3（Aug. 29，1947），pp. 284 – 293.

图 5 - 43　有"拉布雷斯"唇角装饰的无轮廓人面岩画

装饰物进行镶嵌，可以向外界传达性别、年龄、社会地位以及族源等信息①。最开始是嵌入很细小的针状物，随着时间的推移逐渐用更大的形状替换，于是穿孔就会被越来越大的"拉布雷斯"机械地扩张，最后固定在一个较大的尺度（图 5 - 44）。

a.常见的木质"拉布雷斯"　　　　　　　　　　b.其他材质的"拉布雷斯"

图 5 - 44　"拉布雷斯"饰品

（采自：William W. Fitzhugh，*Crossroads of Continents*）

"拉布雷斯"饰品在嘴部的不同数量、尺度和位置具有不同的意义，在育空三角洲地区，人们使用的拉布雷斯较小；西部爱斯基摩男性通常装饰在嘴角两侧；特里吉特女性、古阿留申男性、墨西哥人、中非的博托人和美属萨摩亚的莫斯基托男性则以一个单独的"拉布雷斯"装饰在下嘴唇的正下方；在阿留申发现个别的白令海峡爱斯基摩女性在嘴角和嘴唇下方都进行装饰；一些西部的爱斯基摩女性用两个较小的"拉布雷斯"装饰在嘴唇下方。② 据 1884 年威廉·希利多尔的记载，佩戴"拉布雷斯"是北美洲史前和较早的历史时期流行于北部海洋民族的一种习俗，到 19 世纪末期，"拉布雷斯"装饰随着殖民者的推进在绝大多数地方已经绝迹，只有北美洲西北海岸的爱斯基摩人还保留着这一古老的习俗，特里吉特人已经用小银针代替了原来较大的木制品，而在阿留申群岛上已经彻底消失。

———————————

①　William W. Fitzhugh and Aron Crowell, *Crossroads of Continents*：*Cultures of Siberia and Alaska*, United States：Smithsonian Institution Press, 1988. p. 135.

②　William Healey Dall, *On Masks, Labrets, and Certain Aboriginal Customs*, with an Inquiry into The Bearing of *Their Geographical Distribution*, United States：HardPress. 1884/2012, pp. 77 - 78.

北美洲西北海岸美国科迪亚克岛上这些带有"拉布雷斯"装饰的抽象人面岩画与北美洲美国由那克岛上的写实石雕人面像没有直接的承继关系，却与16世纪以来更大范围的雕刻艺术一脉相承。爱斯基摩人和印第安人喜欢在各种装饰品和穿戴用品上饰以人面像，阿拉斯加发现的许多较晚近的木、骨、象牙或玉石雕刻人面像上都带有"拉布雷斯"的刻画（图5-45，a-b）。图5-45的b所示的是几个爱斯基摩人皮艇上的象牙配件，有人面和鸟面的形象，还包括几个穿绳配件"紧线器"。其中圆形人面的嘴角就有"拉布雷斯"装饰，两个人面紧线器上则将"拉布雷斯"装饰在不同的位置，很可能代表着不同的性别。

a. 爱斯基摩人的木质雕像　　　　　b. 爱斯基摩皮艇上的象牙装饰配件

图5-45　饰有"拉布雷斯"的人面像

（采自：William W. Fitzhugh, *Crossroads of Continents*）

就在北美洲西北海岸美国科迪亚克岛这些人面岩画的周边，如同北美洲美国由那克岛一样的小鹅卵石人面雕刻艺术品随处可见（图5-46），这些雕刻品造型风格已经产生了明显的变化，不再是早期那种写实性的手法，与科迪亚克岛那些抽象的无轮廓人面岩画具有几乎完全一样的五官特征，有很多在嘴唇周边饰以华丽的"拉布雷斯"装饰品。考古学家根据火烧的痕迹，判断这些雕刻品可能是举行萨满仪式的用品，经考古断代为公元1500—1750年之间。[1] 人面岩画没有石雕面部周围的羽毛装饰物，而只表现了嘴唇两侧和下方的"拉布雷斯"，岩画的年代很可能要早于这些石雕艺术品。

这一地区现在还生活着大量的特里吉特人，他们的艺术遗存也表现出与岩画和石雕相似的特征，当地的年长者认为这里的人面岩画描绘的是他们的造物主。[2]

---

[1]　William W. Fitzhugh and Aron Crowell, *Crossroads of Continents*: *Cultures of Siberia and Alaska*, United States: Smithsonian Institution Press, 1988, p. 134.

[2]　Robert F. Heizer, "Petroglyphs from Southwestern Kodiak Island, Alaska", *Proceedings of the American Philosophical Society*, Vol. 91, No. 3（Aug. 29, 1947）, pp. 284 - 293.

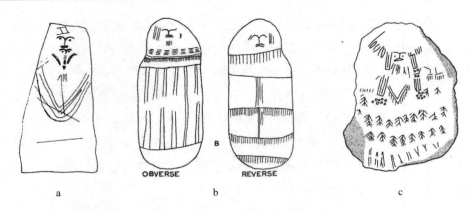

图 5 – 46　北美洲西北海岸美国科迪亚克岛人面石雕制品

　　北美洲西北海岸美国科迪亚克岛上这些抽象人面岩画的出现也许会让人们觉得很突然，没有从附近岩画中演变过来的迹象。但是在爱斯基摩人的面具艺术中，能够看到这种发展的轨迹。一个在岛上发掘的公元前 500 年到公元 500 年之间的骨制微型面具（图 5 – 47），造型的风格就已经从更早期的写实性面孔向抽象概括的风格转变，"拉布雷斯"风格的抽象人面岩画很可能就是在这一期间开始创作的。

　　另一个在北美洲西北海岸美国科迪亚克岛收集于 1842 年的名为"快乐之神"的面具上（图 5 – 48），包含了许多小型雕刻品中的造型要素，上面的羽毛和皮绳装饰

图 5 – 47　北美洲西北海岸美国科迪亚克岛
　　　　　骨制微型面具

图 5 – 48　北美洲美国 19 世纪"快乐之神"面具

（采自：William W. Fitzhugh, *Crossroads of Continents*）

在美洲的北方民族传统中代表着星星和天堂，与北美洲西北海岸的印第安民族在冬季赠礼节上的面具非常相似①，也与亚洲俄罗斯远东地区一些萨满的装束接近，是白令海峡的爱斯基摩人对越洋而来的东方萨满文化传承的见证。

千百年来，爱斯基摩人将人面艺术应用到了非常广阔的范围。北美洲西北海岸美国科迪亚克岛北侧库克湾的楚加奇人，就喜欢把人面像描绘在任何载体上来表现他们的萨满神灵。传说爱斯基摩人信仰一个主神，是一个住在海里的古老的女神，如果人们违反了她的禁忌，她就会让人们无法猎取到海豹和其他海洋哺乳动物。因此，爱斯基摩的萨满有一个职能，就是监督部落里的人避免违反禁忌，以便减少神灵的愤怒。② 这可能就是爱斯基摩人酷爱人面像的原因之一。

考古挖掘出的"拉布雷斯"嘴唇装饰品最早的年代在距今 3000—2000 年之间，因此能够帮助判断岩画的年代上限。在多处发现的嘴唇下面装饰"拉布雷斯"的人面岩画不可能早于这个期间（图 5 - 49）。

　　a.美国阿拉瓦角　　b.加拿大梅茵岛　　c.加拿大西奥多西娅　　d.加拿大道格拉斯　　e.加拿大韦恩

图 5 - 49　北美洲西北海岸有拉布雷斯装饰的人面岩画

岩画与考古遗存中的"拉布雷斯"装饰品，是北美洲爱斯基摩人和印第安人日常配饰习俗与萨满崇拜的综合表现。从人面岩画与各种雕刻品之间的关系来看，生活在北美洲阿留申群岛和科迪亚克岛一带的爱斯基摩人以及印第安人对人面像的崇拜达到近乎狂热的程度，这些人面都是带有萨满教色彩的一种神灵面具。结合在阿留申群岛发现的考古遗存，可以初步判断拥有凿刻人面习俗的东北亚海洋渔猎民族，通过白令海峡北部的寒冷地带或者南端相对温暖的岛屿，把自己的萨满信仰从亚洲传递到北美洲西北海岸甚至更远的地方。

① William W. Fitzhugh and Aron Crowell, *Crossroads of Continents: Cultures of Siberia and Alaska*, United States: Smithsonian Institution Press, 1988, p. 50.

② Campbell Grant, *The Rock Art of the North American Indians*, London: Cambridge University Press, 1983, p. 16.

五   E型："尖耳"风格

爱斯基摩人是狩猎民族，直到最初几次与欧洲人接触时还保留着石器时代的技术水平。在冰寒地冻的漫长冬月里，狩猎者们在温暖的雪屋中休息，他们就着石制的油灯，花费整个冬天在骨头、象牙和石头上做雕像和装饰物。这种创作的动机出于人类作迹的本能并伴随着对萨满教的虔诚信仰，是在没有任何社会义务和压力的情况下完成的，他们通过这些视觉形象，传递其集体记忆中祖先的神话和历史，在创作过程中打发时间并获得精神上的满足。

在包括阿拉斯加在内的北极地区，不同部落的岩画艺术在图案和主题上存在相似性，从萨满教的服饰、用具、宗教仪式和表达方式等方面看，与岩画艺术的源头都是一致的。分布在加拿大魁北克省的夸加它里克的人面岩画，更加强烈地表现出它们是作为萨满教的一种视觉文化工具而出现的（图5-50）。

a   b

图5-50 北美洲加拿大夸加它里克岩画（Daniel Arsenault 摄）

居住在北美洲加拿大夸加它里克的爱斯基摩人选择将萨满用具的元素在多种实物载体包括裸露岩石上都进行刻画。澳大利亚考古学家保罗·塔森（Paul Tacon）曾对此处岩画做过理论探讨，他认为岩画这种表现形式的创作者不一定就是萨满，但这些人可能在某种程度上介入了萨满的精神活动。有时是作为目击者，见证了他们的宗教活动；否则，就是基于对萨满形象、做派和行为的集体认知。他将萨满语境（Shamanistic context）定义为：以萨满活动领域为中心的集体生活模式。换言之，一个社会群体的所有成员都受到了萨满教世界观的影响。无论是否拥有与萨满一样的世界观，所有成员都成为了岩画艺术的创作者，通过具有共识的形象刻画出居于他们精神世界的某些实体，或是宗教仪式上的萨满形象，这些萨满的特征非常鲜明（图 5 – 51）。①

a　　　　　　　　b　　　　　　　　c　　　　　　　　d

图 5 – 51　北美洲加拿大夸加它里克岩画特写

（Daniel Arsenault 摄）

将北美洲加拿大夸加它里克的人面岩画置于萨满教语境来看，正如在其他极地地区，特别是在阿拉斯加和西伯利亚，这两个地方岩画遗址的人面图像在萨满信仰方面也呈现出相似性。而夸加它里克遗址的人面图像突出了自然界和精神世界间的关联，萨满则在两个世界之间以及两个世界与其居民之间扮演了调解人的角色。

加拿大的考古学家通过考古发掘并与其他材料综合比较，确定夸加它里克遗址属于多赛特（Dorset）文化艺术风格。多赛特文化从公元前 1 世纪开始到 13 世纪，延续了一千多年。多赛特人也被因纽特人称为 Tuniit（意为"巨人"）。与其他古爱斯基摩人一样，多赛特人聚为小渔猎群体，在北极严酷的环境中过着游牧生活。②值得注意的是，多赛特时期的几个考古遗址出土了许多小型工艺品，有面具和人面塑像、假牙、陶俑以及一种类似"法杖"的物品（图 5 – 52）。这些工艺品上无一例外的都以人面进行装饰，它们与在阿拉斯加发现的可携带小型石雕一样，不仅仅是为了满足审美的乐趣，更具有萨满巫术的功用。

多赛特艺术的发展一直受到萨满文化的推动，这种推动力在公元 5 世纪以后显得更为强烈，并且在公元 10 世纪左右，当北美洲加拿大北极地区变得更加温暖后，发挥

---

① Paul TAÇON, "Stylistic Relationship Between the Wakeham Bay Petroglyphs of the Canadian Arctic and Dorset Portable Art", Oxford : Osbow Books. *Rock Art Studies*: *The Post-Stylistic Era or Where Do We Go From Here?*, M. Lorblanchet & P. C. Bahn, Ed, 1993, pp. 151 – 162.

② Daniel Arsenault, "Circumpolar rock art: the hidden face of shamanism? A comparative study of human-like faces in Canadian, Alaskan and Siberian rock art, and their relationships with shamanistic paraphernalia", a paper of EAA International Congress, Helsinki, Finland, August 29-September 1, 2012.

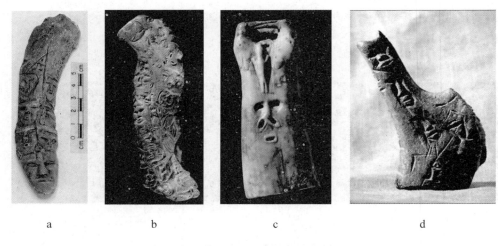

a　　　　　　b　　　　　　c　　　　　　d

图 5 - 52　多赛特文化小型雕刻品

(Daniel Arsenault 提供)

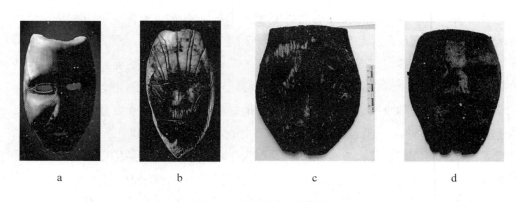

a　　　　　　b　　　　　　c　　　　　　d

图 5 - 53　多赛特文化萨满面具

(Daniel Arsenault 提供)

了更大的影响。这种情况使萨满巫术在应对当时的全球气候变化时面临了社会压力。

随着环境的不断变化，回应这种社会压力的一个主要表现就是艺术品与萨满巫术的关联更加密切。举例来说，这一阶段后期，一些多赛特定居点以长屋为特点，同时出土的雕刻艺术品比实用物品更多。通过比较可以看出，在这些与萨满巫术有关的物品中，某些物品比如"法杖"上面有许多类似人类的面孔。把这些物品集中起来比较，就会看到与北美洲加拿大夸加它里克岩画中出现的这些写实面孔有着某种相似性。同时，其他一些物品如面具、人面塑像等（图 5 - 53），不论是刻制方法还是面部的形态特征，也与人形面孔以及动物面孔有着密切关联，并被用作萨满教的标志或物品，与萨满巫师的巫术仪式存在着密切的关系。由此，更加凸显了这些人面岩画的萨满教性质。然而，大约在公元 13 或 14 世纪，因无法适应环境变化，多赛特人被新爱斯基摩人所取代，新爱斯基摩人也被称为图勒人（Thule），是现代因纽特人的直系祖先，其艺术表现形式不再包括岩画艺术。①

这些面具与这里的人面岩画一样没有人的耳朵，但却刻画出了一种类似动物的短小的尖耳朵或是弯曲的触角。这种做法是作者想强调萨满巫师的法力，通过佩戴动物面具将自己化身成动物，以期更好地发挥法力，从而与邪灵斗争或治愈某些疾病。换句话说，描绘这些变形的面孔，可能是在突出萨满变身的不同阶段，可以说，这种尖耳朵形态是多赛特萨满巫师在他们的仪式上对动物和神灵进行某种模仿的表现。②

也许我们会惊奇，为什么在如此严寒的冻土地带，人们还要耗费时间在有限的几个温暖月份中来到户外凿刻岩画？这或许是上天的恩赐，北美洲加拿大夸加它里克这片土地上的岩层由滑石构成，其松软的表面使得史前艺术家很容易进行雕刻活动，只要借助金属工具稍加刻划，无需凿磨就能雕出浮雕人像。这也能解释为什么这是最靠近北极圈的唯一一处人面岩画点。这个遗址被附近的定居者一直当作采石场，滑石对那些采石的多赛特人非常重要，他们利用这些石料制作油灯和炊具之类的实用物品。图勒人和因纽特人后来也把这里作为采石场，但却只有多赛特人在这些岩石表面留下了岩画，作为与神灵进行象征性交换的方式。③

与北美洲加拿大夸加它里克相隔数千公里的白令海峡，发现过一个与尖耳风格相似的带有刺青的面具（图 5－54），是距今 2500 年左右的爱斯基摩人作品。④此外，在亚洲俄罗斯西伯利亚的穆古尔·苏古尔青铜时代岩画中，也发现有尖耳风格的人面岩画形象（图 5－55）。这些形态相似的人面画像虽然跨越了大半个地球的距离，但是却勾画出一条文化传播的轨迹，生活在北美洲加拿大的古爱斯基摩人，很可能就是从亚洲俄罗斯西伯利亚的腹地出发，经过白令海峡和阿拉斯加将这种人面岩画风格带到了北美洲加拿大夸加它里克。

---

① McGhee，R，*Ancient People of the Arctic*，Vancouver：University of British Columbia Press，1996.

② ［加］丹尼尔·阿瑟诺：《极地岩画背后的萨满教》，朱利峰译，《内蒙古大学艺术学院学报》2014 年第一期。

③ 同上。

④ William W. Fitzhugh and Aron Crowell，*Crossroads of Continents：Cultures of Siberia and Alaska*，United States：Smithsonian Institution Press，1988，p. 129.

图 5 - 54 白令海峡发现的尖耳风格面具

（采自：William W. Fitzhugh, *Crossroads of Continents*）

图 5 - 55 亚洲俄罗斯西伯利亚穆古尔·苏古尔人面岩画

六 F 型："守护者"

在北美洲西北海岸地区，许多岩画都被当地的印第安人赋予了神话传说，成为他们精神生活的一部分。例如北美洲美国哥伦比亚河下游切努克人居住的达尔斯地区，有一个名为"恰盖格拉拉"（Tsagaglalal）的人面岩画点，这些岩画头戴各种饰品，长着熊的耳朵，有的戴着编织的帽子。它们有一个名字叫做"守护者"（"She Who Watches"），在岩壁和可移动石块上面都有发现（图 5 - 56）。

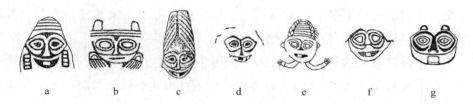

a   b   c   d   e   f   g

图 5 - 56 "守护者"（"She Who Watches"）人面岩画

（采自：David S. Whitley, *Handbook of Rock Art Research*）

凯泽曾经于 1990 年运用比较的方法做过断代研究。他列举了 4 个凿刻于玄武岩崖壁上的人面岩画（图 5 - 56，d - g），这些人面岩画都位于北美洲美国哥伦比亚河下游的公共墓地之上，这些形象除了在岩画中出现，还在一些便于携带的石块、骨头以及鹿角制品上被反复雕刻，在同一个埋葬点发现超过 30 件。其中一些与铜器和铁器摆在一起，考古证据表明这些物品的时间在公元 1700—1840 年之间。这些岩画和墓葬中的护身法宝所扮演的角色相同，是一种魂灵的守护神，它们被用来防止瘟疫等流行病侵害当地的印第安部落。① 岩画点周边发现的许多祭品遗存，也表明这些岩画具有神圣的创作动机。

七　G型：多样化风格

北美洲西南内陆地区、大平原以及北部林区，拉丁美洲的西印度群岛和南美洲，大洋洲的岛屿等南太平洋周边，分布着近一两千年以来的人面岩画作品，因为地域范围广阔，民族成分复杂，呈现出多样化的局面。

美国近三分之一的印第安人生活在北美洲西南地区，创造出了几十种不同的岩画风格，其中有8种风格特征比较显著，分别是属于阿纳萨齐文化的钦利具象风格（Chinle Representational Style）、圣胡安拟人神像风格（San Juan Anthropomorph Style）、里奥格兰德风格（Rio Grande Style），属于弗里蒙特文化的巴雷拉峡谷风格（Barrier Canyon Style）、古典风格（Classic Vernal Style），属于孟高拉恩文化的约内达风格（Jornada Style），属于霍霍坎文化的希勒岩刻风格（Gila Petroglyph Style），以及大盆地抽象风格（Great Basin Abstract Style）。其中只有里奥格兰德风格、古典风格和约内达风格以人面岩画为特色。②

里奥格兰德风格盛行于公元1300年之后，人面岩画几乎全部凿刻在印第安村庄附近的玄武岩上，描绘的是霍皮印第安人的祖灵卡奇纳神——规整的几何形状轮廓、印第安角羽头饰、人首蛇身等特点都十分突出，表现手法已经高度程式化。此外还有大量的盾牌、手持盾牌的猎熊人、鸟类、蛇、熊迹、玉米、持弓者等形象，每一个村庄都会有自己个性化的形象出现（图5-57）。

a. 凤凰城岩画　　b. 霍皮岩画　　c. 莫奇岩画　　d. 博纳利欧岩画　　e. 柯契地岩画

图5-57　北美洲美国阿纳萨齐里奥格兰德风格人面岩画

---

① James D. Keyser, Relative Dating Methods, *Handbook of Rock Art Research*. Altamira Press, 2001. p. 120.

② Campbell Grant, *The Rock Art of the North American Indians*, London：Cambridge University Press, 1983, pp. 36 - 37.

　　古典风格主要出现在北美洲美国犹他州的东北地区，有很多的拟人神像，尺寸通常超过原大或与真人相近。头部形状呈几何化，有方有圆，有些饰有华丽的角冠，面部器官多抽象概括，有些仅有一双细眯的眼睛和一张紧闭的嘴，有些则以简单的圆点表示。另外还有一些同心圆和螺旋纹，尤以大型的直立人像组图最具特色。这里没有身体的人面图像很多都是被猎人提在手中或是悬挂在一个长杆之上，用来象征战利品，这是印第安霍皮人和阿兹特克人传统的"猎首（Head Hunting）"习俗。①

a. 叉山谷岩画　　b. 犹他州岩画　　c. 石溪岩画　　d. 犹他州岩画　　e. 犹他州岩画

图 5 - 58　北美洲美国弗里蒙特古典风格人面岩画

　　约内达风格的人面岩画与前两个风格相比较特别突出眼睛的刻画，并有一些独特的表现手法在其他地方极其罕见。一是在岩石的作画位置选择上显得别具匠心，作画者时常会刻意选择将人面对称凿刻在岩石的转角两侧，人面图像从岩石的正面看是半张面孔，从侧面看则能欣赏到整个面部轮廓，这成为北美洲西南内陆地区特别是美国新墨西哥州的一种独特风格（图 5 - 59）。二是利用石面上的特殊肌理作画，通常是将石面上天然形成的圆形或者椭圆形瘤状凸起作为瞳孔，进一步在周围刻画出同心圆轮廓和其他面部器官，这样的手法在三河的同心圆符号中也很常用（图 5 - 60）。

a. 祖尼岩画　　　　b. 圣达菲岩画　　　　c. 三河岩画

图 5 - 59　北美洲美国约内达风格利用岩石转角制作的人面岩画

---

①　Alex Patterson, *A Field Guide to Rock Art Symbols of the Greater Southwest*, Johnson Books, 1992, p. 128.

  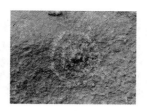

a. 同心圆双目　　　　　　b. 侧面兽面纹　　　　　　c. 同心圆符号

图5-60　北美洲美国三河岩画中利用岩石的天然凸起作为眼睛

　　北美洲大平原地区的人面岩画由于分布地点分散，风格样式也不尽一致。其中在马里兰州有两幅鱼纹人面岩画，在造型特点上与亚洲中国西辽河流域的鱼纹人面都不约而同地选择了菱形轮廓（图5-61）。这里的菱形轮廓的表现与亚洲中国西辽河的早期鱼纹人面不同，面部的处理显得非常简单概括，中心部位的竖线与轮廓的组合，更像是女性生殖器官的直观表现，具有比较明显的生殖崇拜性质。

a　　　　　　　　　　　　　　　　　　　　　b

图5-61　北美洲大平原鱼纹人面岩画

　　北美洲北部林区的岩画年代较晚，特别是人面岩画，都是椭圆形轮廓，面部大多仅有用圆凹穴表示的眼睛和嘴巴，少数刻画出鼻子，风格高度一致（图5-62）。这种表现手法与加勒比海区域的人面岩画非常相似，可能是在最近的几百年间受到加勒比文化北上的影响。值得一提的是，在北美洲美国的纽约州、新泽西州、康涅狄格州和罗德岛州，发现大量镌刻于便携的小型卵石之上的人面图像，虽然与人面岩画在五官特征上还有很多相似之处，但是其制作工艺已经逐渐产生了显著区别——与近现代雕塑艺术品一样，不仅仅是崖壁或巨石岩画的"减地法"。这也表现出人面图像题材在岩画中已经处于衰落态势，而逐渐转向了其他的造型艺术领域。

a.美国佛蒙特州　　　b.美国缅因州　　　c.加拿大安大略省　　d.美国马萨诸塞州　　e.美国马萨诸塞州

图5-62　北美洲美国、加拿大北部林区的人面岩画与人面像雕刻品

　　在北太平洋南端的大洋洲夏威夷群岛发现的4幅人面岩画，在造型手法上没有非常一致的规则，似乎有至少三种风格在这里产生过影响。这些风格在南太平洋的波利尼西亚、美拉尼西亚、智利复活节岛等大小岛屿，以及加勒比海区域的中美洲岛国和南美洲的许多国家中均有不同程度的表现，展示了更加多样化的风格样式（图5-63）。

图5-63　大洋洲美国夏威夷等地多样化风格人面岩画

这些后期发展出来的人面岩画，有的简单概括，仅表现关键的面部器官；有的装饰复杂，带有明显的纹面或者特定的符号体系。这些图像被赋予了更多的土著民族原始艺术符号的表现性，往往与其他造型元素一起构成了当地风俗习惯以及萨满信仰的语言符号，具有更加鲜明的面具表现意图。

表5-4　　　　　　　　　　　环太平洋人面岩画四期主要类型

类型	类型描述	分布区域
A	劈面+树冠	亚洲中国阴山
B	秃发风格	亚洲中国贺兰山、亚洲中国西辽河
C	花瓣轮廓风格	亚洲中国贺兰山、亚洲中国阴山、亚洲中国西辽河
D	拉布雷斯风格	北美洲美国阿拉斯加、北美洲西北海岸
E	尖耳风格	北美洲加拿大夸加它里克、亚洲俄罗斯西伯利亚
F	守护者	北美洲哥伦比亚河
G	多样化风格	北美洲美国西南地区、北美洲大平原、北美洲北部林区、大洋洲夏威夷群岛、拉丁美洲、大洋洲

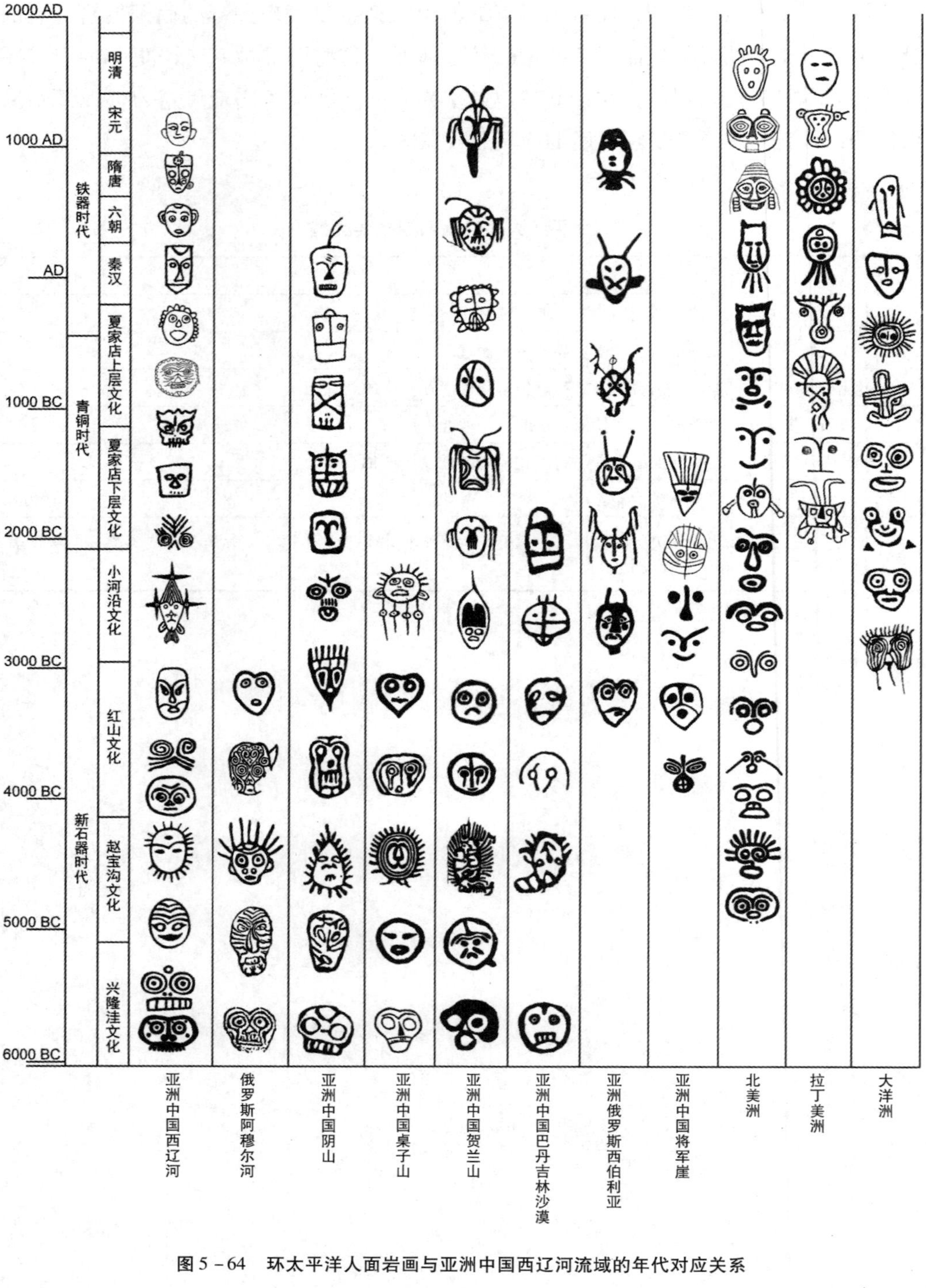

图 5 - 64　环太平洋人面岩画与亚洲中国西辽河流域的年代对应关系

第六章　结语

笔者从统计数据、制作方法、初步分期、风格类型等方面大体对环太平洋区域内各主要地区的人面岩画分布情况进行了综合研究，对人面岩画在各发展阶段的分布和分类情况也做了横向的比较，得出如下结论：

第一，人面岩画是一种环太平洋的文化现象。

可以看到，在整个岩画体系中，人面岩画这一独特类型具有环太平洋分布的特点。分布的范围涉及亚洲、北美洲、拉丁美洲、大洋洲以及太平洋中心的许多岛屿，尤以北太平洋两侧的亚洲和北美洲最为集中。较早期的人面岩画产生在距离海岸线较近的地区，逐渐延伸到广阔的内陆。亚洲向西的发展几乎跨越欧亚大陆的分界线，北美洲向东的影响则触及到了大西洋的边缘。但是最古老、最多样化、持续最久的分布地点都靠近环北太平洋区域的周边地带，向亚洲内陆和南太平洋的发展在类型上逐渐趋于程式化，并在亚洲内陆的腹地达到兴盛之后走向衰退直至消失。人面岩画在亚州东部、南部沿海一路向南发展，与大洋洲夏威夷岛和北美洲西北海岸的人面岩画遥相呼应构成环北太平洋人面岩画圈；再加上大洋洲夏威夷以南的南太平洋群岛波利尼西亚、美拉尼西亚，大洋洲的澳大利亚，南美洲诸国以及智利复活节岛，中美洲和西印度群岛等连续的分布地点，人面岩画对太平洋恰好形成完整的环抱状态。

第二，人面岩画的起源是新石器时代复合经济条件下的产物。

将新石器时代的人面形器物与人面岩画进行比较，并结合社会产业结构演变及其他考古学现象、原始宗教信仰等方面的综合分析，判断定居农业文化在猎采经济区的初步发展促成了新石器时代人面岩画的产生，是人类在适应新的文化、生态环境过程中多种文化因素相结合的产物。人面岩画得以产生和发展的物质基础不是单一的经济方式所决定，而是各种经济方式相混合的复合经济，向亚洲腹地和美洲、大洋洲的传播使者则主要是流动能力较强的猎采民族。

第三，人面岩画的发展变化与猎采民族的迁徙和文化传播、民族交融密不可分。

环太平洋的史前人类对人面岩画这一特定题材的选择，表明这种岩画类型具有随人类迁徙与文化传播的特点。亚洲中国西辽河流域的人面岩画最早通过渔猎族群与相距不远的俄罗斯远东地区阿穆尔河流域产生了交流，随后伴随着定居农业的发展与猎牧文化的交替融合向更大的范围扩散，影响到亚洲中国阴山—桌子山—贺兰山、亚洲朝鲜半岛、北美洲的西北海岸等猎牧经济区，从亚洲向美洲经白令海峡迁徙的蒙古利亚人种更是从体质人类学角度证实了这种文化传播的客观存在。在许多地点同时并存的一些共同的风格类型如连眉环目、心形、有芒轮廓等在较大空间范围的分布，是文化传播非常具体的表现；而"树冠＋劈面"的类型充分证明了亚洲东部森林民族和西部草原民族的交流与融合；在美洲和大洋洲，"泪眼"风格人面的大范围流行清楚地勾画出了人面岩画在民族交流过程中的发展轨迹。有些岩画之间即使没有直接的承袭关系，但存在着或多或少的间接关联（图6-1）。

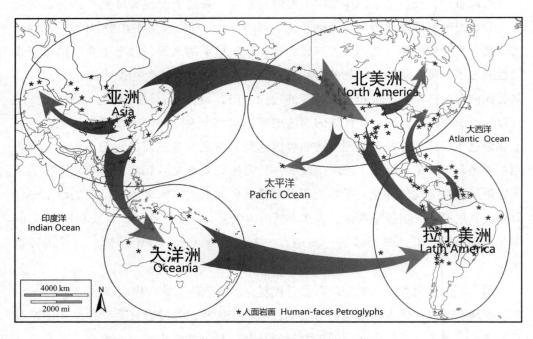

图6-1 环太平洋人面岩画的传播路径

第四，不同分布区域人面岩画风格类型的多样性表现是生存环境、生计方式、宗教信仰以及民族文化差异性的综合反映。

亚洲和北美洲人面岩画最主要的区别是，亚洲特别是中国北方的人面岩画，除了亚洲中国西辽河流域之外，绝大多数都是出现在亚洲中国长城以北的干旱和半干旱地区，是猎牧民族的栖息地。而在北美洲，可以很明显地看到人类迁徙从白令海峡和北美洲西北海岸进入的痕迹。这里的岩画是最古老的，种类最丰富，持续时间也最长。在不同的时期，两大洲都有一些比较集中的分布地点，随着气候变化和生计方式的改变，猎采民族在不断迁徙的过程中，与各地原有民族的文化习俗和宗教信仰相互融合，在各地人面岩画的视觉构成方式上形成了许多新图式，产生了多样变化的人面类型。亚洲俄罗斯阿穆尔河流域"曲线纹面"风格是渔猎文化的经典图式；亚洲中国将军崖"几何纹面"风格岩画则可能代表了稻作农业区农业文化的一种视觉表现形式；亚洲中国贺兰山、阴山的"羊头"符号、"核形"轮廓都是具有强烈地方色彩的类型；秃发类型反映的是鲜卑民族特有的生活习俗；北美洲的"拉布雷斯"风格是阿拉斯加爱斯基摩人和印第安人特有的日常装饰写照；北美洲加拿大夸加它里克的"尖耳"风格是冻土地带极寒环境下的特殊选择；拉丁美洲西印度群岛的角羽、高冠甚至是类似动物的形象，都与印第安民族古老的萨满信仰有关。这些现象都体现了人面岩画分布地点及其民族文化、宗教信仰的特殊性，代表着不同的文化内涵，说明各地自身文化生态的影响对本地独特类型的产生起着决定性作用。

第五，人面岩画的面部构成方式具有从写实到抽象、从客观到主观的变化趋势。

人面岩画展现了各地不同民族的宏大线条，最初以同心圆双目或圆环双目结合连弧眉的基本构成方式呈现，风格古朴，结构客观、写实，在亚洲东北部和北美洲西北海岸都具有相似性；随着分布范围的扩大，民族文化交流的深入，后来逐渐产生更多符号性的表现以及具有地方特色的结构样式，图腾崇拜、风俗信仰等主观因素开始进入人面岩画的构图之中，使其变得越来越具有个性化和地域色彩。阿纳蒂认为，这种情况反映了历史的发展状况，在这个过程中，各个族群具有了各自的特征和行为准则，这是族群多样化和经济领域分工的结果。[1]

本书的以上结论，都还只是对环太平洋人面岩画基础资料的初步分析、整理，尚有很多未解之谜等待去挖掘和进一步探讨。

---

① ［意］埃玛努埃尔·阿纳蒂著：《艺术的起源》，刘建译，中国人民大学出版社2007年版，第268页。

本 书 图 版

北美洲北极沿海区域

北美洲西北海岸区域

北美洲西南内陆区域

北美洲其它区域

拉丁美洲区域

图版 1 珠海宝镜湾

图版 2 香港大浪湾

图版 3 香港大浪湾

图版 4 香港滘西洲

图版 5 香港滘西洲

图版 6 台湾万山

图版 7 台湾万山

图版 8 台湾万山

图版 9 台湾万山

图版 10 台湾万山

图版 11 台湾万山

图版 12 台湾万山

图版 13 台湾万山

图版 14 台湾万山

图版 15 台湾万山

图版 16 台湾万山

图版 17　台湾万山　　　图版 18　台湾万山　　　　图版 19　台湾万山　　　　图版 20　台湾万山

图版 21　仙字潭　　　　　　图版 22　仙字潭　　　　　　图版 23　仙字潭

图版 24　将军崖第一组（高伟供稿）

图版 25 将军崖第二组（高伟供稿）

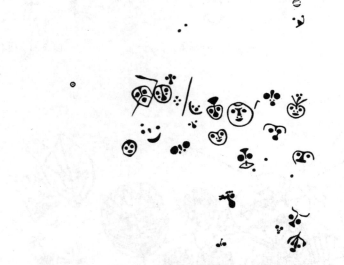

图版 26 将军崖第三组（高伟供稿）

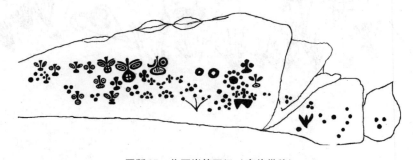

图版 27 将军崖第四组（高伟供稿）

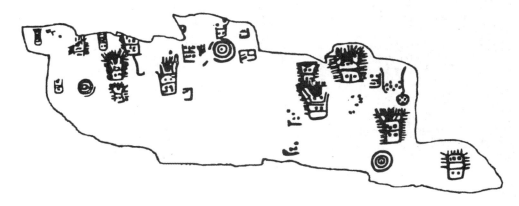

图版 28　韩国庆尚北道良田里

图版 29　韩国庆尚北道锡杖洞

图版 30　韩国庆尚北道锡杖洞

图版 31　韩国庆尚北道锡杖洞

图版 32　韩国庆尚北道锡杖洞

图版 33　韩国庆尚北道良田里

图版 34　韩国庆尚南道川前里

图版 35　韩国大谷里盘龟台

图版 36　韩国庆尚北道大谷里

图版 37　萨卡奇—阿连

图版 38　萨卡奇—阿连

图版 39　萨卡奇—阿连

图版 40　萨卡奇—阿连

图版 41　萨卡奇—阿连

图版 42　萨卡奇—阿连

图版 43　萨卡奇—阿连

图版 44　萨卡奇—阿连

图版 45　萨卡奇—阿连

图版 46　萨卡奇—阿连

图版 47　萨卡奇—阿连

图版 48　萨卡奇—阿连

图版 49　萨卡奇—阿连

图版 50　萨卡奇—阿连

图版 51　萨卡奇—阿连

图版 52　萨卡奇—阿连

图版 53　萨卡奇—阿连

图版 54　萨卡奇—阿连

图版 55　萨卡奇—阿连

图版 56　萨卡奇—阿连

图版 57　萨卡奇—阿连

图版 58　萨卡奇—阿连

图版 59　萨卡奇—阿连　　　　　图版 60　萨卡奇—阿连　　　　　图版 61　萨卡奇—阿连

图版 62　萨卡奇—阿连　　　　　图版 63　萨卡奇—阿连　　　　　图版 64　萨卡奇—阿连

图版 65　萨卡奇—阿连　　图版 66　萨卡奇—阿连　　图版 67　萨卡奇—阿连　　图版 68　萨卡奇—阿连

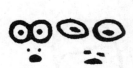

图版 69　萨卡奇—阿连　　图版 70　萨卡奇—阿连　　图版 71　萨卡奇—阿连　　图版 72　萨卡奇—阿连

图版 73　萨卡奇—阿连

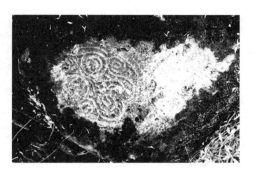

图版 74　萨卡奇—阿连

图版 75　萨卡奇—阿连

图版 76　萨卡奇—阿连

图版 77　萨卡奇—阿连

图版 78　萨卡奇—阿连

图版 79　考特普利斯

图版 80　考特普利斯

图版 81　考特普利斯

图版 82　考特普利斯

图版 83　谢列梅杰沃

图版 84　谢列梅杰沃

图版 85　谢列梅杰沃

图版 86　谢列梅杰沃

图版 87　谢列梅杰沃

图版 88　谢列梅杰沃

图版 89　谢列梅杰沃

图版 90　谢列梅杰沃

图版 91　谢列梅杰沃

图版 92　谢列梅杰沃

图版 93　谢列梅杰沃

图版 94　谢列梅杰沃

图版 95　孤山子

图版 96　平房

图版 97　池家营子

图版 98　半支箭

图版 99　半支箭

图版 100　半支箭

图版 101　半支箭

图版 102　半支箭

图版 103　半支箭

图版 104　半支箭

图版 105　半支箭

图版 106　半支箭

图版 107　半支箭

图版 108　半支箭

图版 109　半支箭

图版 110　半支箭

图版 111　半支箭

图版 112　半支箭

图版 113　半支箭

图版 114　半支箭

图版 115　半支箭

图版 116　半支箭

图版 117　半支箭

图版 118　半支箭

图版 119　半支箭

图版 120　半支箭

图版 121　半支箭

图版 122　半支箭

图版 123　半支箭

图版 124　半支箭

图版 125　半支箭

图版 126　半支箭

图版 127　半支箭

图版 128　半支箭

图版 129　半支箭

图版 130　半支箭

图版 131　半支箭

图版 132　康家湾

图版 133　康家湾

图版 134　康家湾

图版 135　康家湾

图版 136　康家湾

图版 137　康家湾

图版 138　初头朗

图版 139　上机房营子　　图版 140　三座店　　图版 141　三座店　　图版 142　跃进渠渠首

图版 143　跃进渠渠首

图版 144　王家营子

图版 145　王家营子

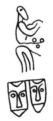

图版 146　王家营子

图版 147　王家营子

图版 148　红山

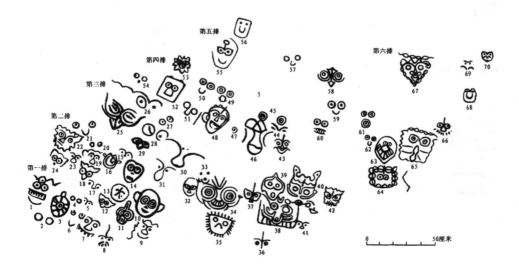

图版 149　康家湾

图版 150 白庙子山

图版 151 白庙子山

图版 152 白庙子山

图版 153 白庙子山

图版 154 白庙子山

图版 155 白庙子山

图版 156 白庙子山

图版 157 白庙子山

图版 158 白庙子山

图版 159 箭眼山

图版 160 箭眼山

图版 161 箭眼山

图版 162 大黑山

图版 163　大黑山

图版 164　大黑山

图版 165　大黑山

图版 166　大黑山

图版 167　大黑山

图版 168　大黑山

图版 169　大黑山

图版 170　大黑

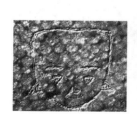

图版 171　大黑山

图版 172　大黑山

图版 173　大黑山

图版 174　大黑山

图版 175　毛璃海山

图版 176　毛璃海山

图版 177　毛璃海山

图版 178　毛璃海山

图版 179　毛瑙海山

图版 180　毛瑙海山

图版 181　毛瑙海山

图版 182　毛瑙海山

图版 183　毛瑙海山

图版 184　毛瑙海山

图版 185　毛瑙海山

图版 186　毛瑙海山

图版 187　毛瑙海山

图版 188　毛瑙海山

图版 189　毛瑙海山

图版 190　毛瑙海山

图版 191　毛瑙海山

图版 192　毛瑙海山

图版 193　毛瑙海山

图版 194　毛瑙海山

图版 195　毛瑙海山　　　　图版 196　毛瑙海山　　　　　　图版 197　毛瑙海山

图版 198　阁老营子　　　　图版 199　阁老营子　　　　图版 200　阁老营子

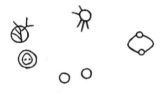

图版 201　阁老营子　　　　图版 202　阁老营子　　　　图版 203　阁老营子

图版 204　沟门　　　　　　图版 205　胡角吐　　　　　图版 206　胡角吐

图版 207　胡角吐　　　　图版 208　山前　　　　图版 209　山前　　　　图版 210　永兴

图版 211　永兴　　　　图版 212　永兴　　　　图版 213　永兴　　　　图版 214　永兴

图版 215　永兴　　　　图版 216　苇塘河　　　　图版 217　栅子店　　　　图版 218　河沿

图版 219　河沿　　　　图版 220　河沿　　　　图版 221　河沿　　　　图版 222　床金沟

图版 223　床金沟　　　图版 224　床金沟　　　图版 225　床金沟　　　图版 226　大里山

图版 227　大里山　　图版 228　大里山　　　图版 229　大里山　　　图版 230　大里山

图版 231　大里山　　　　　　　　图版 232　河北省围场县潘家店

图版 233　乌林乌苏　　　图版 234　乌林乌苏　　　图版 235　乌林乌苏　　　图版 236　乌林乌苏

图版 237 蒙古

图版 238 蒙古

图版 239 蒙古

图版 240 蒙古

图版 241 蒙古

图版 242 蒙古

图版 243 蒙古

图版 244 蒙古

图版 245 推喇嘛庙

图版 246 推喇嘛庙

图版 247 推喇嘛庙

图版 248 推喇嘛庙

图版 249 推喇嘛庙

图版 250 推喇嘛庙

图版 251 沙很

图版 252　韩乌拉山

图版 253　韩乌拉山

图版 254　韩乌拉山

图版 255　韩乌拉山

图版 256　韩乌拉山

图版 257　韩乌拉山

图版 258　韩乌拉山

图版 259　韩乌拉山

图版 260　韩乌拉山

图版 261　韩乌拉山

图版 262　韩乌拉山

图版 263　韩乌拉山

图版 264　韩乌拉山

图版 265　大坝沟

图版 266　大坝沟

图版 267　大坝沟　　　图版 268　大坝沟　　　图版 269　大坝沟　　　图版 270　大坝沟

图版 271　大坝沟　　　图版 272　大坝沟　　　图版 273　大坝沟　　　图版 274　大坝沟

图版 275　大坝沟　　　图版 276　大坝沟　　　图版 277　大坝沟　　　图版 278　大坝沟

图版 279　大坝沟　　　图版 280　大坝沟　　　图版 281　大坝沟

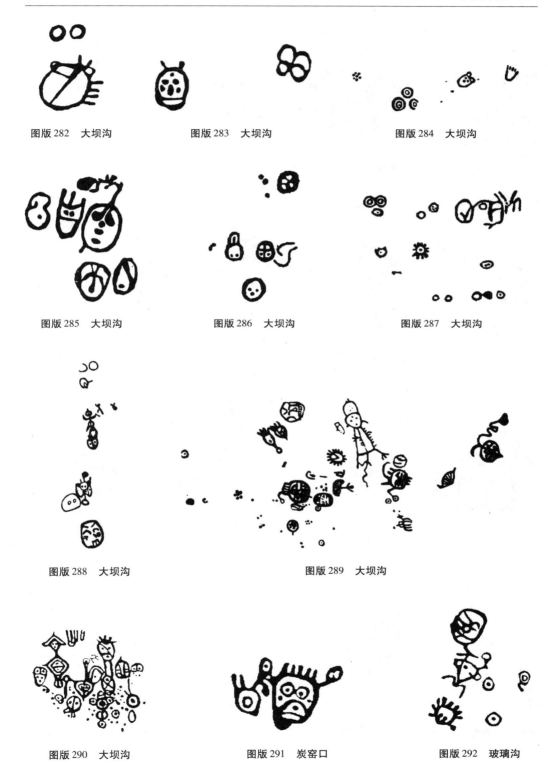

图版 282　大坝沟

图版 283　大坝沟

图版 284　大坝沟

图版 285　大坝沟

图版 286　大坝沟

图版 287　大坝沟

图版 288　大坝沟

图版 289　大坝沟

图版 290　大坝沟

图版 291　炭窑口

图版 292　玻璃沟

图版 293　玻璃沟　　　图版 294　滴水沟　　　图版 295　滴水沟　　　图版 296　滴水沟

图版 297　滴水沟　　　图版 298　滴水沟　　　图版 299　滴水沟　　　图版 300　滴水沟

图版 301　滴水沟　　　图版 302　滴水沟　　　图版 303　滴水沟　　　图版 304　滴水沟

图版 305　滴水沟　　图版 306　哈日干那沟　　　图版 307　哈日干那沟　　　图版 308　哈日干那沟

图版 309　格尔敖包沟　　图版 310　格尔敖包沟　　图版 311　格尔敖包沟　　图版 312　格尔敖包沟

图版 313　格尔敖包沟　　图版 314　格尔敖包沟　　图版 315　格尔敖包沟　　图版 316　格尔敖包沟

图版 317　格尔敖包沟　　图版 318　格尔敖包沟　　图版 319　格尔敖包沟　　图版 320　格尔敖包沟

图版 321　格尔敖包沟　　图版 322　格尔敖包沟　　图版 323　格尔敖包沟　　图版 324　格尔敖包沟

图版 325　格尔敖包沟　　　图版 326　格尔敖包沟　　　图版 327　格尔敖包沟　　　图版 328　格尔敖包沟

图版 329　格尔敖包沟　　　图版 330　格尔敖包沟　　　图版 331　格尔敖包沟　　　图版 332　格尔敖包沟

图版 333　格尔敖包沟　　　图版 334　格尔敖包沟　　　图版 335　格尔敖包沟　　　图版 336　格尔敖包沟

图版 337　格尔敖包沟　　　图版 338　格尔敖包沟　　　图版 339　格尔敖包沟　　　图版 340　格尔敖包沟

图版 341　格尔敖包沟

图版 342　格尔敖包沟

图版 343　格尔敖包沟

图版 344　格尔敖包沟

图版 345　格尔敖包沟

图版 346　格尔敖包沟

图版 347　格尔敖包沟

图版 348　格尔敖包沟

图版 349　格尔敖包沟

图版 350　格尔敖包沟

图版 351　格尔敖包沟

图版 352　格尔敖包沟

图版 353　格尔敖包沟

图版 354　格尔敖包沟

图版 355　格尔敖包沟

图版 356　格尔敖包沟

图版 357　格尔敖包沟　　图版 358　格尔敖包沟　　图版 359　格尔敖包沟　　图版 360　格尔敖包沟

图版 361　格尔敖包沟　　图版 362　格尔敖包沟　　图版 363　格尔敖包沟　　图版 364　格尔敖包沟

图版 365　格尔敖包沟　　图版 366　格尔敖包沟　　图版 367　格尔敖包沟　　图版 368　格尔敖包沟

图版 369　格尔敖包沟　　图版 370　格尔敖包沟　　图版 371　格尔敖包沟　　图版 372　格尔敖包沟

图版 373　格尔敖包沟

图版 374　格尔敖包沟

图版 375　格尔敖包沟

图版 376　格尔敖包沟

图版 377　格尔敖包沟

图版 378　格尔敖包沟

图版 379　格尔敖包沟

图版 380　格尔敖包沟

图版 381　格尔敖包沟

图版 382　格尔敖包沟

图版 383　莫勒赫图沟

图版 384　莫勒赫图沟

图版 385　莫勒赫图沟

图版 386　莫勒赫图沟

图版 387　莫勒赫图沟

图版 388　莫勒赫图沟

图版 389　莫勒赫图沟　　　图版 390　莫勒赫图沟　　　图版 391　莫勒赫图沟　　　图版 392　莫勒赫图沟

图版 393　莫勒赫图沟　　　图版 394　莫勒赫图沟　　　图版 395　莫勒赫图沟　　　图版 396　莫勒赫图沟

图版 397　莫勒赫图沟　　　图版 398　莫勒赫图沟　　　图版 399　莫勒赫图沟　　　图版 400　莫勒赫图沟

图版 401　莫勒赫图沟　　　图版 402　莫勒赫图沟　　　图版 403　莫勒赫图沟　　　图版 404　莫勒赫图沟

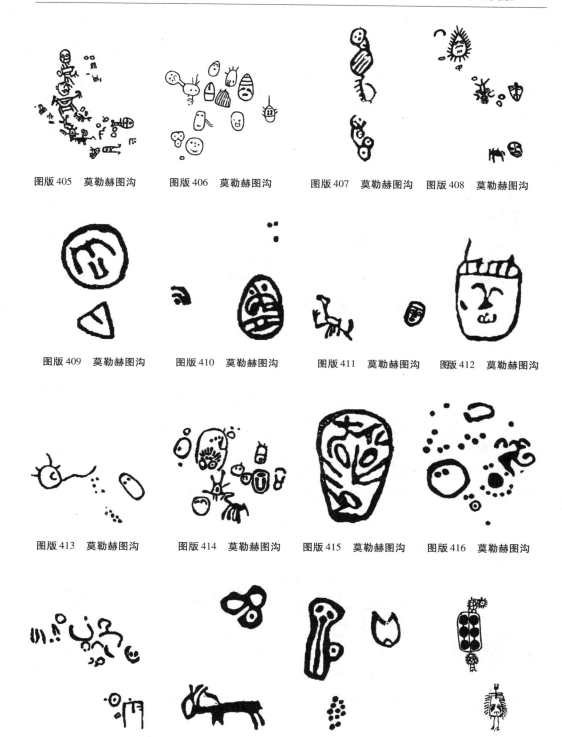

图版 405　莫勒赫图沟　　图版 406　莫勒赫图沟　　图版 407　莫勒赫图沟　　图版 408　莫勒赫图沟

图版 409　莫勒赫图沟　　图版 410　莫勒赫图沟　　图版 411　莫勒赫图沟　　图版 412　莫勒赫图沟

图版 413　莫勒赫图沟　　图版 414　莫勒赫图沟　　图版 415　莫勒赫图沟　　图版 416　莫勒赫图沟

图版 417　莫勒赫图沟　　图版 418　莫勒赫图沟　　图版 419　莫勒赫图沟　　图版 420　莫勒赫图沟

图版 421　莫勒赫图沟　　　图版 422　莫勒赫图沟　　　图版 423　莫勒赫图沟　　　图版 424　莫勒赫图沟

图版 425　莫勒赫图沟　　　图版 426　莫勒赫图沟　　　图版 427　莫勒赫图沟　　　图版 428　莫勒赫图沟

图版 429　莫勒赫图沟　　　图版 430　莫勒赫图沟　　　图版 431　莫勒赫图沟　　　图版 432　莫勒赫图沟

图版 433　莫勒赫图沟　　　图版 434　莫勒赫图沟　　　图版 435　莫勒赫图沟　　　图版 436　莫勒赫图沟

图版 437　莫勒赫图沟

图版 438　莫勒赫图沟

图版 439　莫勒赫图沟

图版 440　莫勒赫图沟

图版 441　莫勒赫图沟

图版 442　莫勒赫图沟

图版 443　莫勒赫图沟

图版 444　莫勒赫图沟

图版 445　莫勒赫图沟

图版 446　莫勒赫图沟

图版 447　莫勒赫图沟

图版 448　莫勒赫图沟

图版 449　莫勒赫图沟

图版 450　莫勒赫图沟

图版 451　莫勒赫图沟

图版 452　莫勒赫图沟

图版 453　莫勒赫图沟　　图版 454　莫勒赫图沟　　图版 455　莫勒赫图沟　　图版 456　莫勒赫图沟

图版 457　莫勒赫图沟　　图版 458　莫勒赫图沟　　图版 459　莫勒赫图沟　　图版 460　莫勒赫图沟

图版 461　莫勒赫图沟　　图版 462　莫勒赫图沟　　图版 463　莫勒赫图沟　　图版 464　莫勒赫图沟

图版 465　莫勒赫图沟　　图版 466　莫勒赫图沟　　图版 467　莫勒赫图沟　　图版 468　莫勒赫图沟

图版 469　莫勒赫图沟

图版 470　莫勒赫图沟

图版 471　莫勒赫图沟

图版 472　莫勒赫图沟

图版 473　莫勒赫图沟

图版 474　莫勒赫图沟

图版 475　莫勒赫图沟

图版 476　莫勒赫图沟

图版 477　莫勒赫图沟

图版 478　莫勒赫图沟

图版 479　莫勒赫图沟

图版 480　莫勒赫图沟

图版 481　莫勒赫图沟

图版 482　莫勒赫图沟

图版 483　莫勒赫图沟　　　　　图版 484　莫勒赫图沟　　　　　图版 485　莫勒赫图沟

图版 486　托林沟　　　　图版 487　托林沟　　　　图版 488　托林沟　　　　图版 489　托林沟

图版 490　托林沟　　图版 491　托林沟　　　　图版 492　托林沟　　　　图版 493　托林沟

图版 494　托林沟　　　　图版 495　托林沟　　　图版 496　托林沟　　　图版 497　托林沟

图版 498　托林沟　　　　图版 499　托林沟　　　　图版 500　托林沟　　　　图版 501　托林沟

图版 502　托林沟　　　　图版 503　托林沟　　　　图版 504　托林沟　　　　图版 505　托林沟

图版 506　托林沟　　　　图版 507　托林沟　　　　图版 508　托林沟　　　　图版 509　托林沟

图版 510　乌斯台沟　　　图版 511　乌斯台沟　　　图版 512　乌斯台沟　　　图版 513　乌斯台沟

图版 514　乌斯台沟

图版 515　乌斯台沟

图版 516　乌斯台沟

图版 517　乌斯台沟

图版 518　乌斯台沟

图版 519　乌斯台沟

图版 520　乌斯台沟

图版 521　乌斯台沟

图版 522　乌斯台沟

图版 523　乌斯台沟

图版 524　乌斯台沟

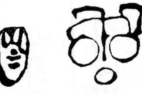
图版 525　乌斯台沟

图版 526　乌斯台沟

图版 527　乌斯台沟

图版 528　额勒斯台沟

图版 529　额勒斯台沟　　　图版 530　额勒斯台沟　　　图版 531　额勒斯台沟　　　图版 532　额勒斯台沟

图版 533　额勒斯台沟　　　图版 534　额勒斯台沟　　　图版 535　额勒斯台沟　　　图版 536　额勒斯台沟

图版 537　额勒斯台沟　　　图版 538　额勒斯台沟　　　图版 539　召烧沟　　　图版 540　召烧沟

图版 541　召烧沟　　　　　图版 542　召烧沟　　　　　图版 543　召烧沟　　　　　图版 544　召烧沟

图版 545　召烧沟

图版 546　召烧沟

图版 547　召烧沟

图版 548　召烧沟

图版 549　召烧沟

图版 550　召烧沟

图版 551　召烧沟

图版 552　召烧沟

图版 553　召烧沟

图版 554　召烧沟

图版 555　召烧沟

图版 556　召烧沟

图版 557　召烧沟

图版 558　召烧沟

图版 559　召烧沟

图版 560　召烧沟

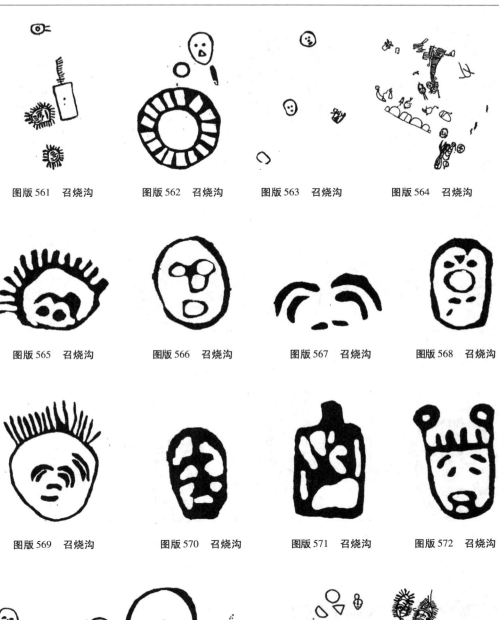

图版 561　召烧沟　　　图版 562　召烧沟　　　图版 563　召烧沟　　　图版 564　召烧沟

图版 565　召烧沟　　　图版 566　召烧沟　　　图版 567　召烧沟　　　图版 568　召烧沟

图版 569　召烧沟　　　图版 570　召烧沟　　　图版 571　召烧沟　　　图版 572　召烧沟

图版 573　召烧沟　　图版 574　召烧沟　　　图版 575　召烧沟　　　图版 576　召烧沟

图版 577　召烧沟　　　　图版 578　召烧沟　　　　图版 579　召烧沟　　　　图版 580　召烧沟

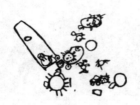

图版 581　召烧沟　　　　图版 582　召烧沟　　　　图版 583　召烧沟　　　　图版 584　召烧沟

图版 585　召烧沟　　　　图版 586　召烧沟　　　　图版 587　召烧沟　　　　图版 588　召烧沟

图版 589　召烧沟　　　　图版 590　召烧沟　　　　图版 591　召烧沟　　　　图版 592　召烧沟

图版 593　召烧沟

图版 594　召烧沟

图版 595　召烧沟

图版 596　召烧沟

图版 597　召烧沟

图版 598　召烧沟

图版 599　召烧沟

图版 600　召烧沟

图版 601　召烧沟

图版 602　召烧沟

图版 603　召烧沟

图版 604　召烧沟

图版 605　苦菜沟

图版 606　苦菜沟

图版 607　苦菜沟

图版 608　苦菜沟

图版 609 苦菜沟

图版 610 苦菜沟

图版 611 苦菜沟

图版 612 苦菜沟

图版 613 苦菜沟

图版 614 苦菜沟

图版 615 苦菜沟

图版 616 苦菜沟

图版 617 苦菜沟

图版 618 苦菜沟

图版 619 苦菜沟

图版 620 苦菜沟

图版 621 苦菜沟

图版 622 苦菜沟

图版 623 苦菜沟

图版 624 苦菜沟

图版 625　苦菜沟　　　　图版 626　苦菜沟　　　　图版 627　苦菜沟　　　　图版 628　毛尔沟

图版 629　毛尔沟　　　　图版 630　毛尔沟　　　　图版 631　毛尔沟　　　　图版 632　毛尔沟

图版 633　毛尔沟　　　　图版 634　毛尔沟　　　　图版 635　毛尔沟　　　　图版 636　毛尔沟

图版 637　毛尔沟　　　　图版 638　毛尔沟　　　　图版 639　毛尔沟　　　　图版 640　毛尔沟

   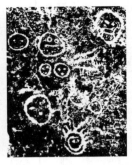

图版 641　毛尔沟　　图版 642　毛尔沟　　　　图版 643　毛尔沟　　　　　图版 644　毛尔沟

图版 645　毛尔沟　　　图版 646　苏白音沟　　　图版 647　韭菜沟　　　图版 648　韭菜沟

图版 649　韭菜沟　　　图版 650　韭菜沟　　　图版 651　韭菜沟　　　图版 652　韭菜沟

图版 653　韭菜沟　　　图版 654　麦汝井　　　图版 655　树林沟　　　图版 656　归德沟

图版 657　归德沟

图版 658　归德沟

图版 659　归德沟

图版 660　归德沟

图版 661　归德沟

图版 662　归德沟

图版 663　归德沟

图版 664　归德沟

图版 665　归德沟

图版 666　归德沟

图版 667　归德沟

图版 668　归德沟

图版 669　归德沟

图版 670　归德沟

图版 671　归德沟

图版 672　归德沟

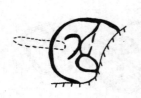

图版 673　白芨沟

图版 674　贺兰口

图版 675　贺兰口

图版 676　贺兰口

图版 677　贺兰口

图版 678　贺兰口

图版 679　贺兰口

图版 680　贺兰口

图版 681　贺兰口

图版 682　贺兰口

图版 683　贺兰口

图版 684　贺兰口

图版 685　贺兰口

图版 686　贺兰口

图版 687　贺兰口

图版 688　贺兰口

图版 689　贺兰口　　　图版 690　贺兰口　　　图版 691　贺兰口　　　图版 692　贺兰口

图版 693　贺兰口　　　图版 694　贺兰口　　　图版 695　贺兰口　　　图版 696　贺兰口

图版 697　贺兰口　　　图版 698　贺兰口　　　图版 699　贺兰口　　　图版 700　贺兰口

图版 701　贺兰口　　　图版 702　贺兰口　　　图版 703　贺兰口　　　图版 704　贺兰口

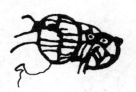

图版 705　贺兰口　　　图版 706　贺兰口　　　图版 707　贺兰口　　　图版 708　贺兰口

图版 709　贺兰口　　　图版 710　贺兰口　　　图版 711　贺兰口　　　图版 712　贺兰口

图版 713　贺兰口　　　图版 714　贺兰口　　　图版 715　贺兰口　　　图版 716　贺兰口

图版 717　贺兰口　　　图版 718　贺兰口　　　图版 719　贺兰口　　　图版 720　贺兰口

图版 721　贺兰口　　　　图版 722　贺兰口　　　　图版 723　贺兰口　　　　图版 724　贺兰口

图版 725　贺兰口　　　　图版 726　贺兰口　　　　图版 727　贺兰口　　　　图版 728　贺兰口

图版 729　贺兰口　　　　图版 730　贺兰口　　　　图版 731　贺兰口　　　　图版 732　贺兰口

图版 733　贺兰口　　　　图版 734　贺兰口　　　　图版 735　贺兰口　　　　图版 736　贺兰口

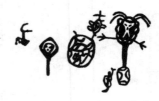

图版 737　贺兰口　　　图版 738　贺兰口　　　图版 739　贺兰口　　　图版 740　贺兰口

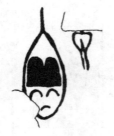

图版 741　贺兰口　　　图版 742　贺兰口　　　图版 743　贺兰口　　　图版 744　贺兰口

图版 745　贺兰口　　　图版 746　贺兰口　　　图版 747　贺兰口　　　图版 748　贺兰口

图版 749　贺兰口　　　图版 750　贺兰口　　　图版 751　贺兰口　　　图版 752　贺兰口

图版 753　贺兰口　　　图版 754　贺兰口　　　　图版 755　贺兰口　　　　图版 756　贺兰口

图版 757　贺兰口　　　图版 758　贺兰口　　　　图版 759　贺兰口　　　　图版 760　贺兰口

图版 761　贺兰口　　　图版 762　贺兰口　　　　图版 763　贺兰口　　　　图版 764　贺兰口

图版 765　贺兰口　　　图版 766　贺兰口　　　　图版 767　贺兰口　　　　图版 768　贺兰口

图版 769　贺兰口　　　图版 770　贺兰口　　　　图版 771　贺兰口　　　　图版 772　贺兰口

图版 773　贺兰口　　　图版 774　贺兰口　　　图版 775　贺兰口　　　图版 776　贺兰口

图版 777　贺兰口　　　图版 778　贺兰口　　　图版 779　贺兰口　　　图版 780　贺兰口

图版 781　贺兰口　　　图版 782　贺兰口　　　图版 783　贺兰口　　　图版 784　贺兰口

图版 785　贺兰口　　　图版 786　贺兰口　　　图版 787　贺兰口　　　图版 788　贺兰口

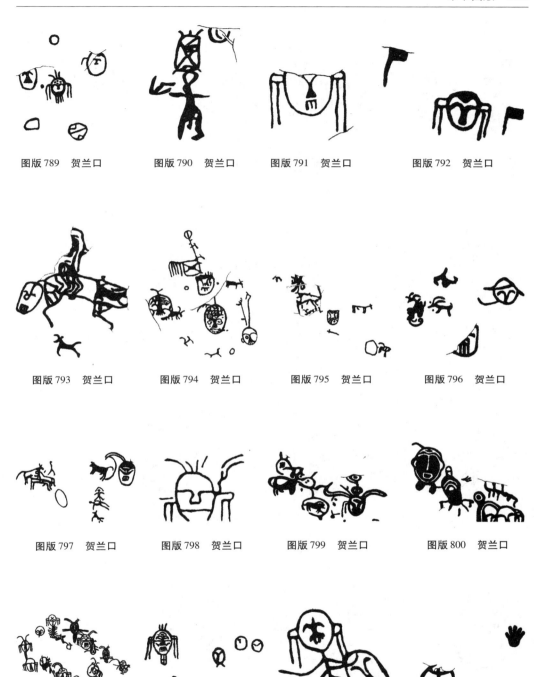

图版 789　贺兰口　　图版 790　贺兰口　　图版 791　贺兰口　　图版 792　贺兰口

图版 793　贺兰口　　图版 794　贺兰口　　图版 795　贺兰口　　图版 796　贺兰口

图版 797　贺兰口　　图版 798　贺兰口　　图版 799　贺兰口　　图版 800　贺兰口

图版 801　贺兰口　　图版 802　贺兰口　　图版 803　贺兰口　　图版 804　贺兰口

图版 805　贺兰口　　　图版 806　贺兰口　　　图版 807　贺兰口　　　图版 808　贺兰口

图版 809　贺兰口　　　图版 810　贺兰口　　　图版 811　贺兰口　　　图版 812　贺兰口

图版 813　贺兰口　　　图版 814　贺兰口　　　图版 815　贺兰口　　　图版 816　贺兰口

图版 817　贺兰口　　　图版 818　贺兰口　　　图版 819　贺兰口　　　图版 820　贺兰口

图版 821　贺兰口

图版 822　贺兰口

图版 823　贺兰口

图版 824　贺兰口

图版 825　贺兰口

图版 826　贺兰口

图版 827　贺兰口

图版 828　贺兰口

图版 829　贺兰口

图版 830　贺兰口

图版 831　贺兰口

图版 832　贺兰口

图版 833　贺兰口

图版 834　贺兰口

图版 835　贺兰口

图版 836　贺兰口

图版 837　贺兰口　　　图版 838　贺兰口　　　图版 839　贺兰口　　　图版 840　贺兰口

图版 841　贺兰口　　　图版 842　贺兰口　　　图版 843　贺兰口　　　图版 844　贺兰口

图版 845　贺兰口　　　图版 846　贺兰口　　　图版 847　贺兰口　　　图版 848　贺兰口

图版 849　贺兰口　　　图版 850　贺兰口　　　图版 851　贺兰口　　　图版 852　贺兰口

图版 853　贺兰口　　　　图版 854　贺兰口　　　　图版 855　贺兰口　　　　图版 856　贺兰口

图版 857　贺兰口　　　　图版 858　贺兰口　　　　图版 859　贺兰口　　　　图版 860　贺兰口

图版 861　贺兰口　　　　图版 862　贺兰口　　　　图版 863　贺兰口　　　　图版 864　贺兰口

图版 865　贺兰口　　　　图版 866　贺兰口　　　　图版 867　贺兰口　　　　图版 868　贺兰口

图版 869　贺兰口　　　　图版 870　贺兰口　　　　图版 871　贺兰口　　　　图版 872　贺兰口

图版 873　贺兰口　　　　图版 874　贺兰口　　　　图版 875　贺兰口　　　　图版 876　贺兰口

图版 877　贺兰口　　　　图版 878　贺兰口　　　　图版 879　贺兰口　　　　图版 880　贺兰口

图版 881　贺兰口　　　　图版 882　贺兰口　　　　图版 883　贺兰口　　　　图版 884　贺兰口

图版 885　贺兰口　　　　图版 886　贺兰口　　　　图版 887　贺兰口　　　　图版 888　贺兰口

图版 889　贺兰口　　　　图版 890　贺兰口　　　　图版 891　贺兰口　　　　图版 892　贺兰口

图版 893　贺兰口　　　　图版 894　贺兰口　　　　图版 895　贺兰口　　　　图版 896　贺兰口

图版 897　贺兰口　　　　图版 898　贺兰口　　　　图版 899　贺兰口　　　　图版 900　贺兰口

图版 901　贺兰口　　　　图版 902　贺兰口　　　　图版 903　贺兰口　　　　图版 904　贺兰口

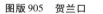

图版 905　贺兰口　　　　图版 906　贺兰口　　　　图版 907　贺兰口　　　　图版 908　贺兰口

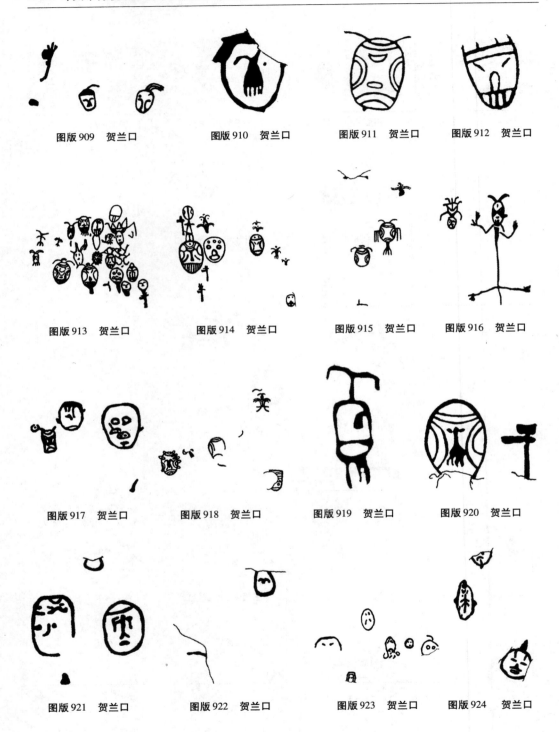

图版 909　贺兰口　　　图版 910　贺兰口　　　图版 911　贺兰口　　　图版 912　贺兰口

图版 913　贺兰口　　　图版 914　贺兰口　　　图版 915　贺兰口　　　图版 916　贺兰口

图版 917　贺兰口　　　图版 918　贺兰口　　　图版 919　贺兰口　　　图版 920　贺兰口

图版 921　贺兰口　　　图版 922　贺兰口　　　图版 923　贺兰口　　　图版 924　贺兰口

图版 925　贺兰口　　　图版 926　贺兰口　　　图版 927　贺兰口　　　图版 928　贺兰口

图版 929　贺兰口　　　图版 930　贺兰口　　　图版 931　贺兰口　　　图版 932　贺兰口

图版 933　贺兰口　　　图版 934　贺兰口　　　图版 935　贺兰口　　　图版 936　贺兰口

图版 937　贺兰口　　　图版 938　贺兰口　　　图版 939　贺兰口　　　图版 940　贺兰口

图版 941　贺兰口　　　图版 942　贺兰口　　　图版 943　贺兰口　　　图版 944　贺兰口

图版 945　贺兰口　　　　图版 946　贺兰口　　　　图版 947　贺兰口　　图版 948　贺兰口

图版 949　贺兰口　　　　图版 950　贺兰口　　　　图版 951　贺兰口　　图版 952　贺兰口

图版 953　贺兰口　　　　图版 954　贺兰口　　　　图版 955　贺兰口　　图版 956　贺兰口

图版 957　贺兰口　　　　图版 958　贺兰口　　　　图版 959　贺兰口　　图版 960　贺兰口

图版 961　贺兰口　　　　图版 962　贺兰口　　　　图版 963　贺兰口　　图版 964　贺兰口

图版 965　贺兰口

图版 966　贺兰口

图版 967　贺兰口

图版 968　贺兰口

图版 969　贺兰口

图版 970　贺兰口

图版 971　贺兰口

图版 972　贺兰口

图版 973　贺兰口

图版 974　贺兰口

图版 975　贺兰口

图版 976　贺兰口

图版 977　贺兰口

图版 978　贺兰口

图版 979　贺兰口

图版 980　贺兰口

图版 981　贺兰口　　　图版 982　贺兰口　　　图版 983　贺兰口　　　图版 984　贺兰口

图版 985　贺兰口　　　图版 986　贺兰口　　　图版 987　贺兰口　　　图版 988　贺兰口

图版 989　贺兰口　　　图版 990　贺兰口　　　图版 991　贺兰口　　　图版 992　贺兰口

图版 993　贺兰口　　　图版 994　贺兰口　　　图版 995　贺兰口　　　图版 996　贺兰口

图版 997　贺兰口　　　　图版 998　贺兰口　　　　图版 999　贺兰口　　　　图版 1000　贺兰口

图版 1001　贺兰口　　　　图版 1002　贺兰口　　　　图版 1003　贺兰口　　　　图版 1004　贺兰口

图版 1005　贺兰口　　　　图版 1006　贺兰口　　　　图版 1007　贺兰口　　　　图版 1008　贺兰口

图版 1009　贺兰口　　　　图版 1010　贺兰口　　　　图版 1011　贺兰口　　　　图版 1012　贺兰口

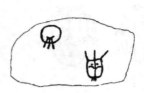

图版 1013　贺兰口　　　　图版 1014　贺兰口　　　　图版 1015　贺兰口　　　　图版 1016　贺兰口

图版 1017　贺兰口　　　　图版 1018　贺兰口　　　　图版 1019　贺兰口　　　　图版 1020　贺兰口

图版 1021　贺兰口　　　　图版 1022　贺兰口　　　　图版 1023　贺兰口　　　　图版 1024　贺兰口

图版 1025　贺兰口　　　　图版 1026　贺兰口　　　　图版 1027　贺兰口　　　　图版 1028　贺兰口

图版 1029　贺兰口　　　　图版 1030　贺兰口　　　　图版 1031　贺兰口　　　　图版 1032　贺兰口

图版 1033　贺兰口

图版 1034　贺兰口

图版 1035　贺兰口

图版 1036　贺兰口

图版 1037　贺兰口

图版 1038　大西峰沟

图版 1039　大西峰沟

图版 1040　大西峰沟

图版 1041　大西峰沟

图版 1042　大西峰沟

图版 1043　大西峰沟

图版 1044　大西峰沟

图版 1045　大西峰沟

图版 1046　大西峰沟

图版 1047　大西峰沟

图版 1048　大西峰沟

图版 1049　大西峰沟　　　图版 1050　大西峰沟　　　图版 1051　大西峰沟　　　图版 1052　大西峰沟

图版 1053　插旗口　　　图版 1054　插旗口　　　图版 1055　插旗口　　　图版 1056　插旗口

图版 1057　插旗口　　　图版 1058　插旗口　　　图版 1059　插旗口　　　图版 1060　插旗口

图版 1061　插旗口　　　图版 1062　插旗口　　　图版 1063　回回沟

图版 1064　苏峪口

图版 1065　苏峪口

图版 1066　苏峪口

图版 1067　苏峪口

图版 1068　苏峪口

图版 1069　苏峪口

图版 1070　苏峪口

图版 1071　苏峪口

图版 1072　苏峪口

图版 1073　苏峪口

图版 1074　苏峪口

图版 1075　苏峪口

图版 1076　苏峪口

图版 1077　苏峪口

图版 1078　苏峪口

图版 1079　苏峪口

图版 1080　苏峪口

图版 1081　苏峪口

图版 1082　苏峪口

图版 1083　苏峪口

图版 1084　苏峪口

图版 1085　苏峪口

图版 1086　苏峪口

图版 1087　苏峪口

图版 1088　苏峪口

图版 1089　苏峪口

图版 1090　苏峪口

图版 1091　苏峪口

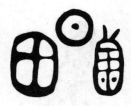

图版 1092　苏峪口

图版 1093　苏峪口

图版 1094　红旗沟

图版 1095　灵武东山

图版 1096 灵武东山

图版 1097 四眼井

图版 1098 四眼井

图版 1099 芦沟湖

图版 1100 芦沟湖

图版 1101 芦沟湖

图版 1102 芦沟湖

图版 1103 石马湾

图版 1104 黄羊湾

图版 1105 黄羊湾

图版 1106 黄羊湾

图版 1107 黄羊湾

图版 1108 黄羊湾

图版 1109 黄羊湾

图版 1110 黄羊湾

图版 1111 黄羊湾

图版 1112　黄羊湾　　　图版 1113　黄羊湾　　　图版 1114　黄羊湾　　　图版 1115　黄羊湾

图版 1116　黄羊湾　　　图版 1117　黄羊湾　　　图版 1118　黄羊湾　　　图版 1119　黄羊湾

图版 1120　黄羊湾　　　图版 1121　黄羊湾　　　图版 1122　黄羊湾　　　图版 1123　黄羊湾

图版 1124　黄羊湾　　　图版 1125　黄羊湾　　　图版 1126　苦井沟　　　图版 1127　苦井沟

图版 1128　苦井沟

图版 1129　苦井沟

图版 1130　苦井沟

图版 1131　苦井沟

图版 1132　苦井沟

图版 1133　苦井沟

图版 1134　苦井沟

图版 1135　苦井沟

图版 1136　苦井沟

图版 1137　苦井沟

图版 1138　苦井沟

图版 1139　苦井沟

图版 1140　苦井沟

图版 1141　苦井沟

图版 1142　苦井沟

图版 1143　苦井沟

图版 1144 苦井沟

图版 1145 苦井沟

图版 1146 苦井沟

图版 1147 苦井沟

图版 1148 苦井沟

图版 1149 大麦地

图版 1150 大麦地

图版 1151 大麦地

图版 1152 大麦地

图版 1153 大麦地

图版 1154 大麦地

图版 1155 大麦地

图版 1156 大麦地

图版 1157 大麦地

图版 1158 大麦地

图版 1159 大麦地

图版 1160　大麦地

图版 1161　大麦地

图版 1162　大麦地

图版 1163　大麦地

图版 1164　大麦地

图版 1165　大麦地

图版 1166　大麦地

图版 1167　大麦地

图版 1168　大麦地

图版 1169　大麦地

图版 1170　大麦地

图版 1171　大麦地

图版 1172　大麦地

图版 1173　大麦地

图版 1174　大麦地

图版 1175　大麦地

图版 1176　大麦地

图版 1177　大麦地

图版 1178　大麦地

图版 1179　大麦地

图版 1180　大麦地

图版 1181　大麦地

图版 1182　大麦地

图版 1183　大麦地

图版 1184　大麦地

图版 1185　大麦地

图版 1186　大麦地

图版 1187　大麦地

图版 1188　大麦地

图版 1189　大麦地

图版 1190　大麦地

图版 1191　大麦地

图版 1192　大麦地

图版 1193　大麦地

图版 1194　大麦地

图版 1195　大麦地

图版 1196　大麦地　　　　图版 1197　大麦地　　　　图版 1198　大麦地　　　　图版 1199　大麦地

图版 1200　大麦地　　　　图版 1201　大麦地　　　　图版 1202　大麦地　　　　图版 1203　大麦地

图版 1204　大麦地　　　　图版 1205　大麦地　　　　图版 1206　大麦地　　　　图版 1207　大麦地

图版 1208　大麦地　　　　图版 1209　大麦地　　　　图版 1210　大麦地　　　　图版 1211　大麦地

图版 1212　大麦地

图版 1213　大麦地

图版 1214　大麦地

图版 1215　大麦地

图版 1216　大麦地

图版 1217　大麦地

图版 1218　大麦地

图版 1219　大麦地

图版 1220　大麦地

图版 1221　大麦地

图版 1222　大麦地

图版 1223　大麦地

图版 1224　大麦地

图版 1225　大麦地

图版 1226　大麦地

图版 1227　大麦地

图版 1228　大麦地

图版 1229　大麦地

图版 1230　大麦地

图版 1231　大麦地

图版 1232　大麦地

图版 1233　大麦地

图版 1234　大麦地

图版 1235　大麦地

图版 1236　大麦地

图版 1237　大麦地

图版 1238　大麦地

图版 1239　大麦地

图版 1240　大麦地

图版 1241　大麦地

图版 1242　大麦地

图版 1243　大麦地

图版 1244　大麦地

图版 1245　大麦地

图版 1246　大麦地

图版 1247　大麦地

图版 1248　大麦地

图版 1249　大麦地

图版 1250　大麦地

图版 1251　大麦地

图版 1252　大麦地

图版 1253　大麦地

图版 1254　大麦地

图版 1255　大麦地

图版 1256　大麦地

图版 1257　大麦地

图版 1258　大麦地

图版 1259　大麦地

图版 1260 大麦地

图版 1261 大麦地

图版 1262 大麦地

图版 1263 大麦地

图版 1264 大麦地

图版 1265 大麦地

图版 1266 大麦地

图版 1267 大麦地

图版 1268 大麦地

图版 1269 大麦地

图版 1270 大麦地

图版 1271 大麦地

图版 1272 大麦地

图版 1273 大麦地

图版 1274 大麦地

图版 1275 大麦地

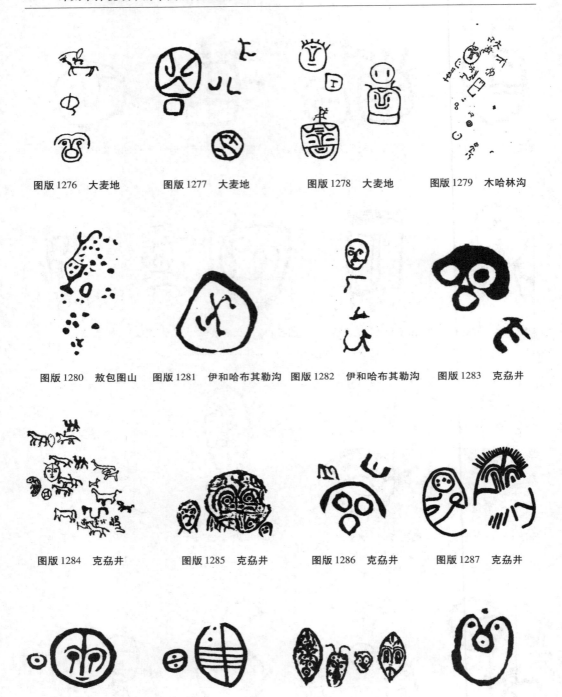

图版 1276　大麦地　　图版 1277　大麦地　　图版 1278　大麦地　　图版 1279　木哈林沟

图版 1280　敖包图山　图版 1281　伊和哈布其勒沟　图版 1282　伊和哈布其勒沟　图版 1283　克孖井

图版 1284　克孖井　　图版 1285　克孖井　　图版 1286　克孖井　　图版 1287　克孖井

图版 1288　克孖井　　图版 1289　克孖井　　图版 1290　松鸡沟　　图版 1291　松鸡沟

图版 1292　松鸡沟

图版 1293　双鹤山

图版 1294　双鹤山

图版 1295　双鹤山

图版 1296　双鹤山

图版 1297　双鹤山

图版 1298　双鹤山

图版 1299　双鹤山

图版 1300　双鹤山

图版 1301　双鹤山

图版 1302　双鹤山

图版 1303　双鹤山

图版 1304　双鹤山

图版 1305　巴丹吉林沙漠

图版 1306　巴丹吉林沙漠

图版 1307　巴丹吉林沙漠

图版 1308　巴丹吉林沙漠　图版 1309　巴丹吉林沙漠　图版 1310　巴丹吉林沙漠　图版 1311　巴丹吉林沙漠

图版 1312　巴丹吉林沙漠　图版 1313　巴丹吉林沙漠　图版 1314　巴丹吉林沙漠　图版 1315　巴丹吉林沙漠

图版 1316　巴丹吉林沙漠　图版 1317　巴丹吉林沙漠　图版 1318　巴丹吉林沙漠　图版 1319　巴丹吉林沙漠

图版 1320　巴丹吉林沙漠　图版 1321　巴丹吉林沙漠　图版 1322　巴丹吉林沙漠　图版 1323　巴丹吉林沙漠

图版 1324　巴丹吉林沙漠　图版 1325　巴丹吉林沙漠　图版 1326　巴丹吉林沙漠　图版 1327　巴丹吉林沙漠

图版 1328　巴丹吉林沙漠　图版 1329　巴丹吉林沙漠　图版 1330　巴丹吉林沙漠　图版 1331　巴丹吉林沙漠

图版 1332　巴丹吉林沙漠　图版 1333　巴丹吉林沙漠　图版 1334　巴丹吉林沙漠　图版 1335　巴丹吉林沙漠

图版 1336　巴丹吉林沙漠　图版 1337　巴丹吉林沙漠　图版 1338　巴丹吉林沙漠　图版 1339　巴丹吉林沙漠

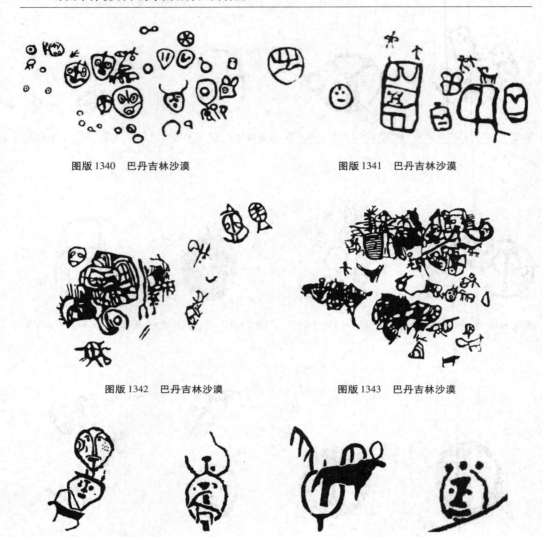

图版 1340 巴丹吉林沙漠   图版 1341 巴丹吉林沙漠

图版 1342 巴丹吉林沙漠   图版 1343 巴丹吉林沙漠

图版 1344 穆古尔·苏古尔 图版 1345 穆古尔·苏古尔 图版 1346 穆古尔·苏古尔 图版 1347 穆古尔·苏古尔

图版 1348 穆古尔·苏古尔 图版 1349 穆古尔·苏古尔 图版 1350 穆古尔·苏古尔 图版 1351 穆古尔·苏古尔

图版 1352　穆古尔·苏古尔　图版 1353　穆古尔·苏古尔　图版 1354　穆古尔·苏古尔　图版 1355　穆古尔·苏古尔

图版 1356　穆古尔·苏古尔　图版 1357　穆古尔·苏古尔　图版 1358　穆古尔·苏古尔　图版 1359　穆古尔·苏古尔

图版 1360　穆古尔·苏古尔　图版 1361　穆古尔·苏古尔　图版 1362　穆古尔·苏古尔　图版 1363　穆古尔·苏古尔

图版 1364　穆古尔·苏古尔　图版 1365　穆古尔·苏古尔　图版 1366　穆古尔·苏古尔　图版 1367　穆古尔·苏古尔

图版 1368　穆古尔·苏古尔　图版 1369　穆古尔·苏古尔　图版 1370　穆古尔·苏古尔　图版 1371　穆古尔·苏古尔

图版 1372　穆古尔·苏古尔　图版 1373　穆古尔·苏古尔　图版 1374　穆古尔·苏古尔　图版 1375　穆古尔·苏古尔

图版 1376　穆古尔·苏古尔 图版 1377　穆古尔·苏古尔 图版 1378　穆古尔·苏古尔　图版 1379　穆古尔·苏古尔

图版 1380　穆古尔·苏古尔　图版 1381　穆古尔·苏古尔　图版 1382　穆古尔·苏古尔　图版 1383　穆古尔·苏古尔

图版 1384　穆古尔·苏古尔　图版 1385　穆古尔·苏古尔　图版 1386　穆古尔·苏古尔　图版 1387　穆古尔·苏古尔

图版 1388　穆古尔·苏古尔　图版 1389　穆古尔·苏古尔　图版 1390　穆古尔·苏古尔　图版 1391　穆古尔·苏古尔

图版 1392　穆古尔·苏古尔　图版 1393　穆古尔·苏古尔　图版 1394　穆古尔·苏古尔　图版 1395　穆古尔·苏古尔

图版 1396　穆古尔·苏古尔　图版 1397　穆古尔·苏古尔　图版 1398　穆古尔·苏古尔　图版 1399　穆古尔·苏古尔

图版 1400　穆古尔·苏古尔　图版 1401　穆古尔·苏古尔　图版 1402　穆古尔·苏古尔　图版 1403　穆古尔·苏古尔

图版 1404　穆古尔·苏古尔　图版 1405　穆古尔·苏古尔　图版 1406　穆古尔·苏古尔　图版 1407　穆古尔·苏古尔

图版 1408　穆古尔·苏古尔　图版 1409　穆古尔·苏古尔　图版 1410　穆古尔·苏古尔　图版 1411　穆古尔·苏古尔

图版 1412　穆古尔·苏古尔　图版 1413　穆古尔·苏古尔　图版 1414　穆古尔·苏古尔　图版 1415　穆古尔·苏古尔

图版 1416　穆古尔·苏古尔　图版 1417　穆古尔·苏古尔　图版 1418　穆古尔·苏古尔　图版 1419　穆古尔·苏古尔

 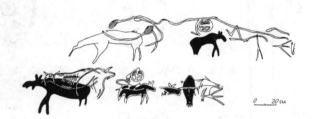

图版 1420　穆古尔·苏古尔　　　　　　　　　图版 1421　舍石金

图版 1422　舍石金　　　　　　　　　图版 1423　托木河

图版 1424　托木河

图版 1425　托木河

图版 1426　托木河

图版 1427　托木河

图版 1428　安加拉河

图版 1429　安加拉河

图版 1430　米努辛斯克

图版 1431　米努辛斯克

图版 1432　乌拉尔

图版 1433　乌拉尔

图版 1434　乌拉尔

图版 1435　科迪亚克岛

图版 1436　科迪亚克岛

图版 1437　科迪亚克岛　　图版 1438　科迪亚克岛　　　图版 1439　科迪亚克岛　　　图版 1440　科迪亚克岛

图版 1441　科迪亚克岛　　图版 1442　科迪亚克岛　　图版 1443　科迪亚克岛　　图版 1444　科迪亚克岛

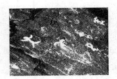

图版 1445　科迪亚克岛　　图版 1446　科迪亚克岛　　图版 1447　科迪亚克岛　　图版 1448　科迪亚克岛

图版 1449　科迪亚克岛　　图版 1450　科迪亚克岛　　图版 1451　科迪亚克岛　　图版 1452　科迪亚克岛

图版 1453　科迪亚克岛　　图版 1454　科迪亚克岛　　图版 1455　科迪亚克岛　　图版 1456　科迪亚克岛

图版 1457 科迪亚克岛　　　　图版 1458 科迪亚克岛　　图版 1459 科迪亚克岛　　图版 1460 科迪亚克岛

图版 1461 夸加它里克　　　图版 1462 夸加它里克　　图版 1463 夸加它里克　　图版 1464 夸加它里克

图版 1465 夸加它里克　　　图版 1466 夸加它里克　　图版 1467 夸加它里克　　图版 1468 夸加它里克

图版 1469 夸加它里克　　　图版 1470 夸加它里克　　图版 1471 夸加它里克　　图版 1472 夸加它里克

图版 1473　夸加它里克　　图版 1474　夸加它里克　　图版 1475　夸加它里克　　图版 1476　夸加它里克

图版 1477　夸加它里克

图版 1478　夸加它里克

图版 1479　夸加它里克

图版 1480　夸加它里克

图版 1481　兰格尔岛　　　　图版 1482　兰格尔岛　　　　图版 1483　兰格尔岛　　图版 1484　兰格尔岛

图版 1485　兰格尔岛

图版 1486　兰格尔岛

图版 1487　兰格尔岛

图版 1488　兰格尔岛

图版 1489　兰格尔岛

图版 1490　兰格尔岛

图版 1491　兰格尔岛

图版 1492　兰格尔岛

图版 1493　兰格尔岛

图版 1494　兰格尔岛

图版 1495　海达湾

图版 1496　海达湾

图版 1497　班布里奇

图版 1498　班布里奇

图版 1499　维克多

图版 1500　埃涅托伊

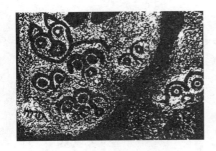

图版 1501　哈特斯里恩岛

图版 1502　埃尔德湾

图版 1503　沃特科木湖

图版 1504　白石

图版 1505　新月滩

图版 1506　米尔

图版 1507　大贝德福德岛　图版 1508　大贝德福德岛　图版 1509　阿拉瓦角　图版 1510　阿拉瓦角

图版 1511　阿拉瓦角

图版 1512　阿拉瓦角

图版 1513　克洛乌斯

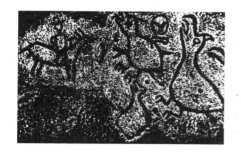

图版 1514　克洛乌斯

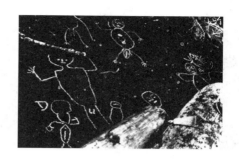

图版 1515　卡曼纳

图版 1516　克洛乌斯

图版 1517　海斯奎亚特

图版 1518　盐泉岛

图版 1519　盐泉岛

图版 1520　梅茵岛

图版 1521　西迪斯岛

图版 1522　加利亚诺岛

图版 1523　加比奥拉岛

图版 1524　加比奥拉岛

图版 1525　加比奥拉岛

图版 1526　加比奥拉岛　　图版 1527　加比奥拉岛　　图版 1528　加比奥拉岛　　图版 1529　加比奥拉岛

图版 1530　加比奥拉岛　　图版 1531　加比奥拉岛　　图版 1532　加比奥拉岛　　图版 1533　库里特湾

图版 1534　库里特湾　　　　　　　　　　　图版 1535　纳奈莫

图版 1536　库里特湾

图版 1537　霍尔顿湖

图版 1538　纳奈莫

图版 1539　纳奈莫

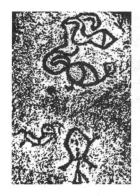
图版 1540　纳奈莫

图版 1541　纳奈莫

图版 1542　纳奈莫

图版 1543　纳奈莫

图版 1544　英吉利人河

图版 1545　英吉利人河

图版 1546　克罗姆岛

图版 1547　克罗姆岛

图版 1548　克罗姆岛

图版 1549　克罗姆岛

图版 1550　克罗姆岛

图版 1551　克罗姆岛

图版 1552　克罗姆岛

图版 1553　克罗姆岛

图版 1554　克罗姆岛

图版 1555　克罗姆岛

图版 1556　克罗姆岛

图版 1557　登曼岛

图版 1558　登曼岛

图版 1559　霍恩比

图版 1560　霍恩比

图版 1561　霍恩比

图版 1562　科莫克斯

图版 1563　坎贝尔河

图版 1564　科爵岛

图版 1565 科爵岛

图版 1566 科爵岛

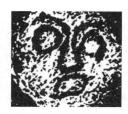

图版 1567 科爵岛

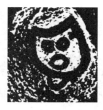

图版 1568 科爵岛

图版 1569 科爵岛

图版 1570 科爵岛

图版 1571 科爵岛

图版 1572 科爵岛

图版 1573 科爵岛

图版 1574 科爵岛

图版 1575 科爵岛

图版 1576 科爵岛

图版 1577 科爵岛

图版 1578 科爵岛

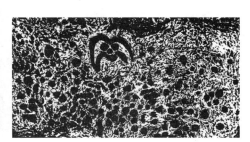

图版 1579 科爵岛

图版 1580　科爵岛

图版 1581　西奥多西娅

图版 1582　麦克马伦

图版 1583　灰溪

图版 1584　前进港

图版 1585　前进港

图版 1586　强盗头儿

图版 1587　强盗头儿

图版 1588　强盗头儿

图版 1589　内维尔港

图版 1590　内维尔港

图版 1591　内维尔港

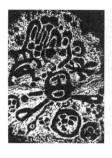
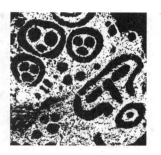

图版 1592　马尔科姆岛　图版 1593　鲁伯特港　　图版 1594　鲁伯特港　　　图版 1595　鲁伯特港

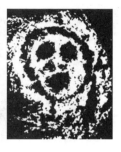

图版 1596　鲁伯特港　　图版 1597　鲁伯特港　　图版 1598　鲁伯特港　　图版 1599　鲁伯特港

图版 1600　鲁伯特港　　　图版 1601　鲁伯特港　图版 1602　苏蒂尔角　图版 1603　苏蒂尔角

图版 1604　诺伊克河　　　　　　图版 1605　比恩

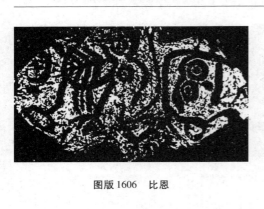

图版 1606　比恩

图版 1607　无名小岛

图版 1608　梅多岛

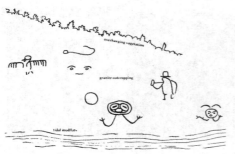

图版 1609　回转海峡

图版 1610　回转海峡

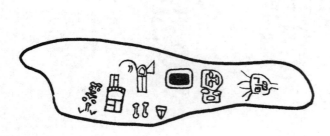

图版 1611　梅多岛

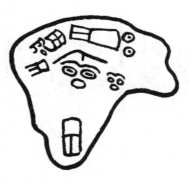

图版 1612　梅多岛

图版 1613　梅多岛

图版 1614　梅多岛

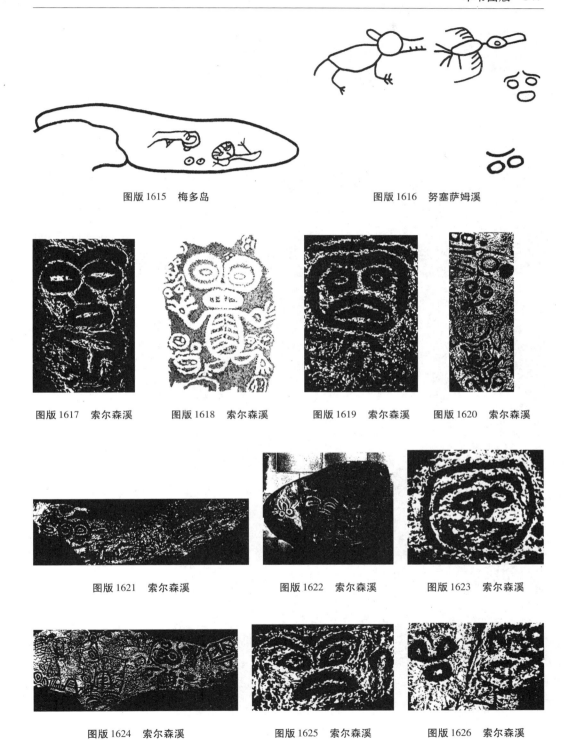

图版 1615　梅多岛

图版 1616　努塞萨姆溪

图版 1617　索尔森溪

图版 1618　索尔森溪

图版 1619　索尔森溪

图版 1620　索尔森溪

图版 1621　索尔森溪

图版 1622　索尔森溪

图版 1623　索尔森溪

图版 1624　索尔森溪

图版 1625　索尔森溪

图版 1626　索尔森溪

图版 1627　索尔森溪

图版 1628　索尔森溪

图版 1629　索尔森溪

图版 1630　索尔森溪

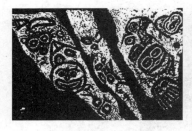
图版 1631　索尔森溪

图版 1632　索尔森溪

图版 1633　索尔森溪

图版 1634　索尔森溪

图版 1635　索尔森溪

图版 1636　索尔森溪

图版 1637　索尔森溪

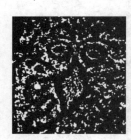
图版 1638　索尔森溪

图版 1639　索尔森溪

图版 1640　埃尔科港

图版 1641　埃尔科港

图版 1642　埃尔科港

图版 1643　跃溪

图版 1644　跃溪

图版 1645　跃溪

图版 1646　跃溪

图版 1647　跃溪

图版 1648　跃溪

图版 1649　迪安河

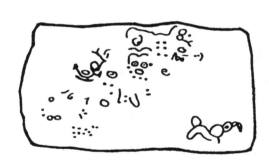

图版 1650　迪安河

图版 1651　迪安河

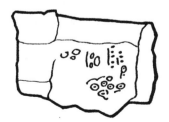

图版 1652　迪安河

图版 1653　诺威士岛

图版 1654　迈尔斯

图版 1655　迈尔斯　　　　图版 1656　迈尔斯　　　　图版 1657　迈尔斯　　图版 1658　迈尔斯

图版 1659　摩尔岛　　　　　图版 1660　科查　　　　图版 1661　道格拉斯

图版 1662　道格拉斯　　图版 1663　道格拉斯　　图版 1664　道格拉斯　　图版 1665　道格拉斯

图版 1666　道格拉斯　　　　图版 1667　道格拉斯　　图版 1668　维尔加普斯

图版 1669　维尔加普斯

图版 1670　维尔加普斯

图版 1671　维尔加普斯

图版 1672　维尔加普斯

图版 1673　维尔加普斯

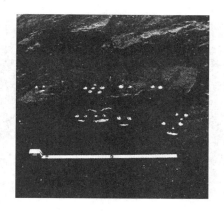
图版 1674　维尔加普斯

图版 1675　罗伯逊

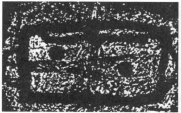
图版 1676　罗伯逊

图版 1677　罗伯逊

图版 1678　韦恩

图版 1679　韦恩

图版 1680　韦恩

图版 1681　韦恩

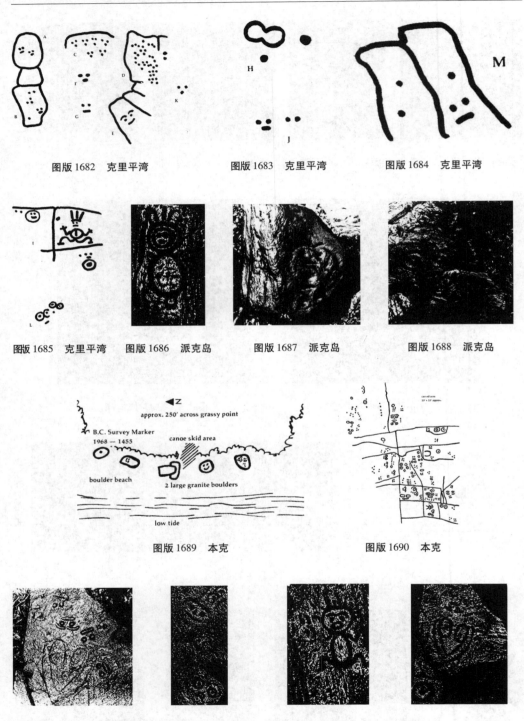

图版 1682　克里平湾

图版 1683　克里平湾

图版 1684　克里平湾

图版 1685　克里平湾　　图版 1686　派克岛　　图版 1687　派克岛　　图版 1688　派克岛

图版 1689　本克

图版 1690　本克

图版 1691　梅特拉卡特拉　图版 1692　梅特拉卡特拉　图版 1693　梅特拉卡特拉　图版 1694　梅特拉卡特拉

图版 1695　梅特拉卡特拉　　图版 1696　梅特拉卡特拉　　图版 1697　梅特拉卡特拉　图版 1698　梅特拉卡特拉

图版 1699　梅特拉卡特拉　　图版 1700　梅特拉卡特拉　　图版 1701　梅特拉卡特拉　图版 1702　梅特拉卡特拉

图版 1703　梅特拉卡特拉　　图版 1704　卡洛琳娜岛　　图版 1705　卡洛琳娜岛　　图版 1706　卡洛琳娜岛

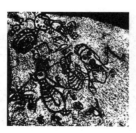

图版 1707　卡洛琳娜岛　　图版 1708　螺栓岛　　　图版 1709　螺栓岛　　图版 1710　海格维尔盖特

图版 1711　瞭望台

图版 1712　峡谷城

图版 1713　帕里

图版 1714　帕里

图版 1715　帕里

图版 1716　帕里

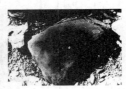
图版 1717　帕里

图版 1718　斯凯德盖特

图版 1719　斯凯德盖特

图版 1720　斯凯德盖特

图版 1721　摇溪

图版 1722　摇溪

图版 1723　阿特林湖

图版 1724　斯基纳河

图版 1725　马吉角

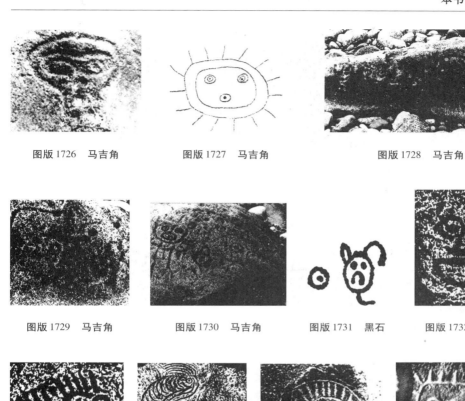

图版 1726　马吉角　　　　　　图版 1727　马吉角　　　　　　图版 1728　马吉角

图版 1729　马吉角　　　　图版 1730　马吉角　　　　图版 1731　黑石　　　　图版 1732　黑石

图版 1733　黑石　　　　图版 1734　斯卡梅尼亚　　　图版 1735　达尔斯　　　图版 1736　达尔斯

图版 1737　达尔斯　　　　图版 1738　达尔斯　　　　图版 1739　达尔斯　　　图版 1740　达尔斯

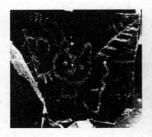

图版 1741　达尔斯

图版 1742　达尔斯

图版 1743　达尔斯

图版 1744　达尔斯

图版 1745　达尔斯

图版 1746　达尔斯

图版 1747　达尔斯

图版 1748　达尔斯

图版 1749　达尔斯

图版 1750　达尔斯

图版 1751　达尔斯

图版 1752　达尔斯

图版 1753　达尔斯

图版 1754　北博纳维尔

图版 1755　科罗拉多州

图版 1756　科罗拉多州

图版 1757　科罗拉多州

图版 1758　叉山谷

图版 1759　叉山谷

图版 1760　叉山谷

图版 1761　叉山谷

图版 1762　叉山谷

图版 1763　叉山谷

图版 1764　叉山谷

图版 1765　叉山谷

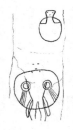

图版 1766　叉山谷

图版 1767　叉山谷

图版 1768　叉山谷

图版 1769　叉山谷

图版 1770　叉山谷

图版 1771　叉山谷

图版 1772　叉山谷

图版 1773　叉山谷

图版 1774　叉山谷

图版 1775　叉山谷

图版 1776　叉山谷

图版 1777　叉山谷

图版 1778　叉山谷

图版 1779　叉山谷

图版 1780　犹他

图版 1781　山溪

图版 1782　石溪

图版 1783　橡树峡

图版 1784　巴特勒沃什

图版 1785　犹他

图版 1786　犹他

图版 1787　犹他

图版 1788　莫哈维　　　图版 1789　莫哈维　　　图版 1790　纳瓦霍 AZ　　　图版 1791　纳瓦霍 AZ

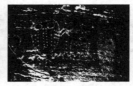

图版 1792　纳瓦霍 AZ　　　图版 1793　纳瓦霍 AZ　　　图版 1794　纳瓦霍 AZ　　　图版 1795　阿帕契

图版 1796　阿帕契　　　图版 1797　阿帕契　　　图版 1798　阿帕契　　　图版 1799　皮纳尔

图版 1800　科奇斯　　　图版 1801　科奇斯　　　图版 1802　马里科帕　　　图版 1803　马里科帕

图版 1804　吉拉　　　　图版 1805　凤凰城　　　　图版 1806　凤凰城　　　　图版 1807　凤凰城

图版 1808　凤凰城　　　　图版 1809　凤凰城　　　　图版 1810　凤凰城　　　　图版 1811　凤凰城

图版 1812　凤凰城　　　　图版 1813　凤凰城　　　　图版 1814　凤凰城　　　　图版 1815　凤凰城

图版 1816　凤凰城　　图版 1817　马丁尼兹　　　　图版 1818　马丁尼兹　　　　图版 1819　霍皮

图版 1820　霍皮

图版 1821　霍皮

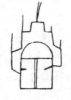

图版 1822　霍皮

图版 1823　霍皮

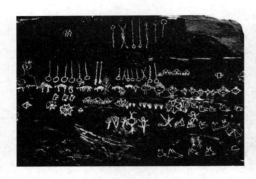

图版 1824　柳树泉

图版 1825　柳树泉

图版 1826　柳树泉

图版 1827　柳树泉

图版 1828　柳树泉

图版 1829　柳树泉

图版 1830　柳树泉

图版 1831　柳树泉

图版 1832　柳树泉

图版 1833　柳树泉

图版 1834　柳树泉

图版 1835　柳树泉

图版 1836　莫奇

图版 1837　莫奇

图版 1838　莫奇

图版 1839　莫奇

图版 1840　莫奇

图版 1841　莫奇

图版 1842　莫奇

图版 1843　莫奇

图版 1844　莫奇

图版 1845　莫奇

图版 1846　莫奇

图版 1847　莫奇

图版 1848　莫奇

图版 1849　莫奇

图版 1850　莫奇

图版 1851　莫奇

图版 1852　莫奇

图版 1853　莫奇

图版 1854　莫奇

图版 1855　莫奇

图版 1856　莫奇

图版 1857　莫奇

图版 1858　石化林

图版 1859　石化林

图版 1860　小科罗拉多河　　图版 1861　小科罗拉多河

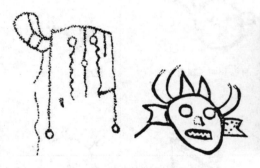

图版 1862　小科罗拉多河　　图版 1863　布兰科

图版 1864　奥博

图版 1865　奥博

图版 1866　奥博

图版 1867　奥特罗

图版 1868　奥特罗

图版 1869　博纳利欧　　　图版 1870　博纳利欧　　　图版 1871　博纳利欧　　　图版 1872　柯契地

图版 1873　柯契地　　　　图版 1874　柯契地　　　　图版 1875　柯契地　　　　图版 1876　柯契地

图版 1877　柯契地　　图版 1878　柯契地　　　图版 1879　柯契地　　　　图版 1880　柯契地

图版 1881　柯契地　　　　图版 1882　柯契地　　　　图版 1883　柯契地　　　　图版 1884　柯契地

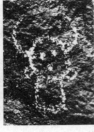

图版 1885　柯契地　　图版 1886　柯契地　　图版 1887　柯契地　　图版 1888　柯契地

图版 1889　柯契地　　图版 1890　柯契地　　图版 1891　柯契地　　图版 1892　柯契地

图版 1893　柯契地　　图版 1894　柯契地　　图版 1895　柯契地　　图版 1896　柯契地

图版 1897　柯契地　　图版 1898　柯契地　　图版 1899　柯契地　　图版 1900　柯契地

图版1901 柯契地

图版1902 柯契地

图版1903 柯契地

图版1904 柯契地

图版1905 柯契地

图版1906 柯契地

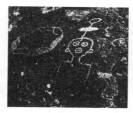
图版1907 柯契地

图版1908 柯契地

图版1909 柯契地

图版1910 柯契地

图版1911 柯契地

图版1912 柯契地

图版1913 柯契地

图版1914 柯契地

图版1915 柯契地

图版1916 柯契地

图版 1917　柯契地

图版 1918　柯契地

图版 1919　柯契地

图版 1920　柯契地

图版 1921　柯契地

图版 1922　柯契地

图版 1923　柯契地

图版 1924　柯契地

图版 1925　柯契地

图版 1926　柯契地

图版 1927　柯契地

图版 1928　柯契地

图版 1929　柯契地

图版 1930　柯契地

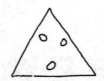
图版 1931　柯契地

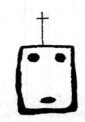
图版 1932　柯契地

图版 1933　柯契地

图版 1934　柯契地

图版 1935　柯契地

图版 1936　柯契地

图版 1937　柯契地

图版 1938　柯契地

图版 1939　柯契地

图版 1940　柯契地

图版 1941　柯契地

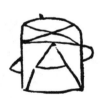

图版 1942　柯契地

图版 1943　柯契地

图版 1944　柯契地

图版 1945　柯契地

图版 1946　柯契地

图版 1947　查科

图版 1948　查科

图版 1949　里奥阿里巴　　图版 1950　里奥阿里巴　　图版 1951　里奥阿里巴　　图版 1952　林肯

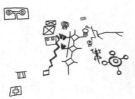

图版 1953　林肯　　图版 1954　林肯　　图版 1955　林肯　　图版 1956　洛斯卢纳斯

图版 1957　纳瓦霍 NM　　图版 1958　纳瓦霍 NM　　图版 1959　祖尼　　图版 1960　祖尼

图版 1961　祖尼　　图版 1962　祖尼　　图版 1963　祖尼　　图版 1964　祖尼

图版 1965　祖尼

图版 1966　祖尼

图版 1967　祖尼

图版 1968　祖尼

图版 1969　祖尼

图版 1970　祖尼

图版 1971　祖尼

图版 1972　祖尼

图版 1973　圣达菲

图版 1974　圣达菲

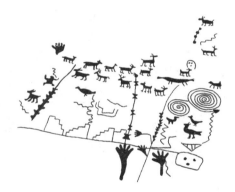

图版 1975　圣达菲

图版 1976　圣达菲

图版 1977　圣达菲

图版 1978　圣达菲

图版 1979　圣达菲

图版 1980　圣达菲　　　　图版 1981　圣达菲　　　　图版 1982　圣达菲　　　　图版 1983　圣达菲

图版 1984　圣达菲　　　　图版 1985　圣达菲　　　　图版 1986　圣达菲　　　　图版 1987　圣达菲

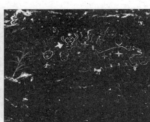

图版 1988　圣达菲　　图版 1989　圣达菲　　图版 1990　圣克里斯托瓦尔　　图版 1991　圣克里斯托瓦尔

图版 1992　圣克里斯托瓦尔　　图版 1993　圣克里斯托瓦尔　　图版 1994　圣克里斯托瓦尔　　图版 1995　圣克里斯托瓦尔

图版 1996　圣克里斯托瓦尔　图版 1997　圣克里斯托瓦尔　图版 1998　索科罗　图版 1999　索科罗

图版 2000　索科罗　图版 2001　索科罗　图版 2002　索科罗　图版 2003　索科罗

图版 2004　索科罗　图版 2005　索科罗　图版 2006　索科罗　图版 2007　索科罗

 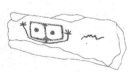  

图版 2008　唐娜安娜　图版 2009　唐娜安娜　图版 2010　唐娜安娜　图版 2011　唐娜安娜

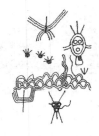

图版 2012　唐娜安娜　　　　图版 2013　唐娜安娜　　　　图版 2014　唐娜安娜　　　　图版 2015　陶斯

图版 2016　托伦斯　　　　图版 2017　瓦伦西亚　　　　图版 2018　三河　　　　图版 2019　三河

图版 2020　三河　　　　图版 2021　三河　　　　图版 2022　三河　　　　图版 2023　三河

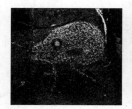

图版 2024　三河　　　　图版 2025　三河　　　　图版 2026　三河　　　　图版 2027　三河

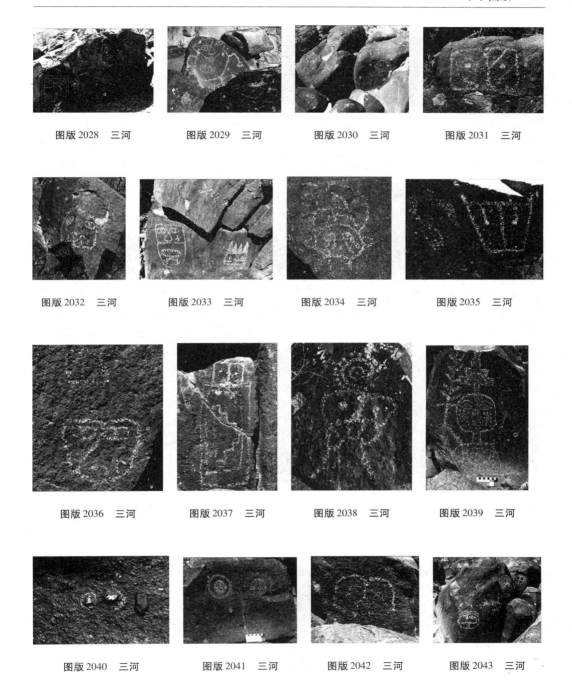

图版 2028　三河　　　　图版 2029　三河　　　　图版 2030　三河　　　　图版 2031　三河

图版 2032　三河　　　　图版 2033　三河　　　　图版 2034　三河　　　　图版 2035　三河

图版 2036　三河　　　　图版 2037　三河　　　　图版 2038　三河　　　　图版 2039　三河

图版 2040　三河　　　　图版 2041　三河　　　　图版 2042　三河　　　　图版 2043　三河

图版 2044　三河　　　　　图版 2045　三河　　　　　图版 2046　三河　　　　　图版 2047　三河

图版 2048　三河　　　　　图版 2049　三河　　　　　图版 2050　三河　　　　　图版 2051　三河

图版 2052　三河　　图版 2053　三河　　图版 2054　哥伦比亚—弗雷泽高原　　图版 2055　哥伦比亚—弗雷泽高原

图版 2056　哥伦比亚—弗雷泽高原　　图版 2057　俄亥俄州　　图版 2058　俄亥俄州　　图版 2059　俄亥俄州

图版 2060　宾夕法尼亚州

图版 2061　宾夕法尼亚州

图版 2062　怀俄明州

图版 2063　怀俄明州

图版 2064　怀俄明州

图版 2065　怀俄明州

图版 2066　堪萨斯州

图版 2067　堪萨斯州

图版 2068　马里兰州

图版 2069 马里兰州

图版 2070 马里兰州

图版 2071 马里兰州

图版 2072 内布拉斯加州

图版 2073 佛蒙特州

图版 2074 佛蒙特州

图版 2075 佛蒙特州

图版 2076 佛蒙特州

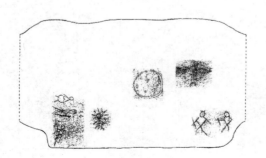
图版 2077 缅因州

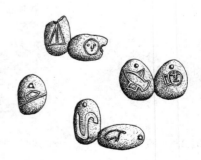
图版 2078 新罕布什尔州

图版 2079　安大略

图版 2080　安大略

图版 2081　安大略

图版 2082　安大略

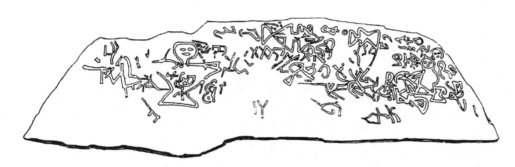

图版 2083　马萨诸塞州

图版 2084　夏威夷

图版 2085　夏威夷

图版 2086　夏威夷

图版 2087　夏威夷

图版 2088　萨尔蒂

图版 2089　阿格瓦斯

图版 2090　特拉斯卡拉

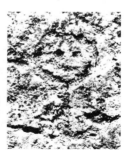

图版 2091　圣塔马利亚

图版 2092　圣塔马利亚

图版 2093　圣塔马利亚

图版 2094　尼加拉瓜　　　　　　　　　图版 2095　尼加拉瓜

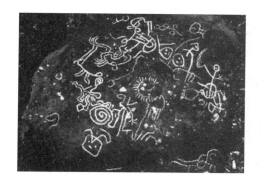

图版 2096　尼加拉瓜

图版 2097　尼加拉瓜

图版 2098　尼加拉瓜

图版 2099　尼加拉瓜

图版 2100　尼加拉瓜

图版 2101　尼加拉瓜

图版 2102　尼加拉瓜

图版 2103　尼加拉瓜

图版 2104　尼加拉瓜

图版 2105　尼加拉瓜

图版 2106　尼加拉瓜　　　　　图版 2107　尼加拉瓜　　　　　　图版 2108　哥斯达黎加

图版 2109　哥斯达黎加　　　　　　图版 2110　哥斯达黎加　　　　图版 2111　哥斯达黎加

图版 2112　哥斯达黎加　图版 2113　哥斯达黎加　　　图版 2114　哥斯达黎加　　　图版 2115　哥斯达黎加

图版 2116　哥斯达黎加　　　图版 2117　哥斯达黎加　　　图版 2118　哥斯达黎加　　　图版 2119　哥斯达黎加

图版 2120　巴拿马　　　　图版 2121　巴拿马　　　　图版 2122　巴拿马　　　　图版 2123　巴拿马

图版 2124　巴拿马

图版 2125　巴拿马

图版 2126　巴拿马

图版 2127　巴拿马

图版 2128　巴拿马

图版 2129　巴拿马

图版 2130　巴拿马

图版 2131　巴拿马

图版 2132　巴哈马群岛

图版 2133　巴哈马群岛

图版 2134　巴哈马群岛

图版 2135　巴哈马群岛

图版 2136　巴哈马群岛

图版 2137　巴哈马群岛

图版 2138　巴哈马群岛

图版 2139　古巴

图版 2140　古巴

图版 2141　牙买加

图版 2142　牙买加

图版 2143　牙买加

图版 2144　牙买加

图版 2145　牙买加

图版 2146　牙买加

图版 2147　牙买加

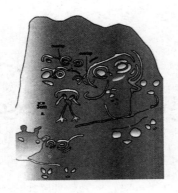

图版 2148　牙买加

图版 2149　牙买加

图版 2150　波多黎各

图版 2151　波多黎各

图版 2152　波多黎各

图版 2153　波多黎各

图版 2154　波多黎各

图版 2155　波多黎各

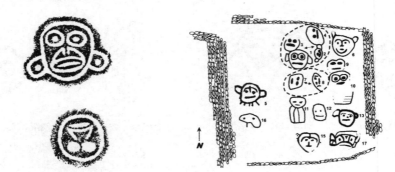

图版 2156　波多黎各　　　　　　　　图版 2157　波多黎各

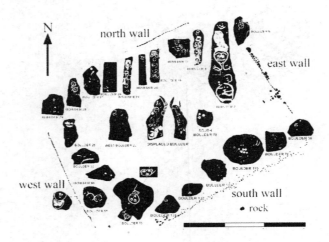

图版 2158　波多黎各

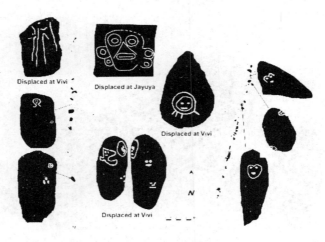

图版 2159　波多黎各

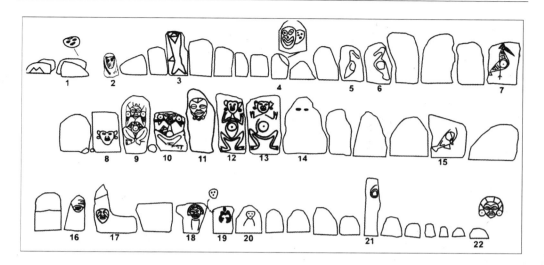

图版 2160　波多黎各

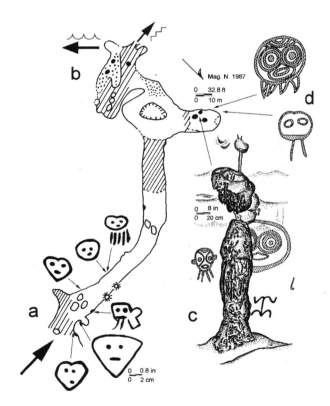

图版 2161　波多黎各

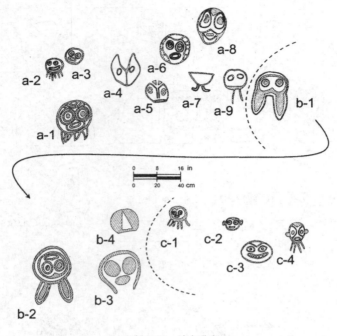

图版 2162　波多黎各

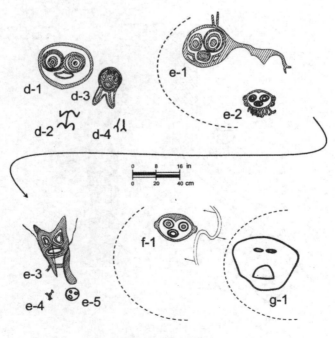

图版 2163　波多黎各

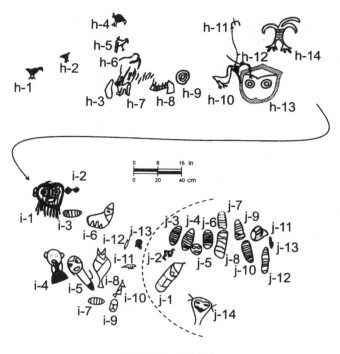

图版 2164　波多黎各

图版 2165　波多黎各

图版 2166　波多黎各

图版 2167　波多黎各

图版 2168　波多黎各

图版 2169　波多黎各

图版 2170　波多黎各

图版 2171　波多黎各

图版 2172　波多黎各

图版 2173　波多黎各

图版 2174　波多黎各

图版 2175　波多黎各

图版 2176　波多黎各

图版 2177　多米尼加

图版 2178　多米尼加

图版 2179　维京群岛

图版 2180　维京群岛

图版 2181　维京群岛

图版 2182　维京群岛

图版 2183　维京群岛

图版 2184　维京群岛

图版 2185　维京群岛

图版 2186　瓜德罗普岛

图版 2187　瓜德罗普岛　图版 2188　瓜德罗普岛　图版 2189　瓜德罗普岛　图版 2190　瓜德罗普岛

 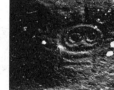  

图版 2191　瓜德罗普岛　图版 2192　瓜德罗普岛　图版 2193　瓜德罗普岛　图版 2194　瓜德罗普岛

图版 2195　瓜德罗普岛　　图版 2196　瓜德罗普岛　　图版 2197　瓜德罗普岛 图版 2198　瓜德罗普岛

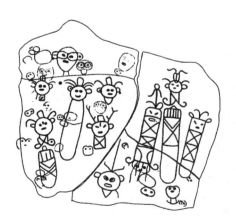 

图版 2199　瓜德罗普岛　　　　　　图版 2200　瓜德罗普岛

图版 2201　瓜德罗普岛

图版 2202　瓜德罗普岛

图版 2203　瓜德罗普岛

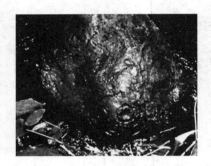

图版 2204　瓜德罗普岛

图版 2205　瓜德罗普岛

图版 2206　瓜德罗普岛

图版 2207　瓜德罗普岛

图版 2208　瓜德罗普岛

图版 2209　圣文森特岛

图版 2210　圣文森特岛

图版 2211　圣文森特岛

图版 2212　圣文森特岛

图版 2213　圣文森特岛

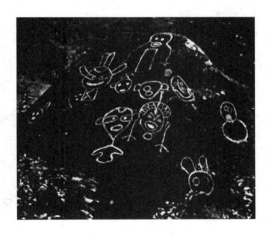

图版 2214　圣文森特岛

图版 2215　圣文森特岛

图版 2216　圣文森特岛

图版 2217　圣文森特岛

图版 2218　圣文森特岛

图版 2219　圣文森特岛

图版 2220　圣文森特岛

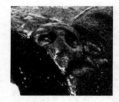
图版 2221　哥伦比亚

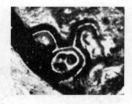
图版 2222　哥伦比亚

图版 2223　哥伦比亚

图版 2224　哥伦比亚

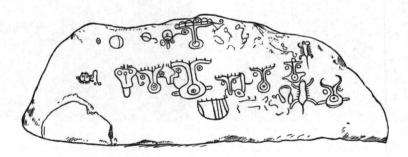
图版 2225　哥伦比亚

图版 2226　委内瑞拉

图版 2227　委内瑞拉

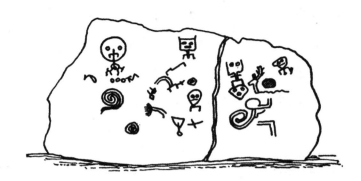

图版 2228　委内瑞拉

图版 2229　委内瑞拉

图版 2230　委内瑞拉

图版 2231　圭亚那

图版 2232　圭亚那

图版 2233　圭亚那

图版 2234　圭亚那

图版 2235　圭亚那

图版 2236　圭亚那

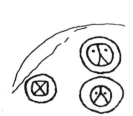

图版 2237　苏里南

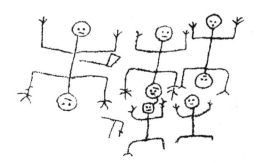

图版 2238　苏里南

图版 2239　巴西

图版 2240　巴西

图版 2241　巴西

图版 2242　巴西

图版 2243　巴西

图版 2244　巴西

图版 2245　巴西

图版 2246　巴西

图版 2247　巴西

图版 2248　巴西

图版 2249　巴西

图版 2250　巴西

图版 2251　巴西

图版 2252　巴西

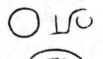

图版 2253　巴西

图版 2254　巴西

图版 2255　巴西

图版 2256　巴西

图版 2257　巴西

图版 2258　巴西

图版 2259　巴西

图版 2260　巴西

图版 2261　巴西

图版 2262　巴西

图版 2263　巴西

图版 2264　巴西

图版 2265　巴西

图版 2266　巴西

图版 2267　巴西

图版 2268　巴西

图版 2269　巴西

图版 2270　巴西

图版 2271　巴西

图版 2272　秘鲁

图版 2273　秘鲁

图版 2274　秘鲁

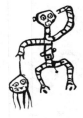

图版 2275　秘鲁

图版 2276　秘鲁

图版 2277　秘鲁

图版 2278　秘鲁

图版 2279　秘鲁

图版 2280　秘鲁

图版 2281　秘鲁

图版 2282　秘鲁

图版 2283　秘鲁

图版 2284　秘鲁

图版 2285　秘鲁

图版 2286　秘鲁

图版 2287　阿根廷

图版 2288　阿根廷

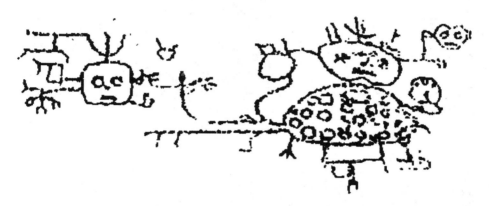

图版 2289　玻利维亚

图版 2290　智利

图版 2291　智利

图版 2292　智利

图版 2293　智利

图版 2294　智利

图版 2295　智利

图版 2296　智利

图版 2297　智利

图版 2298　智利

图版 2299　智利

图版 2300　智利

图版 2301　智利

图版 2302　智利

图版 2303　智利

图版 2304　智利

图版 2305　智利

图版 2306　智利

图版 2307　智利

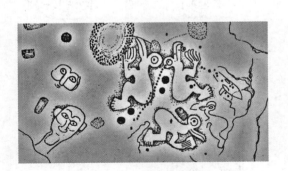

图版 2308　复活节岛

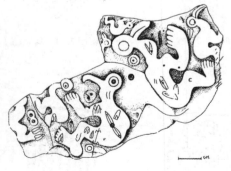

图版 2309　复活节岛

图版 2310　复活节岛

图版 2311　复活节岛

图版 2312　复活节岛

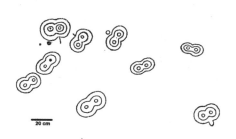

图版 2313　复活节岛

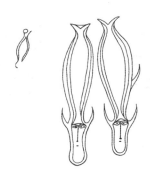

图版 2314　复活节岛

图版 2315　复活节岛

图版 2316　复活节岛

图版 2317　卡伊岛

图版 2318　卡伊岛

图版 2319　卡伊岛

图版 2320　卡伊岛

图版 2321　卡伊岛

图版 2322　卡伊岛

图版 2323　马奎萨斯

图版 2324　马奎萨斯

图版 2325　马奎萨斯

图版 2326　马奎萨斯

图版 2327　马奎萨斯

图版 2328　马奎萨斯

图版 2329　新喀里多尼亚

图版 2330　新喀里多尼亚

图版 2331　新喀里多尼亚

图版 2332　新喀里多尼亚

图版 2333　新喀里多尼亚

图版 2334　新喀里多尼亚

图版 2335　新喀里多尼亚

图版 2336　新喀里多尼亚

图版 2337　新喀里多尼亚

图版 2338　新喀里多尼亚

图版 2339　新喀里多尼亚　　图版 2340　新喀里多尼亚　图版 2341　新喀里多尼亚　图版 2342　新喀里多尼亚

图版 2343　新喀里多尼亚　　图版 2344　新喀里多尼亚　图版 2345　新喀里多尼亚　图版 2346　新喀里多尼亚

图版 2347　北领地　　　图版 2348　北领地　　　图版 2349　北领地　　　图版 2350　北领地

图版 2351　北领地　　　图版 2352　北领地　　　图版 2353　北领地　　　图版 2354　西澳大利亚

图版 2355　西澳大利亚　　图版 2356　西澳大利亚　　图版 2357　西澳大利亚　　图版 2358　西澳大利亚

图版 2359　西澳大利亚　　　图版 2360　西澳大利亚　　　图版 2361　西澳大利亚

参 考 文 献

一　中文文献

国内出版的专著

[1] 朝阳市文化局，辽宁省文物考古研究所编：《牛河梁遗址》，学苑出版社 2004 年版。

[2] 斑斓、冯军胜：《中国岩画艺术》，内蒙古人民出版社 2008 年版。

[3] 陈兆复：《古代岩画》，文物出版社 2002 年版。

[4] 陈兆复：《中国岩画发现史》，上海人民出版社 1991 年版。

[5] 陈兆复、邢莲：《世界岩画Ⅱ·欧、美、大洋洲卷》，文物出版社 2011 年版。

[6] 陈兆复、邢琏：《外国岩画发现史》，上海人民出版社 1993 年版。

[7] 辞海编辑委员会：《辞海》，上海辞书出版社 1989 年版。

[8] 范琛：《作为区域文化资源的沧源岩画研究》，世界图书出版公司，2009 年版。

[9] 费孝通：《中华民族多元一体格局》，中央民族大学出版社 2003 年版。

[10] 冯恩学：《俄国东西伯利亚与远东考古》，吉林大学出版社 2002 年版。

[11] 盖山林：《巴丹吉林沙漠岩画》，北京图书馆出版社 1998 年版。

[12] 盖山林：《阴山岩画》，文物出版社 1986 年版。

[13] 盖山林：《世界岩画的文化阐释》，北京图书馆出版社 2001 年版。

[14] 盖山林：《乌兰察布岩画》，文物出版社 1989 年版。

[15] 盖山林：《中国岩画学》，书目文献出版社 1995 年版。

[16] 盖山林、盖志浩：《内蒙古岩画的文化解读》，北京图书馆出版社 2002 年版。

[17] 盖山林、盖志浩：《丝绸之路岩画研究》，新疆人民出版社 2010 年版。

[18] 盖山林、盖志浩：《中国面具》，北京图书馆出版社 1999 年版。

[19] 高伟：《刘志洲山岩画迷踪》，百家出版社 2007 年版。

[20] 李伟、张春雨：《贺兰山岩画（1—3）》，上海古籍出版社 2007 年版。

[21] 高业荣：《万山岩雕：台湾首次发现摩崖艺术之研究》，（台湾）行政院文化建设委员会文化资产总管理处筹备处，2011 年版。

[22] 广西少数民族社会历史调查组编：《花山崖壁画资料集》，广西民族出版社 1963 年版。

[23] 郭沫若：《殷契粹编》，科学出版社 1965 年版。

[24] 韩立新：《克什克腾岩画》，内蒙古文化出版社 2013 年版。

[25] 河北省文物研究所：《宣化辽墓：1974—1993 年考古发掘报告》，文物出版社 2001 年版。

[26] 贺吉德：《贺兰山岩画研究》，宁夏人民出版社 2012 年版。

[27] 贺吉德：《贺兰山岩画百题》，阳光出版社 2012 年版。

[28] 蒋振明：《迈向原始的艺术世界：中国岩画考察散记》，新世界出版社 1991 年版。

[29] 李洪甫：《太平洋岩画：人类最古老的民俗文化遗迹》，上海文化出版社 1997 年版。

[30] 李洪甫、武可荣：《海州石刻：将军崖岩画与孔望山摩崖造像》，文物出版社 1990 年版。

[31] 李祥石：《发现岩画》，宁夏人民出版社 2004 年版。

[32] 李祥石、朱存世：《贺兰山与北山岩画》，宁夏人民出版社 1993 年版。

[33] 梁振华编著：《桌子山岩画》，文物出版社 1998 年版。

[34] 陆思贤：《神话考古》，文物出版社 1995 年版。

[35] 吕光天、古清尧：《贝加尔湖地区和黑龙江流域各族与中原的关系史》，黑龙江教育出版社 1991 年版。

[36] 内蒙古自治区测绘局综合队：《内蒙古自治区地图册》，内蒙古自治区测绘局，1989 年版。

[37] 秋浦：《鄂伦春社会的发展》，民族出版社 1978 年版。

[38] 束锡红、李祥实：《岩画与游牧文化》，上海古籍出版社 2007 年版。

[39] 宋德金、史金波：《中国风俗通史》（辽金西夏卷），上海文艺出版社 2001 年版。

[40] 宋耀良：《人面岩画之谜》，上海文艺出版社 2008 年版。

[41] 宋耀良：《中国史前神格人面岩画》，三联书店上海分店，1992 年版。

［42］宋豫秦等：《中国文明起源的人地关系简论》，科学出版社 2002 年版。

［43］苏秉琦：《中国文明起源新探》，人民出版社 2013 年版。

［44］孙新周：《中国原始艺术符号的文化破译》，中央民族大学出版社 1998 年版。

［45］汤惠生、张文华：《青海岩画：史前艺术中二元对立思维及其观念的研究》，科学出版社 2001 年版。

［46］汪宁生：《云南沧源崖画的发现与研究》，文物出版社 1985 年版。

［47］王建平，张春雨主编：《阴山岩画》，上海古籍出版社 2010 年版。

［48］王仁湘：《中国史前考古论集》，科学出版社 2003 年版。

［49］王守谦等译注：《左传全译》，贵州人民出版社 1990 年版。

［50］王晓琨、张文静：《阴山岩画研究》，中国社会科学出版社 2012 年版。

［51］翁牛特旗志编纂委员会：《翁牛特旗志》，内蒙古人民出版社 1993 年

［52］吴甲才编著：《红山岩画》，内蒙古文化出版社 2008 年版。

［53］吴文衔、张泰湘、魏国忠：《黑龙江古代简史》，北方文物杂志社，1987 年版。

［54］席永杰、王惠德、孙永刚：《西辽河流域早期青铜文明》，内蒙古人民出版社 2007 年版。

［55］许成、卫忠：《贺兰山岩画》，文物出版社 1993 年版。

［56］徐英：《中国北方游牧民族造型艺术》，内蒙古大学出版社 2006 年版。

［57］杨昌国：《符号与象征：中国少数民族服饰文化》，北京出版社 2000 年版。

［58］银川市贺兰山岩画管理处：《文明的印痕：贺兰口岩画》，上海古籍出版社 2011 年版。

［59］张光直，徐苹芳等：《中国文明的形成》，新世界出版社 2004 年版。

［60］张亚莎：《西藏的岩画》，青海人民出版社 2006 年版。

［61］中国大百科全书总编辑委员会中国地理编辑委员会编：《中国大百科全书·中国地理》，中国大百科全书出版社 1993 年版。

［62］中国美术分类全集编委会编：《中国岩画全集 2 西部岩画（一）》，辽宁美术出版社 2007 年版。

［63］中国社会科学院语言研究所词典编辑室编：《现代汉语词典（第 5 版)》，商务印书馆 2005 年版。

［64］周兴华：《中卫岩画》，宁夏人民出版社 1991 年版。

［65］朱狄：《信仰时代的文明：中西文化的趋同与差异》，中国青年出版社 1999

年版。

译著

[66]［意］埃玛努埃尔·阿纳蒂著:《艺术的起源》,刘建译,中国人民大学出版社2007年版。

[67]［英］科林·伦福儒 保罗·巴恩:《考古学:关键概念》,陈胜前译,中国人民大学出版社2012年版。

[68]［法］米歇尔·福柯:1998,《知识考古学》,谢强,马月译,生活·读书·新知三联书店,1998年版。

[69]［法］爱弥尔·涂尔干:《宗教生活的基本形式》,渠东,汲喆译,上海人民出版社1999年版。

[70]［苏］谢·亚托卡列夫:《世界各民族历史上的宗教》,魏庆征译,中国社会科学出版社1985年版。

古籍

[71]（汉）班固:《白虎通义》,中国文史出版社2004年版。

[72]（北魏）郦道元:《水经注》,时代文艺出版社2001年版。

[2]（北魏）郦道元:《水经注校证》,陈桥驿校证,中华书局2007年版。

[73]（晋）王嘉撰,（梁）萧绮录,齐治平校注:《拾遗记》,中华书局1981年版。

[74]（宋）李诚:《营造法式》,中国书店出版社2006年版。

[75]（唐）李延寿:《北史》(第十册,卷九十四·室韦传),中华书局1974年版。

国内出版的期刊

[76]［俄］阿·奥克拉德尼科夫:《黑龙江沿岸的古代艺术》,音戈译,《艺圃（吉林艺术学院学报)》1985年第2期。

[77]［俄］亚历克斯·奥克拉迪尼柯:《阿穆尔地区古代岩画、雕刻及陶器制造艺术》刘景岚译,《昭乌达蒙族师专学报（北方民族文化)》1998年第3期。

[78]［俄］安德烈·巴甫洛维奇·扎比亚科:《阿穆尔河上游地区的岩画与通古斯—满语族民间文学的关系》,《黑龙江社会科学》2012年第4期。

[79]［俄］C.拉普希娜:《阿穆尔河下游新石器时代初期艺术的基本流派》,邓宏译,《黑河学院学报》2012年第4期。

［80］陈兆复：《中国的人面像岩画》，《寻根》1994 年第 2 期。

［81］［加］丹尼尔·阿瑟诺：《极地岩画背后的萨满教》，朱利峰译，《内蒙古大学艺术学院学报》2014 年第 1 期。

［82］杜晓帆：《契丹族葬俗中的面具、网络与萨满教的关系》，《民族研究》1987 年第 6 期。

［83］段宏振：《河北易县北福地史前遗址的发掘》，《考古》2005 年第 7 期。

［84］冯恩学：《贝加尔湖岩画与辽代羽厥里部》，《北方文物》2002 年第 1 期。

［85］盖山林：《福建华安仙字潭石刻新解》，《美术史论》1986 年第 1 期。

［86］盖山林：《连云港将军崖岩画题材刍议》，《徐州师范大学学报（哲学社会科学版）》1983 年第 4 期。

［87］高福进：《太阳崇拜与太阳神话》，《云南社会科学》1993 年第 4 期。

［88］龚田夫、张亚莎：《中国人面像岩画文化浅谈》，《中央民族大学学报》2006 年第 3 期。

［89］郭大顺：《红山文化"玉巫人"的发现与"萨满式文明"的有关问题》，《文物》2008 年第 10 期。

［90］郭大顺：《论东北文化区及其前沿》，《文物》1999 年第 8 期。

［91］郭淑云：《北方丧葬面具与萨满教灵魂观念》，《北方文物》2005 年第 2 期。

［92］郭雁冰：《从宝镜湾遗址看宝镜湾岩画的文化内涵》，《南方文物》2005 年第 1 期。

［93］贺吉德：《人面像岩画探析》，《三峡论坛》2013 年第 3 期。

［94］经纬：《福建仙字潭图象文字与台湾原住民》，《两岸关系》1999 年 4 月总第 22 期。

［95］李福顺：《贺兰山岩画中的面具神形象》，《化石》1991 年第 4 期。

［96］李恭笃：《昭乌达盟石棚山考古新发现》，《文物》1982 年第 4 期。

［97］李洪甫：《将军崖岩画遗迹的初步探索》，《文物》1981 年第 7 期。

［98］李洪甫：《连云港将军崖岩画遗迹调查》，《文物》1981 年第 7 期。

［99］李洪甫：《论中国东南地区的岩画》，《东南文化》1994 年第 4 期。

［100］李洪甫：《略论"岩画"的定义和名称》，《文艺理论研究》1992 年第 3 期。

［101］李华林：《图腾崇拜在羌族服饰图案中的体现》，《美与时代（上）》2013 年第 1 期。

［102］李甍：《略论辽代契丹髡发的样式》，《考古与文物》2011 年第 1 期。

[103] 李世源：《珠海宝镜湾岩画年代的界定》，《东南文化》2001 年第 11 期。

[104] 李祥石：《人面像岩画探究》，《文化学刊》2011 年第 5 期。

[105] 李延铁，干志耿，孙秀仁：《黑龙江古代农业文化概论》，《学习与探索》
1981 年第 5 期。

[106] 林钊：《华安汰内仙字潭摩崖的调查》，《文物参考资料》1958 年第 11 期。

[107] 刘冰：《试论辽代葬俗中的金属面具及相关问题》，《内蒙古文物考古》1994
年第 1 期。

[108] 刘德增：《祈求丰产的祭祀符号——大汶口文化陶尊符号新解》，《民俗研
究》2002 年第 4 期。

[109] 刘国祥：《红山文化勾云形玉器研究》，《考古》1998 年第 5 期。

[110] 刘晋祥：《内蒙古敖汉旗赵宝沟一号遗址发掘简报》，《考古》1988 年第
1 期。

[111] 苗润华：《内蒙古巴林右旗发现一件汉代铜镜》，《文物》1989 年第 3 期。

[112] 那顺布和：《论斯基泰劙面习俗的东传及其意义》，《北方文物》1992 年第
1 期。

[113] 欧潭生，卢美松：《福建华安仙字潭岩画新考》，《考古》1994 年第 2 期。

[114] 彭立平：《河北围场县潘家店发现岩画》，《文物春秋》2001 年第 6 期。

[115] 祁庆富：《文身与黥面》，《中国民族》1984 年第 6 期。

[116] 任爱君：《古代西辽河流域游牧文化起步的考古学探源——西辽河流域古代
历史文化思考之三》，《赤峰学院学报》（汉文哲学社会科学版）2008 年第
3 期。

[117] 宋耀良：《人面岩画：4000 年以前中国人到达北美洲》，《新华航空》2010 年
第 6 期。

[118] 宋耀良：《人面形岩画的图像特征与类型》，《学术月刊》1993 年第 2 期。

[119] 宋兆麟：《摩梭人的象形文字》，《东南文化》2003 年第 4 期。

[120] 苏布德：《洪格力图红山文化墓葬》，《内蒙古文物考古》2000 年第 2 期。

[121] 苏胜：《赤峰岩画初探》，《昭乌达蒙族师专学报》1998 年第 3 期。

[122] 孙建华：《辽陈国公主驸马合葬墓发掘简报》，《文物》1987 年第 11 期。

[123] 孙亮：《江苏连云港藤花落遗址考古发掘纪要》，《东南文化》2001 年第
1 期。

[124] 索秀芬、李少兵：《红山文化研究》，《考古学报》2011 年第 3 期。

［125］索秀芬、李少兵：《小河沿文化分期初探》，《考古与文物》2006 年第 1 期。

［126］汤惠生：《玦、阙、凹穴以及蹄印岩画》，《民族艺术》2011 年第 3 期。

［127］汤惠生：《青海动物岩画和吐蕃本教崇拜及仪轨》，《文艺理论研究》1991 年第 1 期。

［128］汤惠生：《凹穴岩画的分期与断代——中国史前艺术研究之一》，《考古与文物》2004 年第 6 期。

［129］汤惠生、梅亚文：《将军崖史前岩画遗址的断代及相关问题的讨论》，《东南文化》2008 年第 2 期。

［130］汤开建：《西夏秃发考》，《西北民族研究》2003 年第 2 期。

［131］汤清琦：《论中国萨满教文化带——从东北至西南边地的萨满教》，《宗教学研究》1993 年 Z2 期。

［132］田广林：《内蒙古赤峰市阴河中下游古代岩画的调查》，《考古》2004 年第 12 期。

［133］王刚：《从兴隆洼石雕人像看原始崇拜》，《昭乌达蒙族师专学报（北方民族文化）》1998 年第 3 期。

［134］王宏刚：《萨满初论》，《长春师院学报》1993 年第 1 期。

［135］王青：《从大汶口到龙山：少昊氏迁移与发展的考古学探索》，《东岳论丛》2006 年第 3 期。

［136］王仁湘：《中国史前的纵梁冠——由凌家滩遗址出土玉人说起》，《中原文物》2007 年第 3 期。

［137］乌力吉：《巴林右旗博物馆收藏的玉人面纹饰件》，《北方文物》2000 年第 1 期。

［138］吴甲才：《赤峰地区古代岩画发展的三个阶段》，《松州学刊》2009 年 Z1 期。

［139］席永杰：《红山文化玉器造型的审美情韵》，《赤峰学院学报》（汉文哲学社会科学版）2008 年第 5 期。

［140］许玉林：《辽宁东沟县后洼遗址发掘概要》，《文物》1989 年第 12 期。

［141］许玉林、苏小幸、王嗣洲等：《大连市北吴屯新石器时代遗址》，《考古学报》1994 年第 3 期。

［142］严文明：《中国史前文化的统一性与多样性》，《文物》1987 年第 3 期。

［143］张建国：《贺兰山人面像岩画的起源》，《宁夏画报》2010 年第 5 期。

［144］张松柏：《内蒙古白岔河沿岸新发现的动物岩画》，《北方文物》1996 年第

1 期。

[145] 张松柏，刘志一：《内蒙古白岔河流域岩画调查报告》，《文物》1984 年第 2 期。

[146] 张文华：《中国岩画研究理论和方法论刍议》，《美术》1993 年第 4 期。

[147] 张星德：《小河沿文化陶器分群研究》，《辽宁师范大学学报》2006 年第 5 期。

[148] 张亚莎：《西藏岩画的发现》，《西藏大学学报》2006 年第 1 期。

[149] 张琰：《北方面具岩画中原始宗教含义的体现》，《内蒙古农业大学学报（社会科学版)》2007 年第 4 期。

[150] 赵占魁：《2007 年磴口县默勒赫图沟岩画调查报告》，《内蒙古文物考古》2008 年第 1 期。

[151] 赵占魁：《阴山格尔敖包沟岩画新发现》，《文物》2010 年第 8 期。

[152] 赵占魁：《阴山岩画新发现》，《文物》2008 年 10 期。

[153] 朱存世：《西夏秃发的类型》，《北方文物》2002 年第 2 期。

[154] 朱达：《辽宁凌源市牛河梁遗址第五地点 1998—1999 年度的发掘》，《考古》2001 年第 8 期。

国内出版的报纸

[155] 郭治中、胡春柏：《赤峰三座店夏家店下层文化石城址发掘全面结束》，《中国文物报》2006 年 12 月 13 日第二版。

[156] 朱利峰：《近现代中国岩画研究现状》，《中国社会科学报》2012 年 10 月 30 日历史学版。

[157] 朱利峰：《环太平洋人面岩画或源自中国——西方百年岩画研究回顾》，《中国社会科学报》2015 年 10 月 29 日博物版。

国内出版的论文集

[158] ［意］E. 阿纳蒂：《世界岩画——原始的语言（序一）》，陈兆复主编《岩画》，知识出版社 2000 年版。

[159] 吕光天：《论我国北方民族萨满教概况》，吕光天主编《北方民族原始社会形态研究》宁夏人民出版社 1982 年版。

[160] 孙新周：《探索内蒙古人面像岩画的奥秘》，陈兆复主编《岩画》，中央民族

大学出版社 1995 年版。

［161］汤惠生：《关于岩画解释的理论假说》，陈兆复主编《岩画》，知识出版社
2000 年版。

［162］魏坚：《青铜时代阴山岩画断代刍议》，王建平主编《河套文化论文集》（第
4 辑），内蒙古人民出版社 2009 年版。

［163］徐炳勋主编：《美洲印第安人与中国北方民族文化对比研究》，内蒙古大学出
版社 2003 年版。

［164］张文静：《阴山岩画的类型与分布》，吉林大学边疆考古研究中心编《边疆考
古研究（第 12 辑）》，科学出版社 2012 年版。

［165］张亚莎：《方兴未艾的日本岩刻文字学》，陈兆复主编《岩画》，知识出版社
2000 年版。

［166］张亚莎：《中国岩画与中国古老民族的关系》，宁夏岩画研究中心编《岩画研
究》（2006 年年刊），宁夏人民出版社，2006 年版。

［167］朱利峰：《内蒙古翁牛特旗岩画调查研究》，宁夏岩画研究中心编《岩画研
究》，宁夏人民出版社 2014 年版。

国内的学位论文

［168］李东风：《赤峰市阴河人面形岩画研究》，硕士学位论文，中央民族大学，
2013 年。

［169］阮晋逸：《赤峰地区人面岩画研究》，硕士学位论文，中央民族大学，
2013 年。

［170］索秀芬：《燕山南北地区新石器时代文化研究》，博士学位论文，吉林大学，
2006 年

［171］田广林：《中国北方西辽河地区的文明起源》，博士学位论文，东北师范大
学，2003 年。

［172］童永生：《中国岩画中的原始农业文化研究》，博士学位论文，南京农业大
学，2011 年。

国内会议资料

［173］武俊生：《桌子山岩画群基本情况介绍》，"乌海市桌子山岩画普遍价值论证
研讨会"会议材料，内蒙古乌海，2013 年 12 月 27 日。

[174] 张亚莎:《中国岩画》（第二讲），云南迪庆岩画保护培训班，云南香格里拉，2011 年 11 月 2 日。

二 外文文献

国外专著

[175] Anati, Emmanuel, *Saving the World's Rock Art*: *The birth of a new discipline and its first significant strides*. Archaeology. March/April, 1983, Volume 36 Nomber 2: pp. 24 −30.

[176] Bahn, Paul G. , *The Story of Archaeology*: *The 100 Great Discoveries*. George Weidenfeld & Nicolson Ltd. , 1996.

[177] Bahn, Paul G. , *The Cambridge Illustrated History of Prehistoric Art*, Lundon: Cambridge University Press, 1998.

[178] Bahn, Paul G. , *Prehistoric Rock Art*: *Polemics and Progress*, Cambridge: Cambridge University Press, 2010.

[179] Barnes, Gina L. , *China, Korea and Japan*: *The Rise of Civilization in East Asia*, London: Thames and Hudson Ltd, 1993.

[180] Bednarik, Robet G. 2007. *Rock Art Science*. Aryan Books International. New Delhi.

[181] Bray, Warwick M; Swanson, Earl H; Farrington, Ian S, *Advisory Board for The Making of the Past*: *The New World*. Phaidon Press, 1977.

[182] Chakravarty, Kalyan Kumar; Bednarik, Robert G. , *Indian Rock Art and Its Global Context*, Delhi: Motilal Banarsidass Publishers Private Limited, 1997.

[183] Cole, Sally J. , *Legacy on Stone*, Colorado: Johnson Books, a Big Earth Publishing Company, 2009.

[184] Cox, Halley, Stasack, Edward, *Hawaiian Petroglyphs*, Hawaii: Bishop Museum Press, 1970.

[185] Cressman, L. S. , *Petroglyphs of Oregon*, Eugene: University of Oregon, 1937.

[186] Dall, William Healey, *On Masks, Labrets, and Certain Aboriginal Customs, with an Inquiry into The Bearing of Their Geographical Distribution*, United States: HardPress. 1884/2012.

[187] Fitzhugh, William W. and Crowell, Aron, *Crossroads of continents: cultures of Siberia and Alaska*. Washington, D. C. : Smithsonian Institution Press, 1988.

[188] Flood, Josephine, *Rock Art of the Dreamtime-Images of Ancient Australia*, Australia: Angus & Robertson, 1997.

[189] Fraser, Douglas. *Primitive Art*. Chanticleer Press, 1962.

[190] Grant, Campbell, *The Rock Art of the North American Indians*, London: Cambridge University Press, 1983.

[191] Hayward, Michele H. ; Atkinson, Lesley-Gail and Cinquino, Michael A. , *Rock Art of Caribbean*, Tuscaloosa: The University of Alabama Press, 2009.

[192] Hill, Beth, *Guide to indian Rock Carvings of the Pacific Northwest Coast*, Canada. Hancock House Publishers, 1975.

[193] Hill, Beth and Ray, *Indian Petroglyphs of the Pacific Northwest*, Canada. Hancock House Publishers, 1974.

[194] Keyser, James D. , *Indian Rock Art of the Columbia Plateau*, Seattle: University of Washington Press, 1992.

[195] Lee, Georgia and Stasack, Edward, *Spirit of place: The Petroglyphs of Hawai' I*, California: Easter Island Foundation, Los Osos, 2005.

[196] Lenik, Edward J. 2009. *Making Pictures in Stone: American Indian rock art of the Northeast*. Alabama: University of Alabama Press, 2009.

[197] Lommel, Andreas, *Prehistoric and Primitive Man*. Paul Hamlyn. London, 1966.

[198] Mallery, Garrick, *Picture-Writing of the American Indians*, New York: Dover Publications, Inc.

[199] McCarthy, F. D. , *Australian aboriginal rock art*. Sydney, Trustees of the Australian Museum, 1958.

[200] McGhee, R. , *Ancient People of the Arctic*, Vancouver: University of British Columbia Press, 1996.

[201] Meade, Edward, *Indian Rock Carvings of the Pacific Northwest*, Sidney, British Columbia, Canada: Gray' s Publishing Ltd. , 1971.

[202] Morwood, M J; Hobbs, D R. , *Visions from the past : the archaeology of Australian Aboriginal art*. Washington, D. C. : Smithsonian Institution Press, 2002.

[203] Patterson, Alex, *A Field Guide to Rock Art Symbols of the Greater Southwest*, Colo-

rado: Johnson Books Boulder, 1992.

[204] Patterson, Alex, *Rock Art Symbols*, Colorado: Johnson Printing Company, 1992.

[205] Renfrew, Colin; Bahn, Paul G. , *Archaeology: the key concepts*. London, U. K. ; New York: Routledge, 2005.

[206] Renfrew, Colin; Zubrow, Ezra B W. *The Ancient mind : elements of cognitive archaeology*. New York : Cambridge University Press, 1994.

[207] Rozwadowski, Andrzej, *Symbols through Time: Interpreting the Rock Art of Central Asia*, Poznan: Institute of Eastern Studies Adam Mickiewicz University, 2004.

[208] Sanders, Ronald D. , *Rock Art Studies*, Montana: Mountain Press Publishing Company, 2005.

[209] Schaafsma, Polly, *Rock Art in the Cochiti Reservoir District*, Museum of New Mexico Press, 1975.

[210] Swauger, James L. , *Petroglyphs of Ohio*. Ohio University Press, 1984.

[211] Tacon, Paul S. C. , *The Archarology of Rock-Art*, Cambridge University Press, 1998.

[212] Thybony, Scott and Hirschman, Fred, *Rock Art of the American Southwest*, Portland, Oregon: Graphic Arts Center Publishing Company, 1992.

[213] Whitley, David S. , *Handbook of Rock Art Research*, California: Altamira Press, 2001.

国外期刊

[214] Aigner, Jean S. , "Carved and incised stone from Chaluka and Anangula", *Anthropological Papers of the University of Alaska*, Volume 15, Number 2, 1972.

[215] Alaska Packers Association and Hough, Walter, "Anthropological Notes", *American Anthropologist*, New Series, Vol. 19, No. 2 (Apr. -Jun. , 1917) .

[216] Anthony van der Sluijs, Marinus, "Korea's Prehistoric Past", *The East Asian Monthly Business Newspaper*, 9 (2008) .

[217] Brintond, Daniel G. , "On a Petroglyph from the Island of St. Vincent, W. I. ", *Proceedings of the Academy of Natural Sciences of Philadelphia*, Vol. 41 (1889) .

[218] Brown, Ross, Clarrie Flinders, Julie Swartz and Roger Wilkinson. "Visitor Books—A Tool for Planning and Evaluating Visitor Management at Rock Art Sites", *Rock*

Art Research 2003: (20) 1.

[219] Ch. Fred Hartt, Brazilian Rock Inscriptions, *The American Naturalist*, Vol. 5, May, 1871, No. 3.

[220] Cressman, L. S., Petroglyphs of Oregon, Eugene: University of Oregon, 1937.

[221] Devlet, Marianna Artashirovna, "Petroglyphs on the Bottom of the Sayan Sea (Mount Aldy-Mozaga)". *Anthropology & Archeology of Eurasia*, vol. 40, no. 1 (Summer 2001).

[222] E. L. Gori Tumi, A Tentative Sequence and Chronology for Checta, Peru, *Rock Art Research*, Vo. 28, No. 2, November 2011, pp. 211 – 224.

[223] Emmons, George T., "Petroglyphs in Southeastern Alaska", *American Anthropologist*, New Series, Vol. 10, No. 2 (Apr. -Jun., 1908).

[224] Franklin, Natalie, "Current Initiatives in Rock Art Management and Public Education in Queensland", *Rock Art Research* 2003: (20) 1: 48 – 52.

[225] Fred Hartt, Ch., 1871. "Brazilian Rock Inscription". *American Naturalist*. Vol. V. -May, 1871. No. 3. pp. 139 – 147.

[226] Hartt, Ch. Fred., "Brazilian Rock Inscriptions", *American Naturalist*, Vol. V. May, 1871, No. 3.

[227] Heizer, Robert F., "Petroglyphs from Southwestern Kodiak Island, Alaska", *Proceedings of the American Philosophical Society*, Vol. 91, No. 3 (Aug. 29, 1947).

[228] Hough, Walter. 1917. "Anthropological Notes", *American Anthropologist*, New Series, Vol. 19, No. 2 (Apr. -Jun., 1917), pp. 320 – 324.

[229] Huisheng, Tang, "New Discovery of Rock Art and Megalithic Sites in the Central Plain of China", *Rock Art Research*, Volume 29, Number 2, 2012.

[230] Ju, Hyun-Shi, "A Study on Mythic Icon of Cheonjeon-ri Rock Art by Semiotic Analysis", (in Korea 국문과, "기호학적 분석을 통한 천전리 암각화의 신화적 도상 연구", 기호학 연구 제 32 집), 8 (2012).

[231] Juan Schobinger, *The Ancient Americans: A Reference Guide to the Art, Culture, and History of Pre-Columbian North and South America*, Sharpe Reference, 1997.

[232] Keyser, James D., "Relative Dating Methods", *Handbook of Rock Art Research*. Altamira Press, 2001.

[233] Laufer, Berthold, "Petroglyphs on the Amoor", *American Anthropologist*, New Series, Vol. 1, No. 4 (Oct. , 1899) .

[234] Leen, Daniel, "The Rock Art of Northwest Washington", *Northwest Anthropological Research Notes*, 1981.

[235] Lifeng, Zhu, "The State of Chinese Rock Art", *International Conference on Rock Art* 2012, Aryan Books International, New Delhi, 2014.

[236] Lifeng, Zhu and Jiangtao, Xiang, "A Review of Chinese Rock Art Research in the 21st Century", IFRAO 2013 Proceedings: *American Indian Rock Art*, Volume 40, Glendale, Arizona: American Rock Art Research Association, 2013.

[237] Lutz, Cora E. , "Ezra Stiles and the Challenge of the Dighton Writing Rock", *The Yale University Library Gazette*, Vol. 55, No. 1 (July 1980)

[238] Miyagashev, D. A. , "Some Analogies of the Okunev Art in Petroglyphs of Korea", *ВЕСТНИК БУРЯТСКОГО ГОСУНИВЕРСИТЕТА*, 8 (2010) . (in Russia)

[239] Michele H. Hayward and Michael A. Cinquino, Rock Art and Transformed Landscapes in Puerto Rico, *A companion to rock art*, edited by Jo McDonald and Peter Veth, Wiley-Blackwell, 2012.

[240] Okladnikov, A. P. , "The petroglyphs of Siberia", *Scientific American*, 1969.

[241] Qiaomei, Fu; Meyer, Matthias and Xing, Gao, "DNA analysis of an early modern human from Tianyuan Cave, China", *PNAS*, February 5, 2013. vol. 110 no. 6.

[242] Steinbring, Jack, *Rock Art Studies in the Americas*, Oxford: Oxbow books, 1995.

[243] Tseveendorj, D. ; Tserendagva, Ya. & Gunchinsuren, B. , "Some Images of the Javkhlant Khairkhan Petroglyphs", *International Newsletter on Rock Art*, 2007

[244] Watson, B. , "Oodles of doodles? Doodling behaviour and its implications for understanding palaeoarts", *Rock Art Research* 25, 2008 (1): 35 – 60.

[245] Watson, Ben, "The Eyes Have It: Human Perception and Anthropomorphic Faces in World Rock Art", *Antiquity*, Mar 2011.

[246] Yaoliang, Song and Fitzhugh, William W. , "Prehistoric human-face petroglyphs of the North Pacific region", *Arctic Studies Center* (*Supplement*), Washington, D. C. : National Museum of Natural History, Smithsonian Instiution, July 1998, Number 1.

国外论文集

[247] Lifeng, Zhu, "Rock Art in Ongniud Banner and Its Creators", Directed by Emmanuel Anati: *Art As a Source of History*, XXV Valcamonica Symposium, 2013, Italy: Centro Camuno di Studi Preistorici, 2013.

[248] Morwood, M. J. and Hobbs, D. R., "Rock art and ethnography: proceedings of the ethnography symposium", *Australian Rock Art Research Association Congress*, Darwin 1988, 1992.

[249] Tacon, Paul S. C., "Stylistic Relationship Between the Wakeham Bay Petroglyphs of the Canadian Arctic and Dorset Portable Art", Oxford : Osbow Books. *Rock Art Studies: The Post-Stylistic Era or Where Do We Go From Here?*, M. Lorblanchet & P. C. Bahn, Ed, 1993.

[250] Whitley, David S., "In Suspect Terrain: Dating Rock Engravings", *A Companion to Rock Art*, CHAPTER 34. edited by Jo McDonald and Peter Veth, A John Wiley & Sons, Ltd., Publication, 2012.

网络博物馆资源

[251] Leen, Daniel, *A Gallery of Northwest Petroglyphs: Shamanic Art of the Pacific Northwest*, 2013. http://danielleen. org/petroglyphs. html.

[252] Non-Profit "*Amur Region Historical Heritage Fund*", http://petroglify. ru/sycachi-alyan-petroglyphs. html.

国际会议演讲稿

[253] Arsenault, Daniel, "*Circumpolar rock art: the hidden face of shamanism? A comparative study of human-like faces in Canadian, Alaskan and Siberian rock art, and their relationships with shamanistic paraphernalia*", a paper of EAA International Congress, Helsinki, Finland, August 29-September 1, 2012.

后 记

　　十几年前，到与我亦师亦友的艺术家包青林家中拜访，偶然看到他的版画作品和岩画著作，那旷远高阔的意境激起了我对岩画艺术的兴趣和喜好。我们时常一起探讨岩画艺术与当代设计的审美观和创新思路，直到多年后我如愿考取了岩画学的博士，才算正式踏入岩画研究的大门。本书是在我博士论文《环北太平洋人面岩画研究》初稿基础之上完成的，几年来，为了弥补内容不够全面、观点不够明晰的缺憾，我重新搜集素材，多方请教专家学者的意见，进一步调整了研究架构，终于完成了最后的冲刺。

　　与遍布世界的整个岩画系统相比，区区数千个人面岩画仅占到总数的万分之一，可谓是九牛一毛。几年来埋头其间，对一个细微的问题越是深入地钻研，越能感受到人文研究领域的博大与浩瀚，也经历了数次的纠结、反复、彷徨和无助。但苦尽甘来之后，时常体味到在学术研究中不断收获的喜悦。如今，面对书稿，就目前的研究结论而言，始终感觉存在着理论框架的不完善和论证材料的不足，竟有欲罢不能之感。

　　无论如何，一部书稿总有收尾的时候，未竟之处，只好留待日后的继续探索前行。回顾近年来走过的学术道路，曾得到过许多师长、亲友的热情关心和无私帮助。在此，首先要感谢的是我的博士导师张亚莎教授，师生相处几年来，她的无私教导和各方面的体贴、关心无法用言语一一描述，而最令我钦佩和难忘的，是她在学术观点上表现出的睿智，时常启发引领我向更高深的领域去探索。特别是在人类学和民族美术考古专业上的指导，以及研究方法、思路的一次次厘清归正，都将是我不断前行的动力。还要特别感谢南京师范大学的汤惠生教授，在我研究写作的过程中多次给予无私的指导和帮助。几次长谈都像对自己的学生一样耐心讲解考古类型学的知识，有教无类的大家风范使我无比感动。书稿初定之际，得蒙中国岩画界德高望重的宿老陈兆复和李祥石二位先生指点迷津，更得陈先生为本书撰写序言，题写书名，数次聆听先生教诲，鼓励后辈潜心研究，获益颇丰。

我的硕士导师王蕴强教授带我走进了学术的大门，是他慈父般的的言传身教，使我对中国的传统文化艺术产生了浓厚的兴趣，这种兴趣一直指引着我的学术道路。书稿修改期间，也得到恩师的多次点拨，叮嘱我在洲际文化交流及民族融合方面做深入思考。北京大学考古文博学院的齐东方教授是我在北京大学访学期间的导师，齐老师严谨而又洒脱的学者风范，对我的学术规范和理论方法产生了重要的影响，多年来一直给予我学术上的指导和鼓励。加拿大魁北克大学的丹尼尔·阿瑟诺（Daniel Arsenault）教授是我在加拿大访学期间的导师，他不仅风趣幽默，而且学识渊博，对我学习和生活上的帮助，使我能够顺利完成大量外文资料的搜集、整理工作；一起驱车在美国西南大峡谷和加拿大湖区考察北美岩画的旅途让我终生难忘。

感谢人民大学的魏坚教授、北京大学的李淞教授、中国社会科学院考古所的叶茂林研究员、国家博物馆的李翎研究馆员，中央民族大学的白振声、王建民、王庆仁、吴楚克、潘守永、肖小勇、杨圣敏、龚田夫等多位教授，在我博士论文的开题、撰写和修改过程中都提出了宝贵的意见，并为我的资料准备提供了帮助。中国社会科学出版社的郭鹏老师在本书编辑过程中倾注了大量心血，逐字逐句校对修改，多次沟通指点不足之处，一丝不苟的专业态度值得敬佩。中山大学邓启耀教授对文章结构提出了调整意见，中国传媒大学的博士后张文静女士也多次帮我提供资料，一起探讨研究思路，在此一并表达谢意。

还要感谢英国杜伦大学罗伯特·莱顿（Robert Layton）教授为我提出研究方法上的建议，并提供了澳大利亚人面岩画的信息；居住在美国的丹尼尔·里恩（Daniel Leen）先生热忱邀请我去美国西雅图考察人面岩画，并愿意抽出时间作为向导，虽然因故未能成行，但是他提供的西北太平洋海岸岩画资料对我的研究有很大的帮助；荷兰莱顿大学的范丹姆（Wilfried van Damme）教授帮助我找到了全面的俄罗斯阿穆尔河流域岩画资料；秘鲁岩画研究所所长高力·杜米（Gori Tumi Echevarría López）博士为我提供了南美州特别是秘鲁的人面岩画信息；美国华裔艺术家周山作先生对本书的写作风格提出了很好的建议；英国考古学家保罗·巴恩（Paul Bahn）先生、加拿大麦吉尔大学的杰弗里·莫泽（Jeffrey Moser）教授以及蒙特利尔美术馆的劳拉·薇戈（Laura Vigo）女士也都为我的选题和写作提供过宝贵的意见。

感谢中国岩画学会会长王建平先生、江苏连云港重点文物保护研究所的高伟老师和同事、内蒙古师范大学鸿德学院的吴甲才老师和周玉树院长、克什克腾旗博物馆的韩立新老师、赤峰市松山区考古所的高云库老师、鄂托克旗的巴特尔老师、云南迪庆文物研究所李钢老师、宁夏银川贺兰山岩画管理处的领导和工作人员、乌海市桌子山岩画博物馆，都曾为我的田野调查和资料收集提供了便利和帮助。

感谢中国岩画研究中心的师弟师妹们，数次的思想碰撞使我能够及时地调整偏离的方向；国家留学基金委和加拿大驻华大使馆"中加访问学者交换项目（CCSEP）"的支持，使我有机会对北美洲岩画进行深入的实地考察；感谢我工作单位中华女子学院的领导和同事，始终支持我的研究并慷慨资助了本书的出版。

感谢我的妻子，在我国内、国外进修和写作期间，她默默地付出，独自挑起照顾孩子的重担，让女儿健康快乐的成长，是我能安心做好研究的前提。

最后，要把这本书献给我的父亲和母亲。父亲在我博士论文写作的紧张时刻病重离世，我未能在床前服侍尽孝，唯一的一次陪床，父亲强忍病痛也不忍把我叫醒；母亲为了我的学业，内心的悲苦从未向我流露，以免给我增加精神负担。无以为报，只有尽力拿出一份合格的书稿，以报答他们的养育之恩。

限于时间和篇幅，关于环太平洋的人面岩画还有许多问题有待更加深入的研究，目前的结果，只能是为学界提供一个基础性的材料和粗浅的个案分析，借此引发人们对岩画艺术跨文化、跨学科研究的关注。从可持续发展的角度来看，人面岩画与人们思想观念、原始宗教信仰和民族文化交流、融合的密切关系，对当代文化传播、艺术创作和文创产品的设计开发也都具有深刻的启示。随着学界的前辈和后继者在岩画领域的不断努力与付出，期待岩画研究能够成为更多领域的关注点，使这一古老的文化艺术珍品展现新的意义，焕发新的光彩。希望经过这部书稿的磨砺，能够指引我在学术研究之路上越走越远，在专家学者和所有岩画爱好者的批评指正中不断修正研究的不足与缺憾。

朱利峰

2017 年 5 月记于五路居